beck'sche reihe

denker

bsr

Thomas von Aquin ist der bedeutendste Philosoph und Theologe des Mittelalters. In seiner geistigen Spannweite und seinem intellektuellen Niveau ist er Platon, Aristoteles oder Kant vergleichbar. Maximilian Forschners Buch bietet eine umfassende und zugleich einführende Gesamtdarstellung der Philosophie des großen Denkers. Dabei ist die Frage leitend, welche seiner Problemstellungen und Antworten noch heute Aktualität für sich beanspruchen können. Unter diesem Gesichtspunkt legt das Buch besonders Gewicht auf Thomas' Lehre vom Menschen, seine Theorie des Gewissens, der Moralität und des Rechts, seine Theorie des Glücks und des Verhältnisses von Natur und Übernatur.

Maximilian Forschner ist o. Prof. für Philosophie an der Universität Erlangen-Nürnberg. Hauptarbeitsgebiete: Praktische Philosophie, griechische und römische Antike, Mittelalter, europäische Aufklärung.

Die Reihe «Denker» wird herausgegeben von Otfried Höffe.

Maximilian Forschner

Thomas von Aquin

Verlag C. H. Beck

Mit 4 Abbildungen

Originalausgabe

Satz: Fotosatz Reinhard Amann, Aichstetten
Druck und Bindung: Druckerei C.H. Beck, Nördlingen
Umschlagentwurf: + malsy, Bremen
Umschlagabbildung: Andrea di Bartolo: Thomas von Aquin, 14. Jh.
Printed in Germany
ISBN-10: 3 406 52840 6
ISBN-13: 978 3 406 52840 8

www.beck.de

Inhalt

Vorwort

Das vorliegende Buch ist aus Lehrveranstaltungen erwachsen, die ich seit 1985 über die Philosophie des Mittelalters und über Thomas von Aquin an der Universität Erlangen-Nürnberg gehalten habe. Die Anforderungen der Lehre trugen nicht unerheblich zur Klärung der Gedanken bei.

Eine Einführung, die zugleich eine handliche Gesamtdarstellung der philosophischen Aspekte des gewaltigen Œuvres von Thomas von Aquin bieten möchte, muß notwendigerweise Akzente setzen und manches bis zur Grenze des noch Vertretbaren kurz fassen. Wenn im folgenden die Behandlung der Erkenntnistheorie und der Metaphysik des Thomas etwas knapp ausgefallen ist, so mag der Kenner und Liebhaber der Materie mir das nachsehen. Detaillierter und differenzierter bin ich auf jene Themen eingegangen, die mir von besonderer Aktualität und nach wie vor von höchst bedenkenswertem Gewicht zu sein scheinen. Daß bei dieser Akzentuierung auch persönliche Forschungsvorlieben eine Rolle spielten, versteht sich von selbst.

Mein Dank gilt dem Herausgeber der Reihe, Herrn Prof. Dr. Otfried Höffe, für hilfreiche Hinweise und sein geduldiges Warten auf die Fertigstellung des Buches. Er gilt dem Verlag, Herrn Dr. Bezold und Frau Mayr für die effiziente und problemlose Kooperation. Ganz besonders zu danken habe ich meinem langjährigen Mitarbeiter, Herrn Prof. Dr. Wolfgang Ertl, der die Themen mit mir diskutiert, das gesamte Manuskript gelesen und mich auf manche Unklarheit aufmerksam gemacht hat.

Das Buch ist meiner Frau und meinen Kindern gewidmet.

Erlangen im Juni 2005

Abkürzungen

S. theol. I, qu. 5 a. 4 co. bedeutet: Summa theologiae, pars prima, quaestio 5, articulus 4, corpus articuli.
S. c. G. I, 10: Summa contra gentiles, liber I, caput 10.
In IV Sent. d. 2 a. 4 co.: In quartum librum Sententiarum, distinctio 2, articulus 4, corpus articuli.
De reg. princ.: De regimine principum ad regem Cypri.
De verit. qu. 1: Quaestiones disputatae de veritate, quaestio 1.
Sent. Libr. Ethic.: Sententia super librum Ethicorum.
NE: Aristoteles, Nikomachische Ethik.
FU: Mose ben Maimon, Führer der Unschlüssigen. Übersetzung und Kommentar von A. Weiß. Mit einer Einleitung von J. Maier, Hamburg ²1995.
Migne PL: J. P. Migne, Patrologia Latina (1878 ff.).

Alle übrigen Abkürzungen sind aus sich selbst verständlich.

Die in deutscher Sprache zitierten Thomas-Texte habe ich selbst übersetzt.

1. Leben, Werk, geistesgeschichtliche Voraussetzungen

1.1 Zur Aktualität des Thomas von Aquin

Die mittelalterliche Welt erscheint uns Gegenwärtigen weit entfernt, obgleich wir wissen, daß sie für die Entwicklung der europäischen Kultur und Zivilisation eine bedeutende Rolle gespielt hat. Reformation, Aufklärung, die politisch-gesellschaftlichen Revolutionen und der wissenschaftlich-technische Prozeß der Moderne scheinen sie wie eine Kluft von uns zu trennen. Die Worte «Mittelalter» oder gar «Scholastik» haben für viele, wenngleich meist aus einer gewissen Unkenntnis der Geschichte und Sache, einen negativen Klang. Nun wäre es abwegig, das uns Fremdgewordene und Trennende einfach zu leugnen oder übergehen zu wollen. Gleichwohl bleibt wahr, daß philosophische Autoren wie Hobbes, Descartes oder Locke, ja mit diesen auch ein Immanuel Kant, denen man willig konstitutive Bedeutung für unser modernes Welt- und Selbstverständnis zubilligt, in ihrer Traditionalität und Innovationsleistung ohne Kenntnis der mittelalterlichen Philosophie nicht zureichend zu verstehen sind. Das betrifft etwa die moderne Theorie natürlicher Rechte; das betrifft die aktuelle Philosophie des Geistes; ja, das betrifft sogar die Kantische Erkenntnistheorie sowie seine Theorie des Rechts und der Moral.

Wahr ist, daß das Denken eines Thomas von Aquin, wie das der allermeisten mittelalterlichen Denker, von bestimmten religiösen Überzeugungen getragen war und daß diese Überzeugungen, auch in ihren Grundzügen, im Traditionsbereich der europäischen Aufklärung heute nur noch eine Minderheit ernsthaft teilt oder teilen kann.

Für jene, die diese Überzeugungen nicht mehr teilen, muß, jenseits allen historischen Interesses, die entscheidende Frage sein, ob sich bei einem Autor wie Thomas jene Gedanken, die ausschließlich religiös fundiert sind, von solchen trennen lassen, die sich auf Standards natürlicher Vernunft berufen, und ob letztere von erheblichem Niveau, Gewicht und argumentativem Überzeugungspotential sind. Und ich denke, daß letzteres mit guten Gründen behauptet werden kann. Dabei hat für dieses Verfahren der Trennung Thomas selbst den Weg gewiesen. Religiöse Überzeugungen beruhen, wie anhand des Glaubensbegriffs des Thomas deutlich sein wird, auf dem Glauben an eine Autorität; der Verweis auf eine Autorität ist indessen in Dingen der menschlichen Vernunft das schwächste Argument: *locus ab auctoritate est infirmissimus* (S. theol. I, qu. 1 a. 8 obi. 2 und ad 2).

Menschliche Vernunft vermag für Thomas freilich nicht die zureichende Orientierung im Leben zu bieten; aber sie vermag zu zeigen, warum sie dies nicht zu bieten vermag. Ob und in welchem Maß die Argumente des Thomas, die für das Ungenügen menschlicher Vernunft und für das Vertrauen in ein übernatürliches göttliches Heilsangebot sprechen, plausibel und tragfähig sind, ist nun für alle von hohem Interesse: für offenbarungsreligiös Gläubige, für vernunftreligiös Gläubige und für Skeptiker oder Ungläubige.

Was die Orientierungsleistung der Vernunft betrifft, so steht Thomas, ähnlich wie Aristoteles oder Kant, für einen bestimmten Typus des Philosophierens: Er möchte, ausgehend von einer als natürlich bezeichneten Tendenz des menschlichen Geistes, alles aus seinen Gründen erkennen zu wollen, die Erfahrungsgegebenheiten, den Menschen und seine Welt, in der er sich findet, auf möglichst vollständige Weise begreifen. Man mag ihn in diesem Sinne als einen «induktiven» Metaphysiker bezeichnen. Wer dieses Anliegen teilt oder nicht für gänzlich abwegig hält, wird Gewinn aus seinen Analysen und Reflexionen ziehen.

1.2 Leben

Thomas von Aquin wurde wahrscheinlich 1225, vielleicht aber schon Ende 1224 oder erst Anfang 1226 in der Grafschaft Aquino auf Schloß Roccasecca in der Nähe von Neapel als jüngster Sohn einer adeligen Familie, der Grafen von Aquino, geboren. Er hatte drei (ältere) Brüder und fünf Schwestern. Sein Vater Landulf von Aquino war ein Ritter lombardischer Herkunft, seine Mutter Donna Theodora Caracciolo entstammte neapolitanischem Adel.

Als Thomas fünf Jahre alt war, brachten ihn seine Eltern zur Erziehung und wohl auch der späteren Laufbahn wegen zu den Benediktinern nach Monte Cassino. Dort war sein Onkel Sinnibald Abt. Die traditionsreiche Abtei stand in Macht und Blüte; in den Auseinandersetzungen zwischen Kaiser und Papst stand sie auf seiten des Papstes. Thomas war, wie viele nachgeborene Söhne Adeliger in damaliger Zeit, für eine geistliche Leitungskarriere vorgesehen. Der wohlhabende und mächtige Benediktinerorden und der Status der Familie boten dafür eine hervorragende Perspektive.

Die Familie war freilich zunächst «kaiserlich», über die Mutter sogar mit Friedrich II. (*1194, †1250) entfernt verwandt; sie gehörte zum Hof- und Beraterkreis des Staufers. Der weltoffene, macht- und kulturbewußte Kaiser lag mit dem Papst im Dauerkonflikt. Die Familie wurde wiederholt in die Auseinandersetzungen zwischen Kaiser und Papst verwickelt. 1245 trat sie mehr oder weniger eindeutig auf die Seite des Papstes über. Reginald, der nächstältere Bruder des Thomas, mußte seinen Wechsel der Partei um 1246 mit dem Leben bezahlen: Er wurde von kaiserlicher Seite aus Gründen vermuteter Verschwörung hingerichtet; dasselbe Schicksal traf seinen Schwager Wilhelm von Sanseverino. Der Konflikt zwischen Kaiser und Papst betraf auch die Herrschaft über Monte Cassino. Das Kloster wurde wiederholt von kaiserlichen Truppen bedrängt. Wohl schon 1235 hielten es der Abt und die Eltern für ratsam, den jungen Thomas wieder aus dem Kloster zu nehmen.

Im November 1239, im Alter von etwa 14 Jahren, schickte man ihn an die Universität von Neapel. Es war die hohe Schule des Kaisers, eine junge Universität, von Friedrich II. als Gegengewicht gegen die vom Papst dominierte Universität von Bologna 1224 in der erklärten Absicht gegründet, junge Männer für den kaiserlichen Dienst auszubilden, aber auch die Rezeption der arabisch-muslimischen Wissenschaften und des von den Muslimen vermittelten griechischen, vor allem des «modernen» aristotelischen Gedankenguts zu fördern.

Hier nahm der junge Thomas das Studium der sogenannten *Artes liberales* auf, das damals verpflichtende Grundstudium für alle Studierenden, beginnend mit dem (formalwissenschaftlichen) *Trivium*: Grammatik, Rhetorik, Dialektik, fortgeführt mit dem (realwissenschaftlichen) *Quadrivium*: Arithmetik, Geometrie, Astronomie und Musik. Hier kam Thomas erstmals mit der Logik, der Methodologie und der Naturphilosophie des Aristoteles in Berührung. Im

Gegensatz etwa zu Bologna und zu Paris war es in Neapel bereits möglich, sich völlig unbehindert durch kirchliche Auflagen und Verbote mit Aristoteles zu beschäftigen. Der junge Thomas wurde in der Artistenfakultät zu Neapel insbesondere durch Petrus von Hibernia (Irland) mit der Aristotelischen Philosophie vertraut gemacht. Petrus muß ein faszinierender akademischer Lehrer gewesen sein; jedenfalls hat er in Thomas eine Liebe zur Philosophie geweckt, die für ein ganzes Leben halten sollte.

Doch neben der frühen Begegnung mit der Philosophie und Wissenschaft des Aristoteles (und im Rahmen des damaligen Curriculums natürlich mit der Aristotelisch-Boethianischen Logik, den lateinischen Grammatikern, der Boethianischen Theorie der Arithmetik, Musik und Harmonielehre, der Euklidischen Geometrie und der Ptolemäischen Astronomie) sollte in den fünf Jahren seines Studiums der *Artes* ein Zweites für sein weiteres Leben von entscheidender Bedeutung sein: In Neapel lernte er Mitglieder eines der jungen, ungemein dynamischen Bettelorden («Mendikanten») kennen, einer vorwiegend städtischen religiösen Bewegung, die sich gegen etablierte und verkrustete kirchliche und weltliche Strukturen einer Erneuerung des religiösen Lebens im Geist des Evangeliums verschrieben hatte. Die Bewegung teilte sich in zwei Richtungen: in die der Franziskaner (der «Minderbrüder») und die der Dominikaner (der «Predigerbrüder»). Beide waren, auf recht verschiedene Weise, der Nachfolge Christi in Armut verpflichtet. Die Franziskaner konzentrierten sich auf die Seelsorge vor allem der sozial Schwachen, der Unterprivilegierten, des damals entstehenden städtischen «Proletariats». Die Bewegung der Dominikaner hatte einen anderen Ursprung. Sie entstand aus dem Bedarf der geistigen Auseinandersetzung mit den asketisch-gnostischen Albigensern und Waldensern in Südfrankreich, die die reich und mächtig gewordene Kirche mit ihren Institutionen in Wort und Tat herausforderten. Die Dominikaner konzentrierten sich auf die christliche Predigt und Unterweisung in den Städten, auf die Propagierung und Verteidigung ihres Glaubens auch und vor allem gegenüber der intellektuellen Herausforderung durch die überlegene Kultur und Wissenschaft der Moslems. Der junge Thomas war fasziniert sowohl vom radikalen Anspruch der Nachfolge Christi als auch vom intellektuellen Anspruch des Verständnisses und der Vermittlung der Glaubensbotschaft, die dieser neue Orden überzeugend repräsentierte. 1244, mit etwa 19 Jahren, schloß er sich zum Entsetzen seiner Familie den Dominikanern an.

Thomas war auffallend begabt. Die Ordensoberen wollten ihr neues Mitglied dem gefährlichen Streit zwischen Kaiser und Papst und dem Mißmut der Familie entzogen sehen und Thomas noch im selben Jahr zu den höheren (theologischen) Studien nach Paris schicken, ins damalige Zentrum der lateinisch-christlichen Theologie. Die Familie widersetzte sich diesem Vorhaben; vor allem seine Mutter (sein Vater war bereits tot) konnte sich nicht mit dem Gedanken anfreunden, einen ihrer Söhne künftig als Bettelmönch leben zu sehen. Der Konflikt hatte handfeste Gründe in den familiären Interessen der Sicherung und Steigerung von Macht und Einkommen, für die ein Bettelmönch eine weit weniger günstige Perspektive bot als ein Mitglied des Benediktinerordens in leitender Funktion. Es war ganz und gar nicht absehbar, daß es Thomas später sehr wohl verstehen sollte, aufgrund seiner Stellung und Beziehungen seiner Familie auch in den «weltlichen Dingen» behilflich zu sein.

Die leiblichen Brüder des Thomas nahmen ihn, als er mit Ordensbrüdern nach Paris aufbrach, noch auf kaiserlichem Gebiet (und mit Einwilligung des Kaisers) kurzerhand gefangen und setzten ihn für mehr als ein Jahr in den familieneigenen Burgen Monte Sangiovanni und Roccasecca fest, um seinen Sinn zu ändern. Vergeblich. Thomas zeigte sich schon als junger Mann zielbewußt, willensstark und unbeugsam. 1245 mußte die Familie nolens volens den Zwanzigjährigen als Bettelmönch nach Paris ziehen lassen.

Dort vermutlich (oder später in Köln) begegnete er im Ordensstudium dem damals wohl bedeutendsten Kopf des lateinischen Westens, dem akademischen Lehrer und Ordensbruder Albertus Magnus (*um 1200, †1280). Thomas hatte das Studium der *Artes* bereits in Neapel abgeschlossen, kam also als vergleichsweise selbständiger Schüler zu Albert, zu jenem zwar nicht systematisch konsequenten, aber wohl am umfassendsten gebildeten Gelehrten des Hochmittelalters. Dessen wirkungsvollste Leistung bestand darin, unbeirrt durch kirchliche Bedenken und Verbote, das Christentum für den Aristotelismus und die von den Muslimen getragene Kultur und Wissenschaft zu öffnen. Sein erklärtes Programm war, den ‹ganzen› Aristoteles, nicht nur, wie es bislang der Fall war, den Logiker, sondern auch den Naturwissenschaftler, Metaphysiker und

Ethiker Aristoteles dem lateinischen Westen verständlich zu machen.

Thomas wurde Alberts (Meister-)Schüler. Der Forscher und Lehrer Albertus Magnus hat auf die wissenschaftliche Entwicklung des Thomas wohl am nachhaltigsten eingewirkt. Thomas machte sich nicht nur das Aristoteles-Programm seines Lehrers zu eigen. Er widmete sich wie dieser zeitlebens auch der Wissenschaftspolitik und Wissenschaftsorganisation. Was Thomas von Albert als Forscher und Denker unterschied, war eine größere systematische Begabung und ein geringeres Interesse für Naturforschung. Er folgte (wenn er ihn denn zuerst in Paris hörte) Albert von 1248 bis 1252 nach Köln, wo es galt, eine neue Hochschule für die deutsche Provinz der Dominikaner aufzubauen. Er folgte diesem in Köln aber auch in der intensiven Rezeption des Werkes des Dionysius Areopagita, eines griechischen Autors des ausgehenden 5. und frühen 6. Jahrhunderts, der sich als Schüler des Apostels Paulus ausgab und mit seinen pseudonymen Schriften das philosophische Weltbild des heidnischen Neuplatonikers Proklos (*411, †485) zu christianisieren und im Osten wie bald auch im Westen zu geradezu kanonischer Geltung zu bringen verstand, die über fast ein Jahrtausend währte. Thomas' Aristotelismus erhielt nicht zuletzt über Dionysios eine ganz wesentliche neuplatonische Färbung.

Thomas hat in den Kölner Jahren offensichtlich intensiv studiert. Mitschriften von Vorlesungen seines Lehrers aus dieser Zeit sind erhalten. Er war hochkonzentriert und schweigsam. Dies und seine große, bullige Gestalt brachten ihm bei seinen Kommilitonen – der anekdotischen Überlieferung nach – den Spitznamen «stummer Ochse» ein. Albert erkannte gleichwohl frühzeitig die eminente Begabung seines Schülers; er machte ihn zum Baccalaureus (nach heutigem Sprachgebrauch: zu seinem Assistenten). Thomas begann also (aller Wahrscheinlichkeit nach bereits in Köln) seine akademische Lehrtätigkeit als *baccalaureus biblicus*. Die unter der Leitung eines Magisters stehende Lehrtätigkeit eines Baccalaureus in Theologie folgte einer festgefügten institutionellen Tradition: zunächst für zwei Jahre über die Heiligen Schriften des Alten und Neuen Testaments, die folgenden zwei Jahre über die Sentenzen des Petrus Lombardus. 1252 schickte der Orden Thomas auf Empfehlung Alberts zur Vorbereitung auf eine Professur nach Paris zurück, wo er nunmehr als *baccalaureus sententiarius* am Studienzentrum der Do-

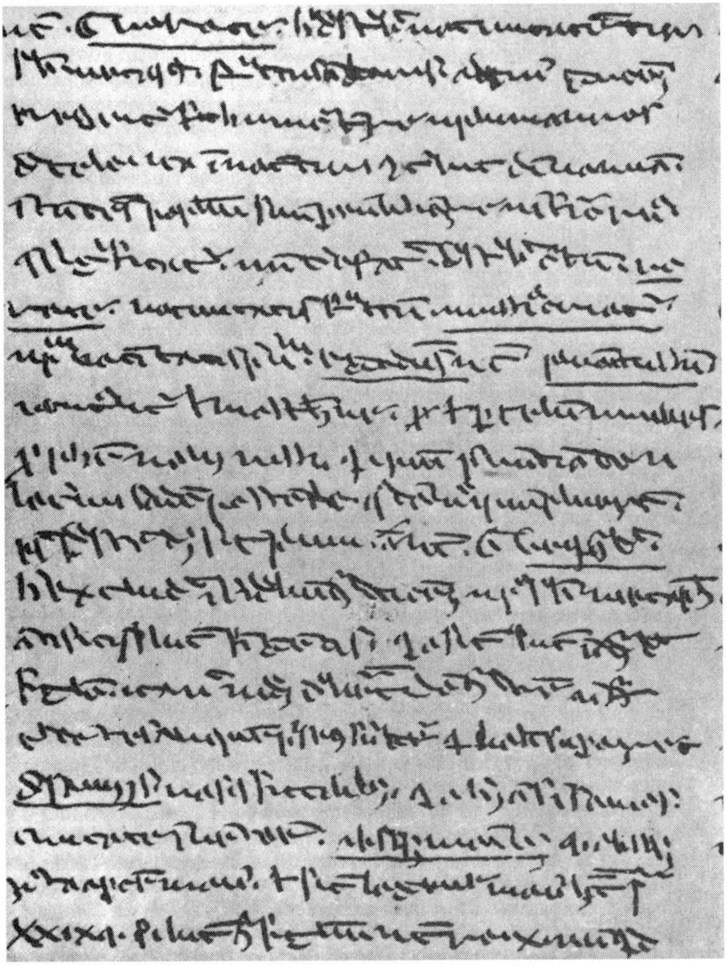

Die Handschrift des Thomas von Aquin im Manuskript des Sentenzenkommentars. M.-D. Chenu, Thomas von Aquin, Reinbek 1960, S. 48. 2; 3; 4: AKG Berlin.

minikaner seiner Forschung und (weiterhin unselbständigen) Lehrtätigkeit nachging.

In den folgenden vier Jahren verfaßt er erste philosophische Texte (*De ente et essentia* und *De principiis naturae*) und ist mit dem Vortrag und der Kommentierung der Sentenzen des Petrus Lombardus beschäftigt. In der mittelalterlichen Universitätsbildung spielte die Praxis der Erklärung und Kommentierung dieses nachgerade verbindlichen schulischen Textes eine zentrale Rolle. Petrus Lombardus' *Libri quattuor sententiarum*, ein umfassendes theologisches Kompilationswerk des 12. Jahrhunderts, das aufgrund seiner ausgewogenen Traditionsverbundenheit, seiner inhaltlichen Fülle, seiner lockeren Systematik und seiner übersichtlichen didaktischen Ordnung zum kanonischen Lehrbuch des gesamten theologischen Lehrguts des christlichen Glaubens in seiner lateinischen Form geworden war, bildete die Textgrundlage des mittelalterlichen Theologiestudiums bis zum Ende des 16. Jahrhunderts. Alle Qualifikationsschriften des 13. und 14. Jahrhunderts zum Magister (nach heutigem Sprachgebrauch: Professor) der Theologie befaßten sich in kommentierender und theoretisch weiterführender Weise mit den Sentenzen des Petrus Lombardus (*um 1100, † wahrscheinlich 1160).

So entstand als erstes Hauptwerk und Frucht der frühen Lehrtätigkeit des Thomas der sogenannte *Sentenzenkommentar*, das *Scriptum super quattuor libros sententiarum*, in heutiger Terminologie gesprochen: seine Habilitationsschrift. In ihr ist sehr vieles in einer Erstfassung formuliert, was Thomas später an philosophischen und theologischen Gedanken in teils ausführlicherer und differenzierterer, teils modifizierter, teils straffer geordneter Form in seinen Summen und Quaestionen gelehrt und publiziert hat.

Mit seinem *Sentenzenkommentar* erfüllte Thomas die akademische Voraussetzung, Magister der Theologie zu werden. 1256, als gut Dreißigjähriger, wurde Thomas dann auch vom Papst zum Inhaber von einem der beiden Lehrstühle berufen, die Rom am Zentrum der abendländischen Theologie, in Paris, den neuen Orden zugeteilt wissen wollte. Doch das Professorenkollegium der Universität akzeptierte seine Berufung zunächst nicht. Thomas' Ernennung zum Magister fällt mit einem erbitterten Kampf zusammen, den die Pariser Professoren aus dem Weltklerus (unter der Leitung des Wilhelm von Saint-Amour) gegen ihre Kollegen aus den neuen aufstrebenden Dominikaner- und Franziskanerorden führten. Sie fürchteten die intellektuelle Dynamik ihrer akademischen Vertreter, die Attraktivität ihres radikalen Anspruchs bei den Studierenden, aber auch, über diese neuen Orden, den direkten Einfluß des Papstes auf die universitären Belange. Erst im Herbst 1256 brach eine nachdrückliche Intervention des Papstes Alexander IV. den Widerstand gegen den neuen Kollegen. Thomas konnte (zusammen mit dem Franziskaner Bonaventura) sein Magisteramt antreten.

Er wirkte zunächst zwei Jahre an der Pariser Universität. In dieser Zeit bemühte er sich besonders um die Klärung erkenntnis- und wissenschaftstheoretischer Fragen. Er verfaßte die *Quaestiones disputatae de veritate* und den Kommentar zu *Boethii De Trinitate*; dann rief ihn der Orden in seine Heimat zurück. Über längere Zeit, von 1259 bis 1268, lehrte und forschte er nun in Italien: nacheinander in Orvieto, Rom und Viterbo, und zwar an Ordenshochschulen und an der päpstlichen Kurie (in Orvieto und Viterbo, bei Urban IV. und Clemens IV.). Die Päpste wußten, nach anfänglichem Mißtrauen und Zögern, die geistige und geistliche Dynamik und physische Beweglichkeit der neuen Orden und ihrer Mitglieder zu nutzen. Thomas von Aquin wurde zeitweise zum Cheftheologen und obersten Bildungsfunktionär des Papstes, zeit seines akademischen Lebens als Magister neben Albertus Magnus auch zu dem seines Ordens.

Als Theologe war Thomas in die Unionsbemühungen und Auseinandersetzungen Papst Urbans IV. mit der Ostkirche involviert. Die Schrift *Contra errores Graecorum* ist 1263/4 auf Wunsch des Papstes entstanden; ebenso die *Glossa continua super Evangelia*, auch *Catena aurea* genannt, eine «in Kettenform» aus 57 griechischen und 25 lateinischen Vätertexten zusammengestellte fortlaufende Kommentierung der vier Evangelien, durch die Thomas in wirkungsgeschichtlich höchst bedeutsamer Weise die griechische Patristik dem lateinischen Westen erschloß. In Orvieto konnte er Reginald von Piperno als Mitarbeiter (*socius*) gewinnen. An der Kurie Urbans IV. und Clemens' IV. wurde er auch mit dem besten Philologen der Zeit, mit dem Ordensbruder Wilhelm von Moerbeke (* ca 1215, †1286) vertraut, der die Schriften des Aristoteles, Werke des Proklos und die wichtigsten Aristoteleskommentare der Antike vom Griechischen ins Lateinische übersetzte. Das Amt eines Erzbischofs von Neapel, das Papst Clemens IV. ihm 1265 anbot, schlug Thomas aus.

1268 sandte ihn der Ordensgeneral wieder nach Paris. Die Universität dort war heillos zerstritten. Gegenstand der Auseinandersetzung war ein (vermeintlich oder tatsächlich) sich laizistisch verstehender Aristotelismus, der mit den Namen Siger von Brabant und Boethius von Dakien verbunden ist. Zur Debatte stand (im Zusammenhang von Fragen über die Natur und Unsterblichkeit des menschlichen Intellekts, der Providenz und der Anfanghaftigkeit oder Ewigkeit der Welt) die christliche Antwort auf die Frage des Verhältnisses von Theologie und profaner Philosophie und Wissenschaft. Quer zu den kontroversen Einstellungen in dieser Frage tobte der alte Konflikt zwischen Vertretern der Mendikantenorden und des Weltklerus. Der Papst und der Orden hofften, unter Thomas' geistiger Führung die streitenden Parteien zu beruhigen und zu versöhnen.

In der Sache ging es um eine an muslimischen Kommentatoren (insbesondere an Averroes (Ibn Rushd), *1126, †1198, «dem» Kommentator) orientierte Rezeption des Aristoteles, um eine Abgrenzung von natürlichem Wissen und religiösem Glauben, um die theoretische Legitimierung einer rein philosophischen neben einer offenbarungsreligiös-spirituellen Lebensform. Das (vermeintliche oder tatsächliche) Pochen von Magistern der Artistenfakultät auf ein rein philosophisches Selbst- und Weltverständnis mußte den gegen Aristoteles eingestellten Traditionalisten der Theologie als Bestätigung ihrer schlimmsten Befürchtungen erscheinen.

Thomas' eigene Position befand sich zwischen den Fronten. Gegenüber den an Augustinus ausgerichteten, vor allem bei den Franziskanern, aber auch im eigenen Orden und im Weltklerus beheimateten Verfechtern überkommener Religiosität und Theologie war er von der fundamentalen Bedeutung der aristotelischen Philosophie für eine tragfähige Formulierung des christlichen Glaubens und Weltbildes überzeugt. Gegenüber den Averroisten sah er sich mit Aristoteles in der Interpretation bestimmter aristotelischer Auffassungen über Gott, die Welt und die menschliche Seele im Recht, Auffassungen, die ihm sein Programm eines vermittelnden, eines christianisierten Aristotelismus realisierbar erscheinen ließen.

Thomas hat in den drei Jahren zwischen dem Frühjahr 1269 und dem Frühjahr 1272 in Paris im Sinne dieses Programms, unterstützt von mehreren Assistenten und Sekretären, ein enormes Arbeitspensum bewältigt, aber wohl auch seine Gesundheit ruiniert. In dieser Zeit ist der gesamte zweite Teil der *Summa theologiae* geschrieben, die erstmalige systematische Entwicklung einer christlichen Ethik und Moralphilosophie auf aristotelischer Grundlage. Zugleich ent-

Thomas von Aquin in einer zeitgenössischen Pariser Handschrift der Summa Theologica, (um 1270). Bibliothèque Nationale, Ms. lat. 3092, fol. 1.

stehen umfangreiche, penible Aristoteles-Kommentare, zahlreiche größere Quaestionen und kleinere Texte. Für die Versöhnung der Universität kämpfte er damit allerdings vergebens. Seine Position zwischen Augustinismus und Averroismus scheint eher polarisierend als ausgleichend gewirkt zu haben. Und auch sein ansonsten ruhiges Temperament scheint gelegentlich die Contenance und seine friedensstiftende Wirkung verloren zu haben.

Im Frühjahr 1272 wird Thomas, im Interesse des Ordens und wohl auch zur Beruhigung der Universität, nach Italien zurückgerufen, um in Neapel in Verbindung mit der Universität ein Studium generale für die Dominikaner aufzubauen und dort als Magister zu lehren. Thomas tut dies mit der ihm eigenen Energie, arbeitet unermüdlich am dritten Teil der *Summa theologiae* und verfaßt weitere Aristoteles- und Bibelkommentare. Dann versagen plötzlich die Kräfte. Am 6. Dezember 1273, nach einem Zusammenbruch (die Überlieferung spricht von einer mystischen Erfahrung) während der Meßfeier, soll er seinem Mitarbeiter Reginald von Piperno gesagt haben: «Alles, was ich geschrieben habe, erscheint mir wie Stroh, verglichen mit dem, was ich geschaut habe und was mir offenbart worden ist.»

Thomas hat sich von diesem Zusammenbruch zwar noch ein wenig erholt, aber von diesem Zeitpunkt an nichts mehr geschrieben. Seine *Summa theologiae* ist also aufgrund von physischer Erschöpfung, aber wohl auch mit Absicht Fragment geblieben, wie immer man das erwähnte Erlebnis deuten mag.

Papst Gregor X. hatte ihn bereits im Frühjahr 1273 beauftragt, am (Unions-)Konzil von Lyon teilzunehmen und dort seine Sache zu vertreten. Dazu kommt es nicht mehr. Thomas ist krank und wird noch dazu am Beginn der Reise von einem herabfallenden Ast am Kopf verletzt. Er stirbt auf dem Weg nach Lyon im Zisterzienserkloster Fossanova bei Terracina unweit von Rom, am 7. März 1274.

Er war frühzeitig physisch verbraucht, durch eine schier unglaubliche geistige und organisatorische Leistung, durch ein zeitweise unstetes, entbehrungsreiches und gefährliches Wanderleben (die Wege zwischen Italien, Frankreich und Deutschland mußten zu Fuß und im Schutz mehr oder weniger vertrauenswürdiger und wehrhafter Begleitung zurückgelegt werden), aber auch durch mangelnde Sorge für regelmäßige Bewegung für seinen übergewichtigen Körper in den späteren Jahren seines vergleichsweise kurzen Lebens. Als er starb, war er annähernd 50 Jahre alt.

Die frühen Biographen Bartholomaeus von Lucca und Wilhelm von Tocco schildern Thomas als ruhigen, gütigen, bescheidenen, aber auch entschiedenen Menschen, der sein Leben hochkonzentriert der wissenschaftlichen Forschung, der akademischen Lehre, den Lehrinstitutionen, der religiösen Kontemplation und der Predigt gewidmet hat. Eines der überzeugendsten Merkmale seiner

Persönlichkeit ist jedenfalls für jedermann heute noch daran ersichtlich, daß er selbst als Person (wie kaum ein zweiter herausragender Denker) völlig hinter den von ihm in nüchterner Präzision und Ausgewogenheit vorgestellten Gedanken und Argumenten zurücktritt.

1.3 Werk

Das Gesamtwerk des Thomas ist so umfangreich, daß es hier nicht in allen Einzelheiten vorgestellt werden kann. Nur die wichtigsten Titel seien (im geordneten Rahmen ihres literarischen Genus) kurz genannt und gekennzeichnet:

Unter den systematischen theologischen Schriften ist das bereits erwähnte *Scriptum super quattuor libros sententiarum Petri Lombardiensis,* der sog. *Sentenzenkommentar*, das erste große, umfassende Werk des Aquinaten (geschrieben 1253 bis 1257). Es enthält in relativ selbständigen Abhandlungen (in Form von Quaestionen) eine Erklärung der philosophischen und theologischen Gehalte des Lehrbuchs des Petrus Lombardus.

1259, noch in Paris, beginnt Thomas die Arbeit an der 1264/5 in Orvieto fertiggestellten *Summa contra gentiles*. Der eigentliche Titel lautet: *Liber de veritate catholicae fidei contra errores infidelium*; das voluminöse Werk stellt also eine Verteidigung der wesentlichen christlichen Wahrheiten gegen die «Irrtümer» der Heiden dar. Mit den «Heiden» sind primär die Moslems und die islamischen Philosophen, wohl aber ebenso die «Averroisten» in Paris gemeint. Das Werk ist möglicherweise auch als Handbuch für die Missionstätigkeit der Dominikaner in Spanien und Nordafrika gedacht. Der in vier Bücher gegliederte Text handelt von Gott, von der Schöpfung und vom Ziel des menschlichen Lebens. Die ersten drei Bücher argumentieren nicht primär theologisch, sondern auch und vor allem von Prämissen und Gesichtspunkten der natürlichen Vernunft aus, die dem Christen und dem «Heiden» gemeinsam sein müßten. Sie bereiten das Feld für das vierte Buch, für die Darlegung dessen, was der Christ über Gott, die Welt und den Menschen nur aufgrund von Offenbarung weiß und was allein dem Trachten des Menschen Erfüllung zu bieten vermag.

Das bedeutendste, umfangreichste und prägnanteste Werk des Aquinaten ist die *Summa theologiae* (auch *Summa theologica* bzw.

Summa de theologia genannt). Dieses Werk war von ihm wohl dazu gedacht, das Lehrbuch des Petrus Lombardus für das Studium der Theologie zu ersetzen. Es ist in seinem didaktischen Aufbau und in seiner systematischen Leistung von überragender Bedeutung, nicht nur für die christliche Theologie des Mittelalters und der Neuzeit. Es stellt auch eine der wichtigsten Quellen mittelalterlicher Philosophie dar. In seiner thematischen Gliederung folgt es der (neuplatonischen) Kreisfigur des Ausgangs der Dinge von Gott und der Rückkehr der Dinge zu Gott. Das Werk hat drei Teile, wobei der zweite Teil in sich nochmals zweigeteilt ist. Jeder Teil besteht aus Quaestionen (d. h. die Diskussion und Beantwortung umfassenderer Fragen), die ihrerseits in einzelne Artikel (d. h. der Diskussion und Beantwortung einer speziellen Frage) gegliedert sind. Gott ist der Ursprung und das Ziel von allem. Der erste Teil handelt von Gott als Ursprung und von der christlichen Lehre des Ausgangs der Dinge von Gott, von der Schöpfung und ihren wesentlichen Teilen. Der zweite Teil handelt vom freien und verantwortlichen Menschen, von seinem Ziel, von seinen Fähigkeiten, Dispositionen, Hinordnungen und Handlungsweisen, die ihn zum Ziel führen (und vom Ziel abbringen). Der dritte Teil handelt von Christus als dem Weg, der allein die heilende und vollendende Rückkehr zu Gott erschließt und mit seinen Einrichtungen und Gnadengaben sichert. Der erste und der zweite Teil sind zwischen 1265 und 1272 geschrieben. Am dritten Teil arbeitete Thomas von 1272 bis 1273; dann brach er, wie erwähnt, die Arbeit an diesem Werk (in der Quaestio 90, Artikel 4) ab. Die ersten Herausgeber haben (unter der Leitung des Reginald von Piperno) dieser Summe durch das *Supplementum* einen (naturgemäß nicht recht befriedigenden) Abschluß gegeben; sein Inhalt ist im wesentlichen aus dem vierten Buch des Sentenzenkommentars zusammengestellt.

Die bislang genannten Werke sind *Summen*; d. h. sie intendieren, ein großes, als mehr oder weniger gesichert geltendes Wissensgebiet unter bestimmten systematischen Prämissen um- und zusammenfassend darzustellen und in didaktisch geordneter Weise zu vermitteln. Von der Summe unterscheidet sich die Gattung der akademischen *Disputation.* Eine *disputatio* (vgl. Schulthess-Imbach 1996, 147 ff.) befaßt sich unter Berücksichtigung möglichst aller relevanten Aspekte mit wichtigen, im aktuellen wissenschaftlichen Diskurs verhandelten Einzelthemen eines Wissensgebietes, in Thomas' Fall der Theologie. *Disputationes* abzuhalten war das Vorrecht des Magisters (Professors), wenngleich der dienstälteste Baccalaureus in ihnen eine wichtige assistierende Rolle spielte.

Thomas hat eine große Anzahl von *Quaestiones disputatae* hinterlassen, d. h. vom Magister formulierte Ergebnisse regelmäßig abgehaltener, in Abständen über das akademische Jahr verteilter Disputationen. Sie werden in den Werkausgaben zusammengefaßt unter diesem Titel: *Quaestiones disputatae.* Die bedeutendsten von ihnen sind: *De veritate* (Über die Wahrheit, 29 Quaestionen, verfaßt zwischen 1256 und 1259); *De potentia* (Über die Macht bzw. das Vermögen, vor allem das Vermögen Gottes, 10 Quaestiones, verfaßt 1265/6); *De anima* (Über die Seele, 1 Quaestio, verfaßt 1266/7); *De spiritualibus creaturis* (Über die geistigen Geschöpfe (die Engel), 1 Quaestio, verfaßt zwischen 1266 und 1268); *De malo* (Über das Übel, 16 Quaestionen, verfaßt zwischen 1269 und 1271); und schließlich die zwischen 1269 und 1272 erarbeiteten «Tugendquaestionen»: *De virtutibus in communi* (Über die Tugenden im allgemeinen); *De caritate* (Über die Liebe); *De spe* (Über die Hoffnung); *De virtutibus cardinalibus* (Über die Kardinaltugenden).

In der Fastenzeit und im Advent war es akademischer Brauch, daß der Magister im Rahmen einer Veranstaltung, an der jedes Universitätsmitglied teilnehmen konnte, als Vertreter seines Faches für die Diskussion und Beantwortung beliebiger Fragen des Auditoriums, die sogenannten *Quaestiones quodlibetales*, zur Verfügung stand. Diese Disputationen werden von ihm nachträglich überarbeitet und zusammengefaßt. Von Thomas sind uns 12 solcher *Quodlibeta* überliefert.

Neben der *Summe* und der *Quaestio disputata* kennt die Wissenschaft des Mittelalters als drittes wichtiges literarisches Genus den *Kommentar.* Für einen Theologen – und Thomas hat sich selbst stets primär als Theologe verstanden – steht hier an erster Stelle der Kommentar zu Texten der Hl. Schrift. Thomas hat (in Form der Überarbeitung von Vorlesungsnachschriften) bedeutende Kommentare zu Büchern des Alten und Neuen Testaments geschrieben (vgl. dazu ausführlicher Pesch [2]1989, 85–88); aus ihnen ragen die Kommentare zum alttestamentlichen Buch Ijob (1263–65) sowie zum Römerbrief (1271–73) und 1. Korintherbrief (1–10) des Apostels Paulus (1263 bis 1265 entstanden) heraus. Thomas verfolgt hier eine Kommentierung im Literalsinn; er will mit Mitteln der Grammatik, der Logik und Semantik den veritablen Sinn des Textes entschlüsseln. Der überkommenen, bloß paraphrasierenden oder allegorisch-erbaulichen Schriftauslegung steht er offensichtlich mit einer gewissen Skepsis gegenüber.

In philosophischer Hinsicht sind seine Kommentare zu Werken des Aristoteles von dominantem Interesse und Gewicht. Sie sind gewissermaßen als Nebenprodukte im Zusammenhang seiner Arbeit an der *Summa theologiae* entstanden. Thomas wollte sich der Lehre des Aristoteles genauestens versichern. Da das Werk des Griechen, von einem Teil des Organon abgesehen, dem Mittelalter zunächst über muslimische und jüdische Vermittlung bekanntgeworden war und Thomas selbst nur wenig Griechisch konnte, war er hinsichtlich der Versicherung der authentischen Textbasis und der treffenden Übersetzung auf die Hilfe seines Mitbruders Wilhelm von Moerbeke angewiesen. Durch Wilhelm von Moerbeke erhielt seine Arbeit an Aristoteles die für seine Zeit bestmögliche philologische Grundlage.

Thomas hat den größten Teil des uns von Aristoteles überkommenen Œuvres kommentiert. Gegenüber der Quaestionen- oder Paraphrasenform bevorzugt er bei seiner Aristoteles-Kommentierung wie bei seinen Schrift-Kommentaren die strenge Literalform, d. h. die Satz-für-Satz-Erläuterung. Allerdings geht es ihm nicht primär um eine philologische Wort-für-Wort-Kommentierung, sondern um eine Erfassung des Sinnes bzw. eine erklärende und systematisch weiterführende Interpretation (*sententia* bzw. *expositio*). Dabei berücksichtigt er die antike Kommentartradition. Die zwölf Aristoteles-Kommentare des Thomas sind bedeutende, nach wie vor unverzichtbare Zeugnisse und Hilfen der Aristotelesinterpretation. Einzelne dieser Kommentare herauszuheben wäre abwegig. Doch wer sich heute ernsthaft mit der Wissenschaftstheorie, der Physik, der Metaphysik, der Psychologie, der Ethik des Aristoteles beschäftigen und auseinandersetzen möchte, wird aus dem Studium der Kommentare des Thomas *Zu den zweiten Analytiken (In libros posteriorum Analyticorum), Zu den 8 Büchern der Physik (In VIII libros physicorum), Zu den12 Büchern der Metaphysik (In XII libros Metaphysicorum), Zu den 3 Büchern über die Seele (In III libros de anima), Zu den 10 Büchern der Ethik (in X libros ethicorum)* großen Gewinn ziehen.

Neben den Kommentaren zur Hl. Schrift und zu Aristoteles sind noch die Kommentare zu Boethius' Schriften *De hebdomadibus* und *De trinitate* zu nennen. Diese Kommentare, insbesondere der zu *De trinitate*, verdienen insofern besonderes Interesse, als sich hier Thomas ausführlich zu seinem Verständnis von Wissenschaft überhaupt und zur Theologie im besonderen äußert. Sein Kommentar zu *De divinis nominibus* des Pseudo-Dionysius Areopagita (geschrieben vor 1268) stellt, nach langer Zeit zunehmender Entfremdung und weitgehender gegenseitiger Nichtbeachtung der beiden großen christlichen Kulturen, die erste bedeutende Begegnung und Auseinandersetzung der lateinischen mit der griechischen christlichen Theologie dar.

In seinem 1272 verfaßten Kommentar zu dem im Mittelalter vielbeachteten und auch für seine Metaphysik hochbedeutsamen *Liber de causis* kam Thomas seine intensive Beschäftigung mit Pseudo-Dionysios auch quellenkritisch zugute: Wurde der *Liber de causis* bislang meist Aristoteles zugeschrieben, diagnostizierte ihn Thomas (korrekterweise) als ein Exzerpt aus der *Stoicheiosis theologike* (*Institutio theologica*) des Neuplatonikers Proklos; dazu half ihm natürlich die bereits erwähnte Proklosübersetzung seines Mitbruders Wilhelm von Moerbeke.

Neben den Summen, den Quaestionen und Kommentaren hat Thomas noch zahlreiche kleinere Schriften (*Opuscula*) verfaßt, deren thematische Breite vom Loswerfen und der Sterndeutung über das Fronleichnamsofficium und die Erklärung des Ave Maria bis zur abstraktesten Erörterung ontologischer Fragen reicht. Hier muß der frühe, zwischen 1252 und 1255 geschriebene Traktat *De ente et essentia* (*Über das Seiende und das Wesen*) Erwähnung finden, eine seiner schwierigsten Abhandlungen, in der Thomas sich auf grundlegende Weise seiner Ontologie zu versichern sucht und hierin aristotelische und neuplatonische Tradition (v. a. Aristoteles, Proklos, Avicenna) verbindet.

Zu den wenigen ausgesprochen polemisch gehaltenen Texten gehören die Schriften zur Verteidigung der Bettelorden, die sich auch gegen deren Kritiker wenden, sowie, philosophisch relevanter, *De unitate intellectus contra Averroistas* (*Über die Einheit des Intellekts gegen die Averroisten*), eine Streitschrift aus dem Jahre 1270, die sich gegen Averroes' und Siger von Brabants Interpretation von Aristoteles' *De anima* und deren als aristotelisch ausgegebene Intellekttheorie wendet. Thomas möchte gegen Averroes sowohl den aktiven als auch den passiven Intellekt als in der Seele jedes Menschen individuiert verstanden wissen. Er blieb zu seiner Zeit Sieger in dieser Interpretationskontroverse; heute ist man bezüglich des aktiven Intellekts geneigt, eher einem Siger von Brabant die Nähe zu Aristoteles zu attestieren, wenngleich eine Entscheidung angesichts der schmalen und kryptischen Textbasis bei Aristoteles schwierig, wenn nicht unmöglich ist und die gegenwärtige Diskussion um die Verschiedenheit der Formen in Aristoteles' *Metaphysik Z* (vgl. Nortmann 1997) wieder eher zugunsten von Thomas zu sprechen scheint.

Bleibendes Interesse darf die etwa 1265/66 verfaßte politiktheoretische Schrift *De regno* (oder: *regimine principum*) *ad regem Cypri* (*Über die Königsherrschaft* (oder: *die Herrschaft von Fürsten*) *an den König von Zypern*) für sich beanspruchen; führt sie doch beispielhaft vor, wie eine transformierende Übertragung der aristotelischen Gedanken von politischer Gemeinschaft und Herrschaft in eine ganz andere Zeit, hier in die mittelalterlichen Lebensverhältnisse, aussehen mag. Buch I und II, 1–4 stammen von Thomas, der Rest von Tolomeo de Lucca. (Thomas' Kommentar zu Aristoteles' *Politica* ist unvollendet geblieben und umfaßt nur die Bücher I bis III.)

Doch nicht nur die hier genannten, im Grunde verdienen alle kleineren Texte des Thomas Beachtung, weil sie, welches Thema auch immer, mit kaum zu überbietender Klarheit, Prägnanz und Problemsicht behandeln. Wer schließlich glaubt, Thomas habe nur Texte in schnörkellos nüchterner und trockener scholastischer Wissenschaftssprache geschrieben, mag sich durch die Lektüre der im *Officium corporis Christi* enthaltenen eucharistischen Gebetspoesie eines Besseren belehren lassen.

1.4 Geistesgeschichtliche Voraussetzungen

Als die Nachricht vom Tod des Thomas die Universität Paris erreichte, wandte sich diese an die Ordensleitung mit der Bitte, Thomas in Paris begraben zu lassen. Signifikant ist, daß in dem Schreiben neben dem Rektor alle Professoren der Artistenfakultät, nicht aber die Professoren der Theologischen Fakultät genannt sind. Obgleich Thomas etwa zehn Jahre als Baccalaureus und Magister der theologischen Fakultät von Paris angehört hatte, sind es die «Philosophen», die seine gewaltige Lebensleistung umstandslos anerkennen und ihn auch als Toten in ihrer Nähe wissen möchten. Die Theologen empfanden diese wohl mehrheitlich eher als Herausforderung und Bedrohung ihrer traditionalen geistigen, geistlichen und machtpolitischen Überzeugungen und Ansprüche.

Tatsächlich markiert das Werk des Thomas einen epochalen Umbruch mittelalterlichen Denkens. Die Spannungen und Krisen des 13. Jahrhunderts, die zum Umbruch führen, haben gewiß verzweigte Wurzeln. Aber sie haben auch ihren wesentlichen Grund darin, daß mit der Fortschrittsgeschichte der muslimischen Kultur und Wissenschaft die vom Christentum verdrängte «diesseitsorientierte» pagane Weltsicht der Antike dieses wieder einholt und herauszufordern versteht.

Die ersten 1000 Jahre des Christentums sind geprägt durch die Übernahme stoischen, insbesondere aber platonischen, spezieller mittel- und neuplatonischen Denkens. Neben und nach den frühen Kirchenvätern, die die Jesus-Botschaft zum Teil mit philosophischen Anleihen der genannten Provenienz zu interpretieren versuchten, war es vor allem Aurelius Augustinus (*354, †430), der für den lateinischen Westen den Neuplatonismus in das Gebäude einer von ihm umfassend ausformulierten christlichen Lehre (*doctrina christiana*) von Gott, Welt und Mensch integrierte. Soweit das Schrifttum, die Gedankenwelt und die Forschungsleistungen des Aristoteles und seiner Schule im Westen überhaupt noch zugänglich waren, wurden sie durch das überragende Werk des Augustinus fast völlig in den Hintergrund und ins Vergessen gedrängt. Nur eine dünne Teiltradition des aristotelischen Organon blieb über Boethius in den Schulen des Abendlands präsent.

Die neuplatonische Philosophie in der Art des Plotin (*um 205, †270) und später des Proklos (*412, †485) ist beherrscht von einem starken Dualismus, mit dem göttlich Einen und dem zeitlosen rein geistigen Reich der «Henaden» und Ideen auf der einen Seite, mit der Sphäre der materiellen, den Sinnen erschlossenen Welt des Werdens und Vergehens auf der anderen Seite. Der Dualismus von leibhaftem «Diesseits» und geistigem «Jenseits» ist mit einer radikalen Wertdifferenz verbunden. Und dem metaphysischen Dualismus entspricht in Menschenbild und Lebensauffassung ein entschiedener Leib-Seele-Dualismus. Das flüchtige, «uneigentliche» Diesseits ist ganz und gar hingeordnet auf das «eigentliche» Jenseits. Das diesseitige leibliche Leben gewinnt seinen prekären Wert bestenfalls als Vorbereitungs-, Zurüstungs- und Bewährungsphase für das jenseitige geistige Leben. Und die richtige Vorbereitung und Bewährung besteht in der reinigenden Lösung der Bindung der Gedanken und Wünsche an das Erleben der Sinne. Durch seine Geistmetaphysik und Jenseitsorientierung scheint solches philosophisches Denken einem Grundbedürfnis der sich ausbreitenden und etablierenden christlichen Religion entsprochen zu haben, die in ihm den willkommenen Ersatz für die ausgebliebene Erfüllung der ursprünglichen eschatologischen Naherwartung fand. Jedenfalls hat die spätantike Verbindung von Neuplatonismus, römischer Rechts- und Rhetorikkultur und jüdisch-christlicher Heilsbotschaft in der theologischen Gründerfigur Augustinus für Jahrhunderte die abendländische Theologie und mit ihr die westliche Kultur auf durchdringende Weise geprägt.

Das Bekanntwerden aller noch erhaltenen, insbesondere der naturwissenschaftlichen, naturphilosophischen, ethischen und metaphysischen Schriften des Aristoteles auf dem Weg über die Moslems und die von ihnen beeinflußten jüdischen Denker um die Wende vom 12. zum 13. Jahrhundert stellt für dieses Denken eine höchst bedeutsame Herausforderung dar. Das Abendland begegnete dem Aristotelismus in der Gestalt einer überlegenen Zivilisation, Kultur und Wissenschaft.

Für die christliche Theologie und den bildungswilligen Westen beginnt eine umfassende Aristoteles-Rezeption und mit ihr eine Transformierung ihres philosophisch unterfütterten Welt- und Menschenbildes. Aristoteles steht im Unterschied zu Plato ohne Skepsis, Vorbehalt oder gar Verachtung, ja mit unverkennbarer Zuneigung und Neugierde in der Fülle unserer Erfahrungswelt. Sowohl in seinem theoretischen als auch in seinem praktischen Philosophieren geht er von der Vielfalt des Konkreten aus und versteht Philosophie primär als Wesens- und Prinzipienforschung, die ohne Bezug auf die konkreten Exemplare und Prinzipiate ihres Sinnes entbehrt. Platons Ideenlehre ist ihm abstrakte und abgehobene Spekulation, für unser Leben (weitgehend) bedeutungslos. Sein Paradigma der praktischen Philosophie ist nicht, wie für Platon und später Proklos, die Mathematik, sondern die Biologie und Medizin. Seine Ethik untersucht das Konzept des gelungenen menschlichen Lebens in seiner Endlichkeit, ohne jeden Ausblick auf ein (individuelles) Dasein im Jenseits. Gewiß steht auch für ihn über der

Thomas von Aquin zwischen Aristoteles und Platon, zu seinen Füßen Averroes. Gemälde von Benozzo Gozzoli, um 1470, aus dem Dom zu Pisa. Musée du Louvre.

Sphäre des Werdens und Vergehens der Bereich des Ewigen, Immerseienden, streng harmonisch Gesetzlichen und Göttlichen. Aber die sinnlich erfahrbare Welt hat für ihn ihr eigenes Gewicht und wird fraglos in ihren Ordnungsstrukturen bejaht. Im Erkennen des Wesens der konkreten Dinge unserer trans- *und* sublunaren Erfahrungswelt wird ihm göttliche Natur manifest.

Die Anziehungskraft des aristotelischen Denkens muß groß gewesen sein, zumal die höfisch-ritterliche Kultur des Westens, aber auch manch «Fußvolk» mit seiner faszinierenden weltbejahenden Urbanität im Vorderen Orient, im maurischen Spanien und in Süditalien (auf friedliche und kriegerische Weise) in enge Berührung kam. Verständlich ist andererseits, daß die leitenden Instanzen der christlichen Kirche zunächst in Aristoteles den großen und gefährlichen Heiden sahen, der die umfassend religiös bestimmte Kultur des Christentums ernsthaft bedrohte. Seine «Spiritualität» schien der bisher geübten, dem Neuplatonismus verbundenen einigermaßen stark entgegengesetzt. Die Amtskirche glaubte, eine Kampfstellung gegen geistig-geistliche Überfremdung beziehen zu müssen; sie versuchte, durch Verbote und Auflagen, für die Ausbildung der Studierenden in den *Artes liberales* teils die gesamte, teils die ungekürzte Lektüre der naturphilosophischen und metaphysischen Schriften des Aristoteles zu verhindern.

Die Kirche stand zu Beginn des 13. Jahrhunderts in machtvoller, wenngleich nicht ungefährdeter Blüte. Der Papst, insbesondere in der überragenden Figur Innozenz' III. (1198–1216), erhob mit dem Anspruch, Stellvertreter Gottes auf Erden zu sein, auch den Anspruch auf höchste politische Herrschaftsbefugnis. Die Missionierung Europas war weitgehend abgeschlossen; für die Kernlande lag sie bereits lange zurück. Der hohe Klerus hatte sich auf Besitztümern breitgemacht und genoß seine Autorität in herrschaftlichen Ämtern. Die Entstehung der mittelalterlichen Stadt schuf mit den sozialen Problemen auch eine brodelnde geistige Atmosphäre. Unter Ernsthaften, Nervösen und Unterprivilegierten wurde der Ruf nach Reform, nach einer Rückkehr zum einfachen und eschatologisch bestimmten Geist des Evangeliums immer stärker. Die Bewegungen der Waldenser und Katharer entstanden und erhoben sich aus solchem Anliegen. Sie fanden in den kirchlich eingebundenen Bettel- und Predigerorden der Franziskaner und Dominikaner ihre Entsprechung und Antwort; neben dem Schwert, das die Kirche gegen sie unerbittlich und erfolgreich zu führen wußte.

In der «akademischen» Welt des Westens, in den hohen Kloster- und Kathedralschulen und den neu entstehenden Universitäten, herrschte die «Scholastik», in die der junge Thomas hineinwuchs und die er zu einer gewissen Vollendung führen sollte. Sie hatte sich aus dem, was Cicero (und Quintilian), vor allem aber, was Boethius (* um 480, † um 524) mit seinen Übersetzungen und selbständigen Arbeiten zum aristotelischen Organon und zu Porphyrius' *Isagoge* an antiker Logik (und Rhetorik) dem lateinischen Westen übermittelt hatten, als Methode des Forschens, des Lehrens und des Lernens herausgebildet (vgl. Grabmann 1909/11; Schulthess-Imbach 1996, Kap. III u. IV). Das Wort «Scholastik» ist schlicht von der Schule (*schola*) genommen und bezeichnet als Epochenbegriff ganz allgemein die Form der Wissenschaft dieser Zeit. Diese Form ist durch drei markante Züge gekennzeichnet (vgl. Heinzmann 1994, 18 ff.; Kluxen [2]1978, 180 ff.):

(a) Durch die autoritative Orientierung an großen Texten der Vergangenheit. Die lange Zeit zwischen Patristik und Scholastik ist in den Klöstern des Westens von einer Haltung respektvoller Rezeption und Tradition geprägt. Die Scholastik übernimmt ganz selbstverständlich diese Haltung in dem Bewußtsein, daß, wer Wissenschaft betreiben will, sich mit autoritativen Texten befassen und das schon Geleistete und Bewährte sich aneignen und weitergeben muß.

(b) Durch die Betonung der kritischen Prüfung und abwägenden Beurteilung der gegebenen Wissensbestände: Die Scholastik leitet die Einsicht (und realisiert die entsprechende Praxis), daß sich bei aller Verwiesenheit auf Tradition und Autorität echte Aneignung von Wissen nur in selbständiger geistiger Auseinandersetzung vollziehen kann. Die prüfende, argumentierende und urteilende Vernunft, die *ratio*, gewinnt als kritische Instanz zunehmend an Bedeutung. Die Devise in den vom christlichen Glauben getragenen avancierten Gemeinschaften lautet schließlich: *Fides quaerens intellectum.* Der christliche Glaube sucht immer pointierter begriffliche und argumentative Verständigung mit sich selbst.

(c) Durch die Betonung der geordneten lehrhaften Aufbereitung des Wissens: Mit der respektvollen Behandlung des Überkommenen und seiner kritischen Durchdringung und Erprobung an Neuem verbindet sich die regelgeleitete Vermittlung des sich in dieser Prüfung Bewährenden, die schulmäßige Weitergabe des Wissens, sei es des christlichen Heilswissens, sei es des Wissens der natürlichen Vernunft. Nicht Berichte und Anweisungen mystischen Erlebens, nicht prophetische Botschaft, nicht persönliche asketisch-kathartische Vervollkommnung des Geistes stehen nunmehr im Vordergrund (wie in der traditionellen Kultur der Mönchsethik), sondern objektive Wissensaneignung und -vermittlung in einem für jedermann verbindlichen und überprüfbaren Verfahren des Lehrens und Lernens.

In der Form der *Quaestio disputata,* wie sie von Thomas zur Perfektion ausgebildet wurde, haben diese Merkmale und Ziele ihren beispielhaften literarischen Ausdruck gefunden: Eine Sachfrage wird in ihre verschiedensten Aspekte zergliedert; und die Einheiten dieser Gliederung, die *articuli*, präsentieren keine schlichte Thesis und ihre Erläuterung, sondern sind ihrerseits *quaestiones disputatae*, ein Ausdruck des diskutierenden, argumentierenden und nach begründeter Einsicht suchenden Geistes. In der Struktur des Artikels – mit seiner Ausgangsthese, seinen auf Autoritäten gegründeten Einwänden (*obiectiones*) und Gegeneinwänden (*sed contra*), der zusammenhängenden Darlegung und Entscheidung (*corpus articuli*) und den Antworten auf die Einwände (*ad 1 etc.*) – kommt der Reihe nach der traditionsgebundene, der zweifelnde, der selbständig abwägende und beweisende und schließlich der offene, auch die Argumente des Gegners würdigende Verstand zu seinem Recht.

Doch die schrittweise sich vollziehende Eingemeindung der Ratio in die praktische Gemeinschaft und theoretische Pflege des augustinisch-christlichen Glaubens vollzieht sich nicht ohne Widerstände, Spannungen und Brüche. Das Denken der Hochscholastik bewegt sich in einer Polarität (und Spannung) zwischen Auctoritas und Ratio, zwischen Fides und Intellectus, zwischen Offenbarungstheologie und Philosophie. Und es gab von Beginn an und durch die Jahrhunderte viele und mächtige Stimmen, die der Anwendung einer inhaltsneutralen Logik und Wissenschaftslehre auf die Heiligen Schriften und Dogmen des Glaubens mit Vorsicht, mit Skepsis, mit Ablehnung, ja mit Haß und Feindschaft begegneten. Man braucht hier nur auf Namen wie Petrus Damiani, Bernhard von Clairvaux und Bonaventura zu verweisen.[1]

Doch auch das Wohlwollen jener «Traditionalisten», die der Verwendung der «formalen» Logik mit Zustimmung und der neuen inhaltlichen aristotelischen Philosophie mit Toleranz oder Sympathie begegneten, hatte seinen Preis. Die Rezeption des Aristotelismus im westlichen Christentum hätte nicht oder jedenfalls nicht so durchdringend erfolgen können, wäre Aristoteles nicht durch die Arbeit spätantiker, muslimischer und jüdischer Interpreten in mehr oder weniger starker neuplatonischer Einfärbung und Umprägung dahergekommen. So, und nur so, konnte auch der unbestreitbaren Autorität des Augustinus im Westen weiterhin ihr Recht geschehen.

Scholastik und Aristotelismus einerseits, ein Leben im Sinne des Evangeliums andererseits, dies sind die wichtigsten geistigen Strömungen, denen der junge Thomas sich öffnet. Die Vernunft in Ge-

Thomas von Aquin. Gemälde von Justus van Gent, um 1476, aus der Serie der Bildnisse berühmter Männer im Palazzo Ducale in Urbino. Musée du Louvre.

stalt der aristotelischen Philosophie und der Glaube im bewußten Rückgriff auf die authentische Botschaft des Evangeliums sind die prima facie doch wohl äußerst konträren Pole, die Thomas in seinem Denken zu harmonischer Verbindung zu bringen versucht. Es ist eine die Forschung dauerhaft beschäftigende Frage, ob Thomas diese Synthese mit seinem Werk tatsächlich gelungen ist.

2. Über Erkenntnis, Wahrheit, Wissenschaft

Thomas hat sich in seiner Beschäftigung mit Philosophie stets für Logik, Ontologie, Erkenntnis- und Wissenschaftstheorie interessiert. Ein relativ frühes Werk, die *Quaestiones disputatae de veritate* handeln in umfassender Weise von den Themen der Wahrheit, des Geistes und des Erkennens. Und auch die erste Quaestio seines letzten großen Werkes, der *Summa theologiae*, beginnt mit Überlegungen zu dem Erkenntnis- und Wissenschaftsstatus der Offenbarungstheologie, der *sacra doctrina.*

Er folgt als Erkenntnis-, Wahrheits- und Wissenschaftstheoretiker im wesentlichen Aristoteles; dies allerdings mit Modifikationen und Anleihen aus stoischer und neuplatonischer Tradition. Eine gegenüber der heidnischen Philosophie grundsätzlich neue Problemstellung ergibt sich für ihn mit der Frage, ob und wie die christliche Theologie als Wissenschaft vom religiös Geglaubten in das Ordnungsschema der Wissenschaften integrierbar ist.

2.1 Zur Theorie des Erkennens

Thomas' Erkenntnistheorie wird getragen von einem anthropologischen Prinzip: Menschliches Erkennen ist die Verwirklichung einer Möglichkeit; und insofern Erkennen eine dem Wesen des Menschen entsprechende Möglichkeit darstellt, bedeutet Erkennen eine Vervollkommnung des Menschen. Menschliches, und das heißt endliches Erkennen hat als Prozeß die Struktur der Aufnahme und Aneignung von Anderem in und durch das erkennende Subjekt. Das Andere wird, anders als beim physischen Verzehr eines Gegenstandes, nicht als ganze Substanz, nicht in seiner Materialität, wohl aber hinsichtlich dessen, was es ist, seiner Form nach, vom (auf endliche Weise) Erkennenden aufgenommen und angeeignet. Der Gegenstand muß von sich aus zur Aufnahme und Aneignung geeignet, er muß erkennbar sein, er muß einen sinnlich oder geistig erfaßbaren Gehalt besitzen. Die Aufnahme und Integration erfolgt entsprechend der Natur des Erkennenden (*modus cognitionis sequitur modum naturae cognoscentis,* S. theol. I, qu. 12 a. 11 co.). Sinnliches Erkennen, wie es bei Tieren der Fall ist, sinnenvermitteltes geistiges Erkennen, wie es dem Menschen (in diesem Leben) eignet, und rein geistiges Erkennen, wie es bei Gott und den reinen Geistern zu unterstellen ist, sind, so Thomas, der Art nach verschieden. Die gestuften Erkenntnisweisen berühren (und gleichen) sich jedoch an den Grenzen.

Menschliches Erkennen ist auf die Sinne angewiesen; all unsere Erkenntnis hebt mit sinnlicher Wahrnehmung an (vgl. dazu ausführlich De verit. qu. 10 a. 4, 5 und 6). Doch der Mensch kann mit seinem Verstand in sinnlich Gegebenem geistige Gehalte erfassen, und er kann von den geistigen Gehalten des sinnlich Gegebenen auf rein Geistiges schließen. Er ist, so gesehen, offen für die Aufnahme und Aneignung von allem, was es gibt (vgl. De verit. qu. 1 a. 1). Dies ist, wie wir unten (Kap. 4.1) sehen werden, für Thomas einer der entscheidenden Gesichtspunkte, die für die Immaterialität (und damit, in Verbindung mit ihrer Einheit, für die Unvergänglichkeit) der menschlichen Geistseele sprechen: Sinnliches Erfassen erfolgt durch materielle Organe; die Gehalte sinnlichen Erfassens sind durch die (Art der) Materialität der Organe bedingt und begrenzt. Wäre menschlicher Verstand etwas Materielles und sein Erfassen von etwas organgebunden, wäre er hinsichtlich der Inhalte seines Erkennens begrenzt.

Thomas vertritt in gewisser Weise eine Abbildtheorie des Erkennens. Erkenntnis ist durch sinnliche und geistige «Bilder» (*species sensibiles* bzw. *phantasmata; species intelligibiles*) vermittelt, die im erkennenden Subjekt, in seiner Einbildungskraft und seinem Verstand in der Begegnung mit den Gegenständen entstehen und *durch die* das erkennende Subjekt die Gegenstände erfaßt (vgl. S. theol. I, qu. 78 a. 2; qu. 85 a. 2; qu. 14 a. 6; De verit. qu. 10 a. 6). Dabei argumentiert Thomas entschieden gegen das subjektivistische Mißverständnis, der primäre Gegenstand des Erkennens würde das Bild und nicht der Gegenstand selbst sein (vgl. S. theol. I, qu. 85 a. 2).

Seine Erkenntnistheorie arbeitet mit teleologischen Prämissen, die einen grundsätzlichen Realismus stützen: Die Wirklichkeit ist so, daß sie (für den menschlichen Verstand) prinzipiell erkennbar ist, und der menschliche Verstand ist so, daß er von Natur prinzipiell für die Erkenntnis der Wirklichkeit disponiert ist (vgl. De verit. qu. 1 a. 1; qu. 10 a. 6, 8 und 9; S. theol. I, qu. 16 a. 1 ad 1).

Der Mensch erkennt etwas im Vollsinn des Wortes, wenn das, was er (mittels der *species*) vom Gegenstand erfaßt, mit dem identisch ist, was der Gegenstand selbst ist. In diesem Sinn übernimmt Thomas die Wahrheitsformel aus dem Definitionenbuch von Isaak Ben Salomon Israeli (* um 850, † um 950, jüdischer Arzt und neuplatonischer Philosoph), daß Wahrheit die Angleichung der Sache und des Intellekts sei (*quod veritas est adaequatio rei et intellectus,* S. theol. I, qu. 16 a. 2 obi. 2 und co.; De verit. qu. 1 a. 1).

2.1.1 Über die Sinne eröffnet sich uns ein Bewußtsein der materiellen Wirklichkeit. Die Sinne, und nur die Sinne, allen voran der Tastsinn (vgl. S. theol. I, qu. 76 a. 5), sind die Instanzen, die uns (in diesem Leben) die Gewähr bieten, überhaupt Wirkliches zu erfassen (vgl. S. theol. I, qu. 85, a 3; De verit. qu. 10 a. 4–6). Aus bloßen Gedanken läßt sich (für Thomas neben anderen Gründen) deshalb nicht – wie dies ein Anselm von Canterbury in seinem ontologischen Gottesbeweis versucht hat – auf Realität schließen.

Sinneswahrnehmung ist für Thomas ein wirkursächlicher Prozeß, in dem ein materieller Gegenstand (über ein Medium) auf das materielle Sinnesorgan einwirkt und dadurch im entsprechenden Sinn neben naturalen Veränderungen eine «spirituale» Wirkung, die Erfahrung eines Sinneseindrucks, etwa eine Farbwahrnehmung erzeugt. Die Wirkung ist nicht «material», sondern «spiritual», will sagen: Der Sinn wird vom wahrgenommenen Gegenstand dahingehend verändert, daß er das, was dieser Gegenstand ist, nämlich so und so farbig, in sich aufnimmt bzw. aktualisiert, d. h. es (*seelisch*) *erlebt*, ohne natural so und so farbig zu werden.

«Deshalb wird nicht der Sinn selbst, da er eine bestimmte spirituale Kraft ist, von den Sinnendingen verändert, sondern die Sinnesorgane werden von den Sinnendingen verändert, und aufgrund dieser Veränderung wird die Seele auf bestimmte Weise angeregt, in sich *species* der Sinnendinge zu bilden» (S. theol. I, qu. 84 a. 6 co.; vgl. S. theol. I, qu. 78 a. 3 co.).

Hinsichtlich des Gegenstands der Wahrnehmung unterscheidet Thomas im Anschluß an Aristoteles das Objekt, insofern es von einem einzelnen Sinn, vom Objekt, insofern es von mehreren oder allen Sinnen, und vom Objekt, insofern es vom Verstand unmittelbar anhand sinnlicher Gegebenheiten erfaßt wird. Sogenannte Sinnestäuschungen entstehen, wenn die Sinnesorgane aufgrund besonderer externer Konstellationen oder aufgrund interner Defekte in ihrer Funktion und ihrem Zusammenspiel beeinträchtigt sind (vgl. S. theol. I, qu. 85 a. 6). Thomas unterscheidet mit Aristoteles äußere und innere Sinne und den (die Eindrücke aller verbindenden) Gemeinsinn (vgl. S. theol. I, qu. 78 a. 3 und 4) und spricht davon, daß der Sinn «urteilt» (S. theol. I, qu. 85 a. 6). Gemeint ist damit, daß Tiere (und wir als Sinnenwesen) im Wahrnehmen auf der Basis von Anlage und (unwillkürlicher) Erinnerung die Gegenstände nach Gesichtspunkten des Angenehmen und Unangenehmen, des Nützlichen und des Schädlichen *unterscheiden* und ihnen gegenüber entsprechend aversiv oder appetitiv oder gleichgültig reagieren. In diesem Sinne besitzen Tiere die Fähigkeit, Dinge richtig oder falsch einzuschätzen (eine *vis aestimativa*).

2.1.2 Die Wahrnehmung ist auf Einzelnes bezogen. Der (theoretische) Verstand ist die Fähigkeit, etwas als Fall eines Allgemeinen zu erfassen, anhand von Eigenschaften und Wirkungen das Wesen eines Gegenstandes zu erkennen, das Bestehen und Sichverändern der Dinge nach Gesetzen bzw. Regularitäten zu beschreiben.

Menschliche Verstandeserkenntnis hebt mit der Sinneserfahrung an (*principium nostrae cognitionis est a sensu*, S. theol. I, qu. 84 a. 6 sed contra) und bleibt auf diese verwiesen. Wir können (in diesem Leben) nichts Wirkliches im Vollsinn des Wortes erkennen als durch den Bezug auf sinnliche Gegebenheiten (ebd. a. 7 co.). Auch wenn die Reichweite unseres Verstandes sich nicht auf die der Wahrnehmung beschränkt, so besteht doch seine erkenntnisleistende Funktion in nichts anderem als dem Erfassen des intelligiblen Gehalts und der intelligiblen Voraussetzungen des für uns sinnlich Erfahrbaren. So gesehen «ist das dem menschlichen Geist eigene Objekt das Wassein bzw. die Natur des materiellen Gegenstandes» (ebd.).

Die materielle Welt weist eine natürliche Ordnung der Dinge nach Arten und Gattungen auf, die der menschliche Geist über Wesensbestimmungen zu erfassen vermag. Sie sind auch für die regulären bzw. gesetzlichen Beziehungen der Dinge zueinander grundlegend. Etwas verstandesmäßig erkennen heißt, es in diesen allgemeinen Ordnungsrahmen zu integrieren.

Einen sinnlich gegebenen Gegenstand verstandesmäßig erkennen besagt, durch den Intellekt sein verständliches artbestimmtes Wesen erfassen, die notwendigen Eigenschaften und Relationen, die ihm durch seine Artzugehörigkeit im Rahmen der Arten und Gattungen des Seienden zukommen. Das vom Verstand Erfaßbare, das Intelligible, ist das Allgemeine, das Notwendige, das Reguläre und Gesetzliche, das der Verstand dem sinnlich Gegebenen (den sog. *phantasmata*) sondierend (durch Analyse, Synthese und Intuition) entnimmt. Das erkenntnistheoretisch wesentliche Stichwort ist hier «Abstraktion» (vgl. S. theol. I, qu. 84 a. 6 co.), und zwar in der Doppelbedeutung von «herausziehen» und «absehen». Aus dem sinnlich gegebenen Konkretum wird durch die intuitive (unmittelbar bestimmende) und diskursive (induktiv vergleichende) Aktivität des Verstandes das Wesentliche herausgezogen, indem man vom Unwesentlichen und Individuellen absieht. Das Einzelne ist Objekt der Sinne, das Einzelne als Einzelnes ist nicht (direkter) Gegenstand verstandesmäßigen, und damit auch nicht Gegenstand wissenschaftlichen Erkennens (vgl. S. theol. I, qu. 86 a. 1 co.). Gleichwohl darf der solcherart das Wesen (die *species intelligibilis*) und damit das Allgemeine erkennende Verstand nicht seine eigene Abstraktionsleistung ignorieren (wie dies für Thomas Platon mit seiner Ideenlehre getan hat); er muß wissen und im Wissen bewahren, daß es «zum Begriff eines solchen Wesens (wie ‹Pferd›, ‹Stein›) gehört, daß es in einem Individuum existiert, das es nicht abgetrennt von körperlicher Materie gibt» (S. theol. I, qu. 84 a. 7 co.).

Thomas unterscheidet drei Stufen der Abstraktion (vgl. S. theol. I, qu. 85 a. 1 ad 2):

(a) Im Erfassen des Wesens eines Gegenstandes der Sinne wird von der individuellen sinnlichen Materie des Gegenstandes abgesehen. An jedem Gegenstand läßt sich strukturell zwischen Form und Materie, zwischen dem, was er ist, und dem, woraus er besteht, unterscheiden. Die Wesenserkenntnis eines Gegenstands sinnlicher Erfahrung sieht ab vom Singulären des vorliegenden Stücks Materie, das man nur anschauen, berühren, auf das man nur hinzeigen bzw. das man nur mit Indikatoren bezeichnen kann (der *materia signata vel individualis*); sie sieht aber keineswegs ab davon, ja sie sieht allererst aufgrund der Abstraktion vom Singulären, daß der Gegenstand als das, was er ist, z. B. ein Mensch, generell aus bestimmter sinnlich faßbarer Materie, ein Mensch etwa aus Haut und Fleisch und Knochen etc. besteht (der *materia sensibilis communis*).

(b) Nun gibt es Gegenstände verstandesmäßigen Erfassens, ja vorzüglichen Erkennens, die eine zweite Stufe der Abstraktion erfordern. Es sind dies die mathematischen Gegenstände. Um sie zu erkennen, wird nicht nur von der individuellen, sondern auch von der allgemeinen sinnlichen Materie der Gegenstände abstrahiert. Was bleibt, ist die intelligible Materie (*materia intelligibilis*), aus der mathematische Objekte bestehen (vgl. S. theol. I, qu. 85 a. 1 ad 2). Thomas spricht von der Substanz, die Quantitativem zugrunde liegt, analog der Substanz, die sinnlichen Qualitäten (etwa dem Süßen, dem Bitteren, dem Harten, dem Weichen, dem Farbigen zugrunde liegt. Gedacht ist dabei an dies: Geometrische Figuren und Körper bestehen aus der «Substanz» des Raumes, d. h. dem bloßen ausgedehnten räumlichen Neben- und Hintereinander, und Zahlen bestehen aus der «Substanz» diskreter Einheiten. Geometrische und arithmetische Gebilde lassen sich nicht ohne diese ihnen zugrundeliegende allgemeine Substanz denken, wenngleich man, wenn etwa nicht ein bestimmter Kreis, sondern ein Kreis überhaupt gedacht wird, von der individuellen «Materie» absehen kann.

(c) Thomas setzt eine dritte Stufe der Abstraktion und der in ihr gewonnenen Erkenntnisse an; in ihr wird auch von der gemeinsamen Materie der mathematischen Gegenstände abstrahiert. Hier ist die Rede von Gegenständen überhaupt und von Bestimmungen, die Seiendem als Seiendem zukommen, wie Einheit, Akt und Potenz. Gemeint sind die ontologischen bzw. metaphysischen Erkenntnisse des Verstandes; und Thomas ist überzeugt, daß es (für uns in gewisser Weise erkennbar) selbständige Dinge gibt, die ohne alle Materie (und damit jenseits von Raum und Zeit) existieren können (vgl. ebd.).

2.2 Die Einteilung der Wissenschaften

Den Thomastexten liegt eine bestimmte Vorstellung von der Ordnung und der Einteilung der Wissenschaften zugrunde. Er hat sich an verschiedenen Stellen seines Werkes explizit mit dieser Ordnung befaßt. Die umfassendsten, weil die theoretischen und praktischen Disziplinen einbeziehenden Reflexionen bietet die Einleitung seines Kommentars zur *Nikomachischen Ethik* des Aristoteles. Die Reflexionen in den Quaestionen 5 und 6 des Kommentars zu *Boethii de trinitate* beschränken sich auf die theoretischen Disziplinen (vgl. hierzu Zimmermann 2000, 89–113).

In Thomas' Vorstellung von der Ordnung der Wissenschaften überlagern sich verschiedene Gliederungsaspekte, nämlich der nach Instrumentarium und Werk bzw. formaler und inhaltlicher Disziplin, der nach Seinsgraden der Gegenstände, der nach Seinsbereichen der Gegenstände und der nach der Art der Beziehung des Erkennenden zum Erkannten.

Thomas betrachtet die Logik und Methodologie (als Lehre vom Begriff, vom Satz, vom Schluß, von der Definition, von den Arten der Argumentation) im Anschluß an Aristoteles und an die stoische Tradition sowohl als Instrumentarium des Philosophierens (Aristoteles) als auch als Teilgebiet der Philosophie (Stoa). Sie handelt von den Ordnungsformen des Verstandes, mit deren Hilfe dieser sich der Erkenntnis der Wirklichkeit versichert. Dabei wird unterstellt, daß die Ordnungsformen des Verstandes der formalen Ordnung der Wirklichkeit entsprechen.

Hinsichtlich der Seinsgrade der Gegenstände unterscheidet Thomas im Vollsinn wirkliches Sein vom Sein von Gegenständen, die aufgrund des Vorliegens und der Wirksamkeit ihrer Ursachen im Entstehen begriffen sind, und vom Sein von Gegenständen, die ihr Sein lediglich im Bewußtsein eines Erkennenden besitzen. In diesem Sinne handeln Wissenschaften vom Wirklichen und Notwendigen, vom real und logisch Möglichen ebenso wie von dem, was realiter nicht der Fall ist und realiter oder logisch nicht der Fall sein kann (vgl. S. theol. I, qu. 16 a. 3).

Die Gliederung in Seinsbereiche entspricht den Abstraktionsstufen verstandesmäßigen Erkennens. Die Wissenschaften von der Natur beziehen sich auf das Wesen der sinnlich erfahrbaren Gegenstände und die Gesetzmäßigkeiten bzw. Regularitäten des Seins und Wirkens, des Entstehens und Vergehens, die in und zwischen ihnen vorherrschen. Die mathematischen Wissenschaften handeln von den *quantitates*, den bestimmten Gestalten und Verhältnissen des «Wiegroßen» und «Wievielen», wie z. B. den Zahlen, den Dimensionen, den Figuren. Die Metaphysik schließlich, als die höchste und abstrakteste der theoretischen Wissenschaften, hat das Seiende als Seiendes, das höchste Seiende und den «Begriff» des Seins zum Thema.

Das unmittelbare Ziel aller Wissenschaft ist Erkenntnis. Doch Erkenntnis ist nicht in allen Wissenschaften das alleinige, ja, in manchen Wissenschaften nicht das leitende Ziel.

Je nach dem Ziel und der Zielstruktur der Wissenschaft unterscheidet Thomas im Anschluß an Aristoteles zwischen theoretischen und praktischen Wissenschaften bzw. theoretischer und praktischer Philosophie (vgl. Höffe 1996 cap. 3). Diese Unterscheidung ist in gewisser Weise vorgezeichnet durch die ontologische Unterscheidung von Dingen und Sachverhalten, die ohne menschliches Zutun und durch solches Zutun unveränderbar sind, wie sie sind, von jenen Dingen und Sachverhalten, die *durch uns, durch unser Zutun* (der Fall) sind und sein können. Wissenschaften bzw. Philosophie sind theoretisch und spekulativ, wenn Erkenntnis um der Erkenntnis willen angezielt und vollzogen wird. Wissenschaften bzw. Philosophie sind praktisch, wenn die angezielte Erkenntnis im Bereich dessen angesiedelt ist, was durch menschliches Tun so oder anders sein kann, und wenn die erzielte Erkenntnis der Ordnung des Tuns, sei es des herstellenden oder durchführenden Machens, sei es des praktischen Vollziehens dienen soll.

Die theoretischen Wissenschaften umfassen die Formaldisziplinen der Logik bzw. Dialektik (im weiten Sinn) und die inhaltlichen Disziplinen der Naturwissenschaft, der Mathematik und der Metaphysik. Die Naturwissenschaften, aber auch die mathematischen Wissenschaften haben in materiell Seiendem ihre Basis, wenngleich die mathematischen Wissenschaften von allen stofflich-sinnenfälligen Qualitäten der materiellen Gegenstände absehen und sich nur mit ihren quantitativen Eigenschaften und Relationen befassen.

Die Metaphysik geht davon aus, anhand etwa der Funktionen des menschlichen Verstandes beweisen zu können, daß es neben stofflichem und quantitativ bestimmtem Seienden auch immateriell Seiendes gibt. Diese Annahme ist die Legitimationsbasis ihrer selbst als eigener Wissenschaft. Nun mag es immateriell Seiendes geben, das selbständig und unabhängig von aller Materie existiert (für Thomas sind dies Gott und die reinen Geister bzw. die Engel); es mag immateriell Seiendes geben, das als Form von Materiellem fungiert (für Thomas etwa die menschliche Geistseele); und es mag immateriell Seiendes geben, das sich als Bestimmung gleichermaßen auf materiell wie rein immateriell Seiendes bezieht (für Thomas etwa das Substanzsein, das Qualitätsein, eine Einheit oder eine Vielheit sein, im Zustand der Aktualität oder im Zustand der Potentialität sein). All dies und solcherart immateriell Seiende ist Gegenstand der Metaphysik, die auch erste Philosophie, ja, göttliche Wissenschaft genannt wird.

Wie aber können immaterielle Substanzen Gegenstand einer menschlichen Wissenschaft sein, wenn diese, wie Thomas immer wieder betont, vom unmittelbar Sinnenfälligen ausgehen und auf dieses zurückbezogen sein muß?

Für Thomas ist diese Frage Anlaß, zwischen der Metaphysik als göttlicher Wissenschaft der Philosophen und den metaphysischen Reflexionen der Offenbarungstheologie zu unterscheiden. Zwar wird, so Thomas, in der Philosophie anhand von Sinnenfälligem die Existenz Gottes und die Existenz der menschlichen Geistseele als substantialer Entitäten bewiesen. Aber der Begriff dieser Entitäten bleibt ganz an den Rahmen und Ausgangspunkt des Beweises gebunden; er sagt uns nicht eigentlich, was und wie diese Entitäten an sich sind, er sagt uns nur, daß sie sind und wie sie zur Letzterklärung des im sinnenfällig Gegebenen und Verstehbaren zu denken sind. Doch reicht das derart gewonnene Wissen von der Existenz immaterieller Substanzen nicht aus, um auf dem so bestimmten Gegenstand eine eigenständige menschliche Wissenschaft zu gründen.

In diese Lücke stößt als vollendende Ergänzung die *sacra doctrina,* die Wissenschaft, die sich auf übernatürliche Offenbarung stützt, auf ein Corpus von Kenntnissen, die uns von Gott selbst gnadenhaft geschenkt und auf natürlichem menschlichem Wege nicht erreichbar sind. Thomas grenzt sich mit dieser strengen Unterscheidung zwischen der Metaphysik als göttlicher Wissenschaft der Philosophen und der «heiligen Disziplin» der christlichen Offenbarungstheologie in einem entscheidenden Punkt vom Philosophie- und Metaphysikverständnis eines Avicenna, eines Averroes, eines

Moses Maimonides ab. Diese Grenzziehung ist von erheblicher Bedeutung auch für das praktische Selbstverständnis des Menschen. Dies soll in Kap. 6.2 dieses Buches anhand der Rezeption und Kritik des Metaphysikverständnisses von Rabbi Moyses (wie Thomas Moses Maimonides nennt) beispielhaft im Detail belegt werden.

2.3 Zur Theorie der Wahrheit

Alltägliche ebenso wie wissenschaftliche Erkenntnis zielen auf Wahrheit.

Thomas ist überzeugt, daß nicht nur die Sätze der theoretischen, sondern auch die der praktischen Disziplinen wahr oder falsch oder unsinnig sind. Er handelt an verschiedenen Stellen seines Werkes ausführlich von seinem Wahrheitsverständnis. Von besonderer Bedeutung für unser Verständnis seiner Theorie sind die relativ frühen *Quaestiones de veritate* (insbesondere die Quaestio 1) und die späte konzise Darstellung in der Quaestio 16 des Teils I seiner *Summa theologiae.*

Die bereits erwähnte, aus dem von Gerhard von Cremona ins Lateinische übersetzten Definitionenbuch von Isaac Israeli übernommene Kurzformel seiner Theorie lautet: Wahrheit ist die Gleichförmigkeit bzw. Entsprechung von Verstand und Sache (*veritas est adaequatio rei et intellectus*; für *adaequatio* können auch *conformitas* oder *correspondentia* stehen). Die Formel gibt vorweg zu verstehen, daß in dem, was Wahrheit bzw. wahr genannt wird, sowohl der Intellekt als auch die Sache zusammenspielen.

Die erste Frage in diesem Zusammenhang lautet, ob die Wahrheit nur bzw. primär im Intellekt oder primär in der Sache liegt (*utrum veritas sit in re, vel tantum in intellectu*). Die Antwort, die Thomas gibt, zeigt seine Tendenz und die Art seiner Tendenz, die aristotelische und die neuplatonisch-augustinische Tradition zu verbinden: Die Wahrheit ist primär im Verstand; sie ist sekundär in den Dingen, insofern sie in (übereinkommender) Beziehung stehen zum Intellekt als ihrem Prinzip (vgl. S. theol. I, qu. 16 a. 1 co.; *convenientia entis ad intellectum,* De verit. qu. 1 a. 1). Der erste Teil der Antwort wird wie folgt begründet: Das Gute benennt das, worauf das Streben, das Wahre benennt das, worauf der Verstand bzw. das Denken zielen. Dies aber unterscheidet Streben vom Verstand bzw. von welcher Erkenntnis auch immer, daß wir von Erkenntnis sprechen dahingehend, daß das Erkannte im Erkennenden ist, während wir vom Streben dahingehend sprechen, daß der Strebende zur erstrebten Sache sich neigt. Von den Dingen selbst aber nennen wir (im menschlichen Kontext und im übertragenen Sinne) nur Kunstprodukte (*res artificiales*) «wahr» (in der Rede etwa von einem «wahren» Haus), insofern sie dem Konzept des geübten Handwerkers bzw. Künstlers entsprechen, in akzidenteller Weise, insofern auch der Nichtautor an ihnen das Konzept des Autors nachvollziehen kann. Die Naturdinge können wir, so gesehen, in sekundärer Weise wahr nennen (und damit der neuplatonisch-augustinischen Redeweise ihre Berechtigung zuerkennen), weil sie dem Konzept folgen, das im schöpferischen Geiste Gottes ist.

Wahrheit und Unwahrheit sind primär im Verstand, sind eine Eigenschaft dessen, was der Verstand (über die Dinge) denkt und meint und sagt. Thomas unterscheidet zwischen dem seelischen Akt des Denkens und seinem Inhalt, dem Gedanken bzw. der Aussage. Von diesen ist das physische (akustische oder graphische oder sonstwie materialisierte) Satzgebilde zu unterscheiden, in dem sich der Gedanke bzw. die Aussage zeichenhaften Ausdruck verschaffen.

Die zweite wichtige Frage lautet: ob Wahrheit im verbindenden und trennenden Verstand ist (*utrum veritas sit in intellectu componente et dividente*, S. theol. I, qu. 16 a. 2). Sie zielt auf zwei wohl zu unterscheidende Fähigkeiten bzw. Tätigkeiten des Intellekts. Wir können, analog dem sinnlichen Erfassen bzw. Vorstellen einer Sinnesqualität, mit dem Verstand den Inhalt eines Begriffs erfassen bzw. vorstellen. Doch etwas anderes ist es, in einem Satz bzw. einer Aussage den Begriff einem Gegenstand zu- oder abzusprechen. Nur in Aussagen, in denen einem mit einem Begriff bezeichneten Gegenstand eine mit einem Begriff benannte Eigenschaft oder Relation zu- bzw. abgesprochen wird, so Thomas, findet sich das Wahrsein oder Falschsein. Nun mag ein sinnlicher Eindruck oder der Begriff, den wir von einer Sache haben, sehr wohl der Sache selbst entsprechen. Aber die Entsprechung von sinnlichem Eindruck allein oder Begriff allein zur Sache schaffen nicht das, was mit Wahrheit im eigentlichen Sinn gemeint ist. Es geht bei ihr um die Möglichkeit der Erkenntnis der Konformität von Begriff und Sache, und diese ist durch die Fähigkeit bzw. Tätigkeit sinnlichen Erfassens oder des Verstehens eines Begriffs noch nicht gegeben. Dazu bedarf es einer Fähigkeit und Tätigkeit, die sich sowohl auf die Sache konzentrieren als auch auf sich selbst reflektieren kann und den Begriff, den sie von der Sache hat, mit dem zu vergleichen vermag, was die Sache an ihr selbst bekundet. Die Reflexivität des Verstandes ist es, die neben seiner oben skizzierten Fähigkeit der Abstraktion so etwas wie Wahrheit ermöglicht; doch Wahrheit ist im primären Sinn immer eine Eigenschaft positiver oder negativer Aussagen (*intellectus autem conformitatem sui ad rem intelligibilem cognoscere potest; sed tamen non apprehendit cum secundum quod cognoscit de aliquo quod quid est; sed quando iudicat rem ita se habere sicut est forma quam de re apprehendit, tunc primo cognoscit et dicit verum*, S. theol. I, qu. 16 a 2 co.).

In implizitem Anschluß an den Gottesbegriff des Aristoteles (*Physik* VII–VIII; *Metaphysik* XII), in expliziter Anknüpfung an das johanneische Herrenwort («Ich bin der Weg, die Wahrheit und das Leben», Joh. 14, 6) und die unter Theologen gängige Redeweise diskutiert Thomas ferner die Frage, «ob Gott die Wahrheit sei» (*utrum Deus sit veritas,* S. theol. I, qu. 16 a. 5). Die Antwort fällt positiv aus, und zwar mit folgender (im Rahmen der Metaphysik des Thomas plausiblen) Begründung: Die Wahrheit findet sich im Intellekt, insofern dieser die Sache so erfaßt, wie sie ist. Sie findet sich in der Sache, insofern diese etwas an sich hat, das die Gleichförmigkeit mit dem Intellekt ermöglicht. Beides ist in vorzüglicher Weise in Gott erfüllt. Denn Gottes Sein ist nicht nur seinem Intellekt konform, sondern Gottes Sein ist sein Erkennen selbst, da Gott vollkommen einfach ist. Und sein Erkennen ist das Maß und die Ursache des Seins alles Anderen und des Intellekts jedes Anderen. Und er selbst ist sein Sein und Erkennen. Daraus folgt, daß nicht nur in Gott Wahrheit ist, sondern daß er selbst die höchste und erste Wahrheit ist. Und in der Tat erhält die Wahrheitstheorie des Thomas erst von diesen spekulativen Gedanken her ihre schlüssige Form.

3. Die Metaphysik

«Metaphysik» meint nach der Vorgabe von Aristoteles Prinzipienforschung, und zwar Prinzipienforschung in einem zweifachen Sinn (vgl. Höffe 1996 cap. 9). Einmal dahingehend, daß die Grundbegrifflichkeit untersucht wird, mit der wir das, was ist und geschieht, gedanklich und sprachlich zu fassen und zu beschreiben versuchen, und dies in der Absicht, die elementaren Weisen dessen, was ist, zur Darstellung zu bringen; zum anderen dahingehend, daß das höchste Seiende als Grund (des Strebens) von nachgeordnetem Seienden zum Gegenstand der Forschung wird. Thomas folgt Aristoteles in beide Richtungen der Prinzipienforschung.

3.1 Die ontologischen Grundbegriffe

3.1.1 Seiendes (*ens*) und Wesen (*essentia*). Seiendes und Wesen, so Thomas im Vorwort seiner Erstlingsschrift *De ente et essentia*, sei das, was von unserem Geist zuerst erfaßt werde. Gemeint ist damit wohl dies, daß in allem menschlichen Erkennen ein Verständnis dessen, daß etwas ist, und ein Verständnis dafür, was etwas ist, und die Unterscheidung von beidem die grundlegende Rolle spielen. Bereits im Eröffnungszug dieser kurzen und schwierigen Abhandlung macht Thomas klar, daß das Wort «sein» in zwei verschiedenen Bedeutungen verwendet wird: im Sinn von «es gibt» bzw. «es existiert» und im Sinn von «es ist der Fall». Was es gibt, gliedere sich (wie Aristoteles in seiner Kategorienschrift gezeigt hat) in die zehn Kategorien; was der Fall ist, werde durch wahre Aussagen bezeichnet. Den sachlichen und wichtigen Unterschied zwischen diesen beiden Bedeutungen von «sein» sieht Thomas darin, daß im einen Fall nur positiv Wirkliches angesprochen ist, daß es dagegen im anderen Fall möglich ist, mit einer Aussage Wahres zu sagen, ohne daß damit etwas Reales gesetzt wäre (*etiamsi illud in re nihil ponat*). Thomas denkt an Privationen und Negationen, d.h. an Prädikate wie «blind», die auf etwas verweisen, was da sein sollte, aber nicht da ist (die Sehkraft), und an wahre negative Sätze, die gleichfalls auf etwas verweisen, was nicht besteht.

Bei der Rede vom «Wesen» (*essentia*) liege die erste Bedeutung von «Sein» zugrunde, das sich in zehn Gattungen gliedert. Mit «Wesen» sei das angesprochen, was etwas im Rahmen seiner Gattung ist und was durch Definitionen (über die Angabe seines nächsthöheren Genus und seiner artbildenden Differenz) zum genauen Ausdruck gebracht wird. Dabei neige die Philosophie dazu, den Inhalt der Definition nicht *essentia*, sondern *quidditas* zu nennen, während das auch gebräuchliche Wort *natura* auf das Wesen von etwas abhebe, insofern dieses sich in seiner eigentümlichen Wirkweise bekunde. Das Wort *essentia* hingegen mache deutlich, daß durch das so Bezeichnete und in ihm das Seiende Sein habe (*quod per eam et in ea ens habet esse*). Da aber im primären Sinn Sein den Substanzen, den selbständigen Dingen, zukomme und den Attributen von Substanzen (als etwas nur in bzw. an Substanzen Seiendem) nur im nachgeordneten Sinn, finde sich *essentia* im eigentlichen Sinn nur in Substanzen.

3.1.2 Substanzen. Form und Materie. Was die Substanzen betrifft, so unterscheidet Thomas einfache Substanzen (*substantiae simplices*) von zusammengesetzten Substanzen (*substantiae compositae*). Thomas denkt bei den einfachen Substanzen an rein geistige Entitäten, an Gott und die Engel, während alle selbständigen Dinge, die wir über die Sinne erfahren, zusammengesetzte Substanzen seien. Die einfachen Substanzen besäßen überlegenes Sein (*esse nobilius habent*), und entsprechend sei in ihnen das Wesen in einem wahreren und vornehmeren Modus; sie seien nämlich die Ursachen der zusammengesetzten Substanzen, zumindest spiele Gott, als erste der einfachen Substanzen, diese Rolle (*De ente et essentia*, cap. I). Obgleich wahrer und an sich erkennbarer, sind die einfachen Substanzen für uns Menschen dunkler und verborgener (*magis occultae*) und nur auf dem Weg über die Erkenntnis der zusammengesetzten Substanzen gedanklich faßbar.

Zusammengesetzte Substanzen verdanken ihre Bezeichnung dem Umstand, daß sie aus Form und Materie bestehen, daß wir bei ihnen das, was sie sind, von dem, woraus sie bestehen, unterscheiden können. Dabei sprechen wir sie, wenn wir sie erkennen, auf das hin an, was sie sind, und verorten sie in ihrem Wassein nach Gattung und Art.

So gesehen, rückt die Form in die Nähe des Wesens, da es das Wesen ist, durch das etwas erkennbar ist und das in Begriffen von Gattung und artbildender Differenz bestimmt wird. Denn erkannt ist etwas, wenn man weiß, was etwas der Wirklichkeit nach ist (*secundum id quod aliquid actu est*). Gleichwohl könne nicht die Form allein als das Wesen eines zusammengesetzten Dinges bezeichnet werden. Zum Wesen und damit in die Definition eines zusammengesetzten Dinges gehört, daß es sich um etwas Materielles handelt. So gehört die Sensitivität, die Animalität und damit die Leiblichkeit zum Wesen und in die Definition des Menschen. Würde man die Materialität nicht zum Wesen natürlicher Dinge rechnen, dann würden sich die Definitionen natürlicher Dinge nicht mehr von den Definitionen mathematischer Gegenstände unterscheiden (*De ente et essentia,* cap. II). Natürliche Dinge sind wirklich, und als wirkliche ein so und so bestimmtes ‹Dieses-da› nur durch das Zusammenspiel und die Verbindung von Form und Materie. (Engel zählen so gesehen nicht zu den natürlichen Dingen.) Zwar ist die Form das, wodurch etwas ist, und das ist, was es ist. Aber Formen (natürlicher Dinge) «existieren» nicht für sich; es gibt sie nur als Formen materieller Dinge. Sowohl die Form als auch die Materie eines natürlichen Dinges verhalten sich zu seiner Wirklichkeit als mögliche Faktoren seiner Aktualisierung und als wirkliche Faktoren seiner Wirklichkeit (seines *actus essendi*), wenn und solange die Verbindung gelingt. Dabei ist es die Form, die Materielles und als solches nur «mögliches Material für Bestimmtes» (auf Zeit) zu einem bestimmten ‹Dieses-da› prägt und organisiert: «Durch die Form nämlich, die der Akt der Materie ist, wird aus Materie ein der Wirklichkeit nach Seiendes und dieses bestimmte Etwas» (*Per formam enim, quae est actus materiae, materia efficitur ens actu et hoc aliquid, De ente et essentia*, cap. II).

3.1.3 Form und Wesen. Einzelnes und Allgemeines. Thomas will, was er unter Wesen (*essentia*) versteht, über Boethius auf die Kategorienlehre des Aristoteles zurückgebunden wissen. «Wesen» soll das bedeuten, was Aristoteles unter *ousia* versteht. Aristoteles spricht von erster und zweiter *ousia.* Eine Prädikation in der Kategorie der Substanz sagt einem, bezogen auf einen Einzelgegenstand, um welche Art von Ding es sich handelt, verweist also auf etwas Allgemeines (zweite Substanz). Doch «*ousia*» kann auch verwendet werden, um das einzelne selbständige Ding (erste Substanz) zu bezeichnen, das Träger von Attributen ist, wobei unter den Attributen solche sind, die wesentlich sind, die sein Sein konstituieren, und solche, die unwesentlich sind (akzidentell im eigentlichen Sinn), die an ihm vorhanden sein können oder auch nicht, ohne daß davon sein Sein (in der Zeit) als dieses (wesenhaft) bestimmte Etwas betroffen wäre. Unter Wesen im Sinn der zweiten Substanz ist demnach die Gesamtheit der Eigenschaften eines Einzelgegenstandes zu verstehen, die seine Artzugehörigkeit ausmachen (vgl. S. theol. I, qu. 3 a. 3), wobei der Verlust einer für die Artzugehörigkeit konstitutiven Eigenschaft auch das Ende des Gegenstandes als Ding einer bestimmten Art bedeutet.

Durch seinen grundlegenden Gedanken, daß er mit «Wesen» etwas aus Stoff und Form Zusammengesetztes versteht, könnte nun jemand, so Thomas, auf den Gedanken kommen, daß das Wesen überhaupt nichts Allgemeines und nichts in einer Definition Beschreibbares sei. Denn schließlich sei ja, auch nach seiner eigenen Ansicht, die Materie das Prinzip der Vereinzelung (*principium individuationis*), sei das, woraus etwas in Raum und Zeit besteht, dasjenige, das auch noch qualitativ gleiche natürliche Dinge zu numerisch verschiedenen macht und sie unterscheiden läßt.

Könnte also Thomas' Ontologie natürlicher Dinge die Konsequenz des Nominalismus nach sich ziehen? Gegen ein Verständnis seiner Theorie in dieser Richtung macht Thomas geltend, daß von der Materie von etwas in unterschiedlicher Weise die Rede ist. Wir denken, wenn wir Materie als das Prinzip der Individuation im Auge haben, an ein bestimmtes abgegrenztes Stück Materie, das ein bestimmtes abgegrenztes Stück Raum einnimmt, das wir mit unseren Sinnen erfassen, auf das wir in deiktischen Handlungen hinweisen bzw. das wir über Indikatoren fixieren können (*materia signata*). In der Tat besteht jeder einzelne Mensch und jedes einzelne natürliche Ding aus einem solchen Stück Materie, das (allein und nichts anderes sonst) über die Zeit seiner Existenz hinweg ein bestimmtes Stück Raum einnimmt. Doch von dieser Materie sprechen wir nicht, wenn wir in die Definition eines natürlichen Dinges seine Materie einschließen; vielmehr sprechen wir, etwa im Fall des Menschen, davon, daß er ein *animal,* ein Sinnenwesen sei, und als solches, ganz allgemein, aus Fleisch und Blut und Knochen etc. bestehe.

Natürliche Dinge sind etwas Konkretes, Individuelles, aber als solches stets auch der Fall, die Konkretion, die Instantiierung eines Allgemeinen; und dies gilt für ihren Stoff ebenso wie für ihre Form. In einer Definition kommt nur der Aspekt des Allgemeinen zum Ausdruck. Gäbe es eine Definition von Sokrates, so müßte neben seiner individuierten Form auch die ihm zugehörige *materia signata* zur Sprache kommen; aber dies, das Konkrete als Konkretes und Individuelles läßt sich nicht (mit Hilfe von Begriffen) zur Sprache bringen, darauf läßt sich nur hinzeigen (vgl. *De ente et essentia*, cap. II). Materialität, und mit ihr sprachlich nicht ausschöpfbare Individualität, ist ein Signum natürlicher Dinge. Rein geistige, materielose Substanzen stehen wie mathematische Gegenstände jenseits der Unterscheidung von Einzelnem und Allgemeinem, sind jedenfalls nicht die Konkretion, der Fall bzw. die Instantiierung eines Allgemeinen. Thomas drückt dies so aus, daß es von Engeln, da diese nicht aus Form und Materie zusammengesetzt sind, nicht mehrere Exemplare einer Species geben kann, sondern jeder Engel für sich eine Species darstellen muß, wie es auch das Weiße (*albedo*) nicht mehrfach gibt, sondern nur, insofern es in verschiedenen materiellen Substanzen auftritt, und wie es das Menschsein (*humanitas*) nicht im Plural gibt, sondern nur, insofern es sich in verschiedenen Körpern konkretisiert (vgl. S. theol. I, qu. 50 a. 4; qu. 75 a. 7).

Alle natürlichen Dinge sind materielle Dinge und bestehen als solche aus bestimmter Materie.Thomas unterscheidet (im Anschluß an Aristoteles) bestimmte Materie von unbestimmter (*materia informis*) oder erster Materie (*materia prima*). Erste Materie ist ein bloßer, allerdings ein notwendiger Reflexionsbegriff, der das ganz und gar unbestimmte Woraus bezeichnet, aus dem alle natürlichen Dinge gebildet sind. Erste Materie kommt in der Welt nicht vor: Was es in der Welt gibt, ist auf bestimmte Weise geformte Materie. Die Körper unserer Erfahrungswelt bestehen aus einer Verbindung der vier Elemente, sind *corpora mixta*; das Entstehen und Vergehen von Körpern besteht der Materie nach in einer Auflösung und einer erneuten Verbindung von Elementarstoffen. Thomas denkt schöpfungstheologisch und wendet sich gegen frühchristliche Autoren (wie Basilius, Ambrosius und Chrysostomus), die bei der Interpretation der biblischen Schöpfungsberichte den Gedanken verfolgten, Gott habe bei seinem Schöpfungswerk zeitlich vor der Bildung konkreter Dinge zunächst so etwas wie ungeformte Materie geschaffen. Wenn dem so wäre, dann hätte es, so Thomas, auf der Ebene natürlicher Dinge vor allem Wirklichen Wirkliches gegeben, was Unsinn wäre. Vielmehr sei der Sachverhalt so zu denken:

> «Wenn die Ungeformtheit der Materie sich auf den Zustand der ersten Materie bezieht, die für sich genommen keinerlei Form besitzt, dann geht sie der Formung oder ihrer Unterscheidung der Zeit nach nicht voraus, sondern nur dem Ursprung bzw. der Natur nach, wie Augustinus sagt, so wie die Möglichkeit der Wirklichkeit vorausgeht, und der Teil dem Ganzen» (S. theol. I, qu. 66 a. 1 co.).

3.1.4 Akt und Potenz. Thomas spricht vom Akt des Seins (*actus essendi*). Der Gegenbegriff zu Akt ist Potenz. Potenz meint Möglichkeit und Vermögen, etwas Bestimmtes wirklich zu sein bzw. zu tun. Der Begriff der Potenz ist vielschichtig. Er bezieht sich auf die Möglichkeit einer Substanz, zu sein oder nicht zu sein, auf ihr Entstehen und Vergehen. Er bezieht sich auf die Möglichkeit einer Substanz, Attribute zu haben, zu erwerben und zu verlieren und doch dieselbe Substanz zu sein bzw. zu bleiben, auf ihre nichtsubstantiale Veränderung; er bezieht sich auf die Möglichkeit einer Substanz, eine Fähigkeit zu besitzen und sie nicht auszuüben oder sie auszuüben bzw. zu aktualisieren. In natürlichen bzw. sinnenfälligen Dingen sind Akt und Potenz ineinander verwoben; diese Dinge sind dem Entstehen und Vergehen unterworfen; sie haben ein aktives und passives «Potential» zu nichtsubstantialer Veränderung. Natürliche bzw. sinnenfällige Dinge sind aus Materie und Form «zusammengesetzt». Die Materie ist Träger der Potentialität; Verwirklichung heißt Formung, auf der Ebene der Erfahrungswirklichkeit substantiale oder akzidentelle Umformung von Geformtem, denn im Bereich des Sinnenfälligen ist Materie immer geformte Materie. Ein Stück Holz ist der Möglichkeit nach eine Statue; ein biologisches Material ist der Möglichkeit nach ein Mensch; ein Mensch ist der Möglichkeit nach ein Gelehrter; ein Flötist ist der Möglichkeit nach jemand, der aktuell Flöte spielt; ein Stück Kohle hat die Möglichkeit zu brennen.

Doch die Unterscheidung von Form und Materie trifft nur auf sinnenfällige Dinge zu. Rein geistige Substanzen, wie sie Thomas im Blick auf Gott und die Engel in Ansatz bringt, bestehen nicht aus Form und Materie. Gleichwohl ist auch in bezug auf sie von Potentialität die Rede: Die geschaffenen rein geistigen Substanzen, die Engel, können sein oder auch nicht sein; sie sind kontingent. Nur Gott ist nicht kontingent. Die Differenz zwischen dem Sein Gottes und der Wirklichkeit geschaffener Substanzen bringt Thomas mit dem Gedanken zum Ausdruck, daß im Geschaffenen Sein (*esse*) und Wesen (*essentia*) differieren, während bei Gott Sein und Wesen in eins fallen bzw. Gott sein Sein *ist*, während Geschaffenes sein Sein nur hat. Was mit diesen vielfach diskutierten Formeln genau gemeint ist, erklärt Thomas (in deutlichem Anschluß an den *Liber de causis* bzw. an Proklos) in den Artikeln 3 und 4 der S. theol. I: In Dingen, die aus Form und Materie «zusammengesetzt» sind, ist das vorliegende Ding nicht mit seinem durch die Definition zum Ausdruck gebrachten Wesen identisch; eine Wesensprädikation ist demnach in bezug auf sie keine Identitätsaussage. Was die individuelle Materie der Substanz mit allen sie individuierenden Akzidentien ist, geht nicht in die Wesensprädikation ein. Demgegenüber ist die Wesensprädikation im Falle Gottes eine Identitätsaussage. Der (einzelne) Mensch ist nicht sein Menschsein (*humanitas*), aber Gott ist seine Göttlichkeit (*Deus est sua deitas*) (vgl. I, qu. 3 a. 3 co.).

Doch Gott ist nicht nur sein Wesen, er ist auch sein Sein. Dies, so Thomas, lasse sich auf mehrfache Weise zeigen:

«Einmal, weil alles, was in etwas ist und außer seinem Wesen, verursacht sein muß entweder von Prinzipien des Wesens, wie die eigentümlichen Akzidentien, die aus der Species folgen, wie die Fähigkeit zu lachen dem Menschen folgt und verursacht wird von dem Menschen wesentlichen Prinzipien, oder von etwas Äußerem, wie die Wärme im Wasser vom Feuer verursacht wird. Wenn also nun das Sein einer Sache etwas anderes ist als sein Wesen, dann muß das Sein dieser Sache entweder von etwas Äußerem verursacht sein oder von Prinzipien, die zum Wesen dieser Sache gehören. Doch es ist unmöglich, daß das Sein verursacht ist nur von den der Sache wesentlichen Prinzipien: weil keine Sache dazu ausreicht, daß sie die Ursache seines Seins ist, wenn sie verursachtes Sein besitzt. Es muß also das, dessen Sein von seinem Wesen verschieden ist, sein Sein als von einem Anderen Verursachtes besitzen. Das aber kann man von Gott nicht sagen, weil wir von Gott sagen, daß er die erste Wirkursache ist. Es ist also unmöglich, daß in Gott das Eine sein Sein und etwas Anderes sein Wesen ist. Zum zweiten, weil das Sein die Aktualität jeder Form oder Natur ist; denn Gutsein (bonitas) und Menschsein (humanitas) wird nur dann als etwas Wirkliches angesprochen, wenn wir sagen, daß es (in etwas bzw. jemandem) existiert. Es muß also das Sein selbst zum Wesen, das von ihm verschieden ist, in einem

Verhältnis wie Akt zur Potenz stehen. Da aber in Gott keine Potentialität ist..., folgt, daß in ihm das Wesen nichts anderes ist als sein Sein. Zum dritten, weil, so wie jenes, das Feuer hat und nicht Feuer ist, feurig ist durch Teilhabe, so jenes, das Sein hat und nicht Sein ist, Seiendes ist durch Teilhabe. Gott aber ist, wie gezeigt, sein Wesen. Wäre er nun nicht sein Sein, wäre er Seiendes durch Teilhabe, und nicht durch sein Wesen. Er wäre demnach nicht das erste Seiende, was absurd zu sagen wäre. Es ist also Gott sein Sein, und nicht nur sein Wesen» (S. theol. I, qu. 3 a. 4 co.).

Dieses im Ganzen zitierte Corpus enthält Kernaussagen der thomasischen Ontologie, die zwar in aristotelischer Grundbegrifflichkeit formuliert ist, aber ganz wesentlich, über den *Liber de causis* vermittelt, neuplatonisches Gedankengut (des Proklos) dem eigenen Denken einverleibt: Gottes Wesen ist sein Sein, weil Gott existiert kraft dessen, was er ist, während alle Gott nachgeordneten Dinge aus sich selbst kraft dessen, was sie sind, nicht (zureichend) in der Lage sind, sich selbst im Sein zu halten, vielmehr sind und im Sein gehalten werden kraft einer kausalen Verbindung zum seiner selbst absolut mächtigen und Sein in Form der gestuften Teilhabe gewährenden göttlichen Ursprung von allem, der jenseits aller seinsbegrenzenden bestimmten Wesenheit und Potentialität als vollkommene Fülle von Wirklichkeit zu denken ist.

3.2 Die Argumente für die Existenz Gottes

Thomas' Ontologie, ja sein gesamtes Weltbild ist theozentrisch. Gleichwohl ist für ihn die Existenz Gottes nicht etwas, das sich für uns Menschen von selbst versteht, sondern etwas, das (für uns Menschen) des Beweises fähig und bedürftig ist.

«Niemand kann das Gegenteil dessen denken, was selbstevident (*per se notum*) ist. Man kann aber das Gegenteil dessen, was es heißt, daß Gott ist, denken, nach jenem Wort des Psalms 52: ‹Es sagt der Tor in seinem Herzen, es ist kein Gott.› Folglich ist dies, daß Gott ist, nicht etwas, was sich von selbst versteht» (S. theol. I, qu. 2 a. 1 sed contra).

Thomas stellt deshalb an den Anfang der *Summa theologiae* nach der Erläuterung der Frage, was die Theologie bzw. die *sacra doctrina* sei (Quaestio 1), die Frage, ob es einen Gott gibt (*an Deus sit*), und beantwortet diese Frage mit seinen fünf Argumenten (*quinque viae*) für die Existenz Gottes (Quaestio 2).

Mit dem Gedanken, daß die Existenz Gottes für uns Menschen nichts Selbstevidentes ist, weist Thomas die verschiedenen Versuche zurück, die Existenz Gottes im Sinne einer dem Menschen angeborenen Zielvorstellung oder im Sinne eines aristotelischen indemonstrablen Prinzips des Wissens oder im Sinne eines nachweislichen Implikats des Begriffs Gottes zu denken. Was das letztere, das Anselmsche ontologische Argument betrifft, so ist Thomas ebenso wie später Kant der Ansicht,[2] daß wir allein über Begriffe zu keiner begründeten Existenzbehauptung kommen können, sondern daß wir der Existenz von etwas (einschließlich unserer eigenen) nur über sinnliche Erfahrung gewahr werden (vgl. S. theol. I, qu. 2 a. 1 ad 2). So gesehen ist uns nur der Weg offen, auf Gottes Existenz von seinen uns zugänglichen Wirkungen zu schließen.

Es sind denn auch Reflexionen über triviale, jedem manifeste Gegebenheiten unserer Erfahrungswirklichkeit, die für Thomas den Schluß auf die Existenz Gottes nicht nur nahelegen, sondern im Sinne ihrer adäquaten Erkenntnis erzwingen sollen. In der Literatur wurde vielfach versucht, den von Thomas intendierten argumentativen Status der «fünf Wege» (S. theol. I, qu. 2 a. 3 co.) in Richtung von bloßen «Aufweisen» bzw. von bloßen Plausibilitätsgesichtspunkten abzuschwächen. Diese Versuche gehen schon deshalb fehl, weil Thomas genügend terminologisches Vokabular unterhalb der Bedeutung von «beweisen» (*demonstrare, probare*) zur Verfügung gestanden hätte und er gleichwohl unmißverständlich von letzterem spricht. Andererseits ist zu beachten, daß Thomas nicht beansprucht, mit diesen fünf Argumenten Gott selbst in seinem Wesen zu erfassen; er spricht nur davon, wie er sich von seinen uns zugänglichen (recht verstandenen) Wirkungen aus darstellt.

Die Argumente sind nicht neu, sondern teils platonischer, teils aristotelischer, teils neuplatonischer Herkunft; neu ist das Gefüge der Zusammenstellung und die Kürze und Prägnanz ihrer Formulierung.

Den ersten Weg beginnt Thomas mit dem Satz, daß es «sicher ist und über die Sinne feststeht, daß manches in dieser Welt in Bewegung ist (*aliqua moveri in hoc mundo*)».

Thomas verwendet hier den Begriff der Bewegung (*motus*) wie Aristoteles (*kinesis*) im weiten Sinn der Veränderung, der Überführung bzw. des Übergangs aus einem Zustand der Potentialität in den der Aktualität meint. «Bewegung» bezeichnet also nicht nur Ortsveränderung, sondern auch qualitative und quantitative Veränderung ebenso wie Substanzveränderung. Es gibt Veränderung, so Thomas; doch alles, was sich ändert, ändert sich unter dem Einfluß von etwas anderem; Veränderung nämlich heißt Übergang von dem, was etwas der Potenz nach ist, zu dem entsprechenden aktuellen Sein. Nun kann etwas Potentielles nicht durch sich selbst, sondern nur durch etwas Aktuelles zur Wirklichkeit gebracht werden.

Phänomene bzw. Substanzen, bezüglich derer wir von Selbstbewegung bzw. Selbstveränderung sprechen, sind genau betrachtet so zu verstehen, daß in ihnen (als zusammengesetzten Entitäten) etwas Wirkliches eine Möglichkeit verwirklicht. Und auch sie werden als Ganzes von der Möglichkeit in die Wirklichkeit durch etwas anderes Wirkliches gebracht. Was wir in der Erfahrungswirklichkeit feststellen, ist also immer nur ein bewegtes Sich-Bewegen, ein Bewegt-Sein in der einen Hinsicht, ein Bewegen in der anderen. Alles also, was bewegt wird, wird von einem anderen bewegt. Die Kette des Bewegens und Bewegt-Werdens läßt sich indessen nach oben nicht ins Unendliche verlängern, wenn die Bewegung unten erklärt und verstanden sein soll. Wenn ein Mensch mit seiner Hand einen Stab und mit dem Stab einen Stein in eine bestimmte Richtung bewegt, dann ist die Bewegung des Steins erst erklärt, wenn ich im Willen des Menschen das Prinzip der Bewegung finde. Deshalb ist es nötig, so Thomas, im Blick auf Bewegung in der Welt auf ein Erstbewegendes zu kommen, das seinerseits von niemandem bzw. nichts bewegt wird; und von diesem sähen alle ein, daß es Gott ist.

Den zweiten Weg beginnt Thomas mit der Bemerkung, daß wir «in diesen sinnenfälligen Dingen da eine Ordnung der Wirkursachen vorfinden». Und weder findet man noch ist es möglich, daß etwas die Wirkursache seiner selbst ist, da die Wirkursächlichkeit eine Sukzessionsordnung einschließt und somit etwas vor sich selbst zu stehen käme, was unmöglich ist. In jeder Kette der Wirkursachen findet sich als erstes Glied die Ursache und als letztes Glied die Wirkung, und, falls es Zwischenglieder gibt, ein oder mehrere Mittelglieder. Entfällt das erste Glied, dann entfällt auch die Wirkung und mit ihr die Zwischenglieder. Man kann also auch hier nicht, wenn es denn Verursachtes und eine Ordnung der Wirkursachen in der Welt gibt, in der Ursachenkette ins Unendliche zurückgehen, sondern muß eine erste unverursachte Wirkursache ansetzen; und diese, so Thomas, nennen alle Gott.

Den dritten Weg leitet Thomas mit der Feststellung ein, daß wir unter den Dingen manche finden, die existieren oder nicht existieren können, da wir sie entstehen und vergehen sehen. Was sein kann, aber auch nicht sein kann, kann unmöglich immer sein. Denn solches ist irgendwann einmal (in einer angenommenen Unendlichkeit der Zeit) nicht. Wenn aber alles derart kontingent ist, ist irgendwann einmal auch tatsächlich nichts gewesen. Aus nichts aber kann nichts entstehen; es gäbe also auch jetzt nichts. Es kann also nicht sein, daß alles, was es gibt, kontingent ist. Es muß demnach unter den Dingen etwas geben, das notwendig ist; und wenn es solches gibt, was die Notwendigkeit seines Seins anderem verdankt, dann muß es etwas geben, das durch sich notwendig (*per se necessarium*) ist; und dies, so Thomas, nennen alle Gott.

Im vierten Weg geht Thomas von der Beobachtung aus, daß wir unter den Dingen manches mehr oder weniger gut und wahr und edel finden. Eine graduierende Schätzung ist aber nur sinnvoll im Verständnis einer mehr oder weniger großen Annäherung an ein Maximum und Optimum. Es muß also etwas geben, was zuhöchst wahr, zuhöchst gut und zuhöchst edel (seinsmächtig) ist und für alles Seiende der Grund seines Seins, seines Wahrseins und seines Gutseins; und dies, so Thomas, nennen wir Gott.

Die Ausgangstrivialität des fünften Weges lautet: «Wir sehen, daß manche Dinge, die kein Wissen haben, nämlich natürliche Körper, zielgerichtet wirken. Dies erhellt aus dem Umstand, daß sie stets oder meistens auf die gleiche Weise tätig sind, so daß sie das erreichen, was das beste ist.» Mit «dem besten» dürfte gemeint sein, daß in der Natur Ordnung und nicht Chaos herrscht und die Unordnung und das Chaos als die Ausnahme zu gelten haben. Daraus ist klar, daß die natürlichen Körper in ihrem Wirken nicht aus Zufall, sondern aufgrund einer Absicht (*ex intentione*) zum Ziel gelangen. Erkenntnislose Dinge aber tendieren nicht von sich aus auf ein Ziel, es sei denn, sie werden von einem intelligenten Wesen auf ein Ziel ausgerichtet, wie ein Pfeil vom Schützen. Es gibt also ein intelligentes Wesen, von dem alle natürlichen (erkenntnislosen) Dinge auf ein Ziel ausgerichtet sind; und dies, so Thomas, nennen wir Gott.

Diese «fünf Wege» des Thomas haben eine lange und sehr vielfältige Tradition der Analyse, der Kommentierung, der Kritik und der

Mißverständnisse nach sich gezogen. Auf sie kann ich in dieser Gesamtdarstellung nicht eingehen, ohne den Rahmen des Ganzen zu sprengen (vgl. zur kritischen Diskussion v. a. Kenny 1980). Nur auf eines sei hingewiesen, auf das es Thomas in allen fünf Argumenten ankommt: Sie alle handeln von einer letzten (ontologischen und axiologischen) Bedingtheit und Abhängigkeit von Phänomenen und Aspekten unserer Erfahrungswirklichkeit von etwas Absolutem, das den festen Anker bieten soll für eine vernunftbestimmte (und vom religiösen Glauben überformte) theoretische Interpretation und praktische Bewältigung dieser Abhängigkeit. Die Argumente sind nicht isoliert zu sehen, sondern als demonstrative Wege zu Basisannahmen, die ihre Ausdifferenzierung und offenbarungstheologische Ergänzung und Überformung in der gesamten *Summa theologiae* erfahren.

4. Die Lehre vom Menschen

Nachdem Thomas in der *Summa theologiae* von Gott, von den rein geistigen und den rein körperlichen Geschöpfen gehandelt hat, kommt er auf den Menschen zu sprechen, der für ihn «aus geistiger und körperlicher Substanz zusammengesetzt ist» (S. theol. I, qu. 75 prol.). Als Theologen und Philosophen interessiert ihn nicht nur, wie der Mensch von Gott geschaffen wurde, sondern primär und vor allem, wie der Mensch seiner Natur nach beschaffen ist. Dabei liegt der Schwerpunkt seines Interesses auf der Seele des Menschen und auf dem Leib nur, insofern es die Beziehung der Seele zum Leib zu betrachten gilt. Das wissenschaftliche Interesse für den Leib als solchen ist Sache des Naturforschers, der sich auf das konzentriert, «woraus» der Mensch besteht.

4.1 Die menschliche Seele

4.1.1 In seiner Theorie der menschlichen Seele ist Thomas in hohem Maße der von Aristoteles in *De anima* entwickelten Seelenlehre verpflichtet. Doch er versucht, das aristotelische Konzept mit der «platonischen» Theorie der Unsterblichkeit und mit der jüdisch-christlichen Vorstellung der Auferstehung des Leibes zu verbinden. Ob dieser Versuch zu einem philosophisch überzeugenden Ergebnis führt, sei dahingestellt; spannungsfrei ist dieses Ergebnis nicht. Gleichwohl ergeht sich Thomas nicht einfach in Spekulationen. Ja, er distanziert sich von einer Tradition, die über eine radikale Abkehr von den Sinnen und der sinnlichen Welt und einer konzentrierten Besinnung der «höheren» Seele auf sich selbst ihr eigenes Wesen auf direkte Weise zu erfassen versucht. Unser Intellekt, so Thomas, «erkennt sich nicht durch sein Wesen, sondern durch seinen Akt» (S. theol. I, qu. 87 a. 1 co.). Das Wesen der menschlichen Geistseele ist dem Menschen nicht über eine reflexiv und meditativ erzeugte reine unmittelbare Selbstbeziehung, sondern nur über eine genaue Beobachtung und Interpretation ihrer verschiedenen Leistungen erfaßbar.

Thomas übernimmt von Aristoteles ein weites Verständnis von «Seele». Seele ist danach jenes materiellen Gegenständen immanente Prinzip, das für ihr Leben und für ihre verschiedenen Lebensfunktionen und Lebensäußerungen verantwortlich zeichnet. «Seele», so Thomas, «ist, wie man sagt, das erste Prinzip des Lebens in den Dingen, die bei uns leben, beseelt nämlich nennen wir Lebendes, unbeseelt aber Dinge, die kein Leben haben» (S. theol. I, qu. 75 a. 1 co.). So gesehen gibt es Arten von Seele wie es Arten von Lebendigem gibt; und entsprechend den Stufen der Dinge, «die bei uns leben», unterscheidet Thomas die vegetative von der sensitiven und diese von der rationalen bzw. intellektualen Seele, wobei die höherstufigen Formen von Leben ganz offensichtlich die Funktionen der niedrigeren Stufen einschließen. Eine Pflanze ist fähig, sich zu nähren, zu wachsen und fortzupflanzen. Ein Sinnenwesen hat darüber hinaus die Fähigkeit der Wahrnehmung, der Empfindung, der Erinnerung, und mit diesem verbunden das sinnliche Streben und die wahrnehmungsbedingte Selbstbewegung (als Ortsbewegung) auf Gegenstände der Wahrnehmung hin und von ihnen weg. Ein Verstandeswesen besitzt darüber hinaus die Fähigkeit, die Dinge über Begriffe, Sätze und Satzzusammenhänge in ihrem Wesen zu erfassen und das eigene Wollen und Handeln an vernünftiger Einsicht auszurichten.

Drei Kerngedanken sind es, die Thomas' Vorstellungen von der Natur der menschlichen Seele bestimmen, die er in aristotelischer ontologischer Grundbegrifflichkeit zu formulieren versucht, deren Verbindung aber das aristotelische Konzept von Seele zu sprengen scheint. Es ist einmal der Gedanke, daß die Seele nicht etwas Körperliches bzw. ein Körper, sondern der Akt, die Form, die Entelechie eines Körpers ist (vgl. S. theol. I, qu. 75 a. 1 co.; I, qu. 76 a. 1 co.). Es ist zum zweiten der Gedanke, daß die Seele als Form eines Körpers stets numerisch eine ist, daß im Menschen also nicht drei Seelen, eine vegetative, eine sensitive und eine intellektuale vorhanden und am Werk sind (vgl. S. theol. I, qu. 76 a. 3). Es ist schließlich der Gedanke, daß die menschliche Seele, obgleich Akt und Form eines Leibes, (doch auch) etwas selbständig für sich Existierendes, also Seiendes in der Kategorie der Substanz ist (qu. 75 a. 2).

Die (menschliche) Seele ist nicht Körper, sondern Akt bzw. Form eines Körpers, und dies besagt: Die Seele ist das, was etwas Körperliches zu dem macht, was es wirklich ist und als was es angesprochen werden kann: ein Mensch. Die Seele die Form eines Körpers nennen heißt: Die Seele ist es, die einen Körper mit bestimmter phänomenal und physikalisch-chemisch beschreibbarer Beschaffenheit (ein bestimmtes Stück «Materie») (von innen her) so organisiert, daß er ein menschlicher Leib mit typisch menschlichen Funktionen und Verhaltensweisen ist und als solcher bezeichnet werden kann, und die nicht mehr vorhanden und am Werk ist, wenn der lebende Leib sich in eine Leiche verändert hat. Und die Seele die Form eines Körpers nennen besagt, ihren ontologischen Status in Analogie zur künstlich von außen bewirkten Form eines materiellen Gegenstandes zu setzen: etwa zur Form einer Statue, die macht, daß ein Stück Metall eine Statue ist und als solche bezeichnet werden kann, und die nicht mehr vorhanden ist, wenn die Statue zerstört oder zerfallen ist (aber das Metall noch vorhanden sein mag). Und die Seele die Form eines Körpers nennen besagt schließlich: Solange von einem materiellen Gegenstand gesagt werden kann: «dieser Mensch da», bilden Leib und Seele zusammen *eine* Substanz mit in physikalisch-chemischer *und* in biologischer und psychologischer bzw. mentalistischer Sprache beschreibbaren Aspekten.

Wogegen Thomas sich mit seinem Gedanken von der Seele als Akt bzw. Form eines Körpers wendet, ist die Platon zugeschriebene Ansicht, nach der die Geistseele der «eigentliche Mensch» ist, der den Leib nur benutzt, der mit dem Leib nicht wesentlich, sondern nur akzidentell verbunden ist (S. theol. I, qu. 76 a. 1 co.), der zum Leib in einem Verhältnis steht wie ein Mann zu seinem Mantel oder ein Steuermann zu seinem Schiff. Mensch und Tier, so Thomas, sind sinnlich wahrnehmbare, natürliche Dinge; dies wäre nicht der Fall, wenn der Leib und seine Teile nicht zum Wesen des Menschen und des Tieres gehörten (S. c. G. II, 57). Ferner ist es ein und derselbe Mensch, der erfaßt, daß er (mit dem Verstand) denkt und denkend etwas erkennt und (mit den Sinnen) etwas wahrnimmt, daß aber sinnliches Wahrnehmen ohne Körper und leibliche Organe nicht möglich ist. So gesehen sei der Intellekt genauso wesentlich ein Teil des Menschen wie sein Leib. Ja, der Mensch verfüge allein aus seinem Intellekt über keinerlei Wirklichkeitserkenntnis (auch nicht eine Erkenntnis von sich selbst); er müsse sein gesamtes Wissen von Wirklichem im Ausgang von der Sinneserfahrung gewinnen; und die Schärfe der Sinne sei offensichtlich abhängig von der Konstitution der leiblichen Organe.

«Alle anderen Sinne aber sind auf den Tastsinn ... gegründet ... Die Geistseele aber besitzt am vollständigsten die Kraft der Sinne ... Deswegen hat der Mensch unter allen Sinnenwesen den besten Tastsinn; und unter Menschen besitzen jene, die den besseren Tastsinn haben, den besseren Intellekt. Ein Zeichen dafür ist, daß wir die dem Fleisch nach Geschmeidigen als für den Geist besonders geeignet finden, wie in De anima gesagt wird» (S. theol. I, qu. 76 a. 5 co.).

Was Thomas hier (im Anschluß an Aristoteles) im einzelnen zu sagen hat, mag uns heute grob, ja zum Teil kurios erscheinen; über das Bestehen eines engen Zusammenhangs zwischen physisch-physiologischer Verfassung und geistiger Leistungsfähigkeit jedenfalls wußte er Bescheid. Für ihn hat die Eignung des Materials, die Eignung dessen, woraus der Mensch (materiell) besteht, für die Entfaltung dessen, was er ist, erhebliche Bedeutung.

Die Seele als Form eines Körpers zu verstehen, ermöglicht auch die Zurückweisung des platonischen Gedankens, nach dem im Menschen drei Seelen (eine vegetative, eine sensitive und eine intellektive) am Werk sind. Platon kann diesen Gedanken verfolgen, weil die Seele für ihn nicht Form, sondern Beweger eines Körpers ist, und nichts daran hinderte zu denken, daß ein und dasselbe Bewegbare von verschiedenen (noch dazu in verschiedenen Teilen des Körpers situierten) Bewegern bewegt werde. Demgegenüber macht *eine* substantiale Form einen selbständigen Gegenstand zu dem, was er ist: ein Mensch. Ein Lebewesen wäre nicht numerisch eines, wenn es drei verschiedene substantiale Formen hätte (vgl. S. theol. I, qu. 76 a. 3 und 4; S. c. G. II, 58).

Daß dieser ontologische Gedanke von der Einheit der menschlichen Seele erhebliche ethische Konsequenzen im Gefolge hat, versteht sich von selbst.

Das Verhältnis von Seele und Körper in Begriffen von Form und Materie zu denken macht es auch unmöglich, die Leiblichkeit des Menschen in ihrem Verhältnis zum Geist abzuwerten und als – wie in der neuplatonisch-augustinischen Tradition üblich – beengende Fessel und Hülle zu behandeln, deren Auflösung eher zu begrüßen als zu befürchten ist. Die Leiblichkeit gehört zum Wesen des Menschen; und deshalb ist es «zum Besseren seiner Seele, daß sie mit einem Körper geeint ist und durch Hinwendung zu den sinnlichen Vorstellungsbildern erkennt» (S. theol. I, qu. 89 a. 1 co.).

4.1.2 Die bislang skizzierte Verhältnisbestimmung von Leib und Seele scheint den Gedanken zu fordern, daß die Seele als Form einer Substanz nicht selbst eine Substanz ist, daß sie demnach kein selbständiges Sein jenseits und getrennt von einem Körper besitzt und besitzen kann. Doch das eben herangezogene Zitat des Thomas ist nicht vollständig, sondern wird ergänzt durch den Hinweis: «und trotzdem kann sie (sc. die menschliche Seele) separat existieren und einen anderen Modus des Erkennens haben». Gleich zu Beginn seiner Abhandlung über das Wesen der menschlichen Seele folgt denn auch dem ersten Artikel, der begründet, daß die Seele kein Körper, sondern der Akt bzw. die Form eines Körpers ist, ein zweiter, der begründet, warum die menschliche Seele als ein unkörperliches und gleichwohl selbständig existierendes Prinzip (*principium incorporeum et subsistens*) zu denken ist (S. theol. I, qu. 75 a. 2).

Das entscheidende Argument für diese prima facie paradoxe Behauptung findet Thomas in der Leistungsfähigkeit des menschlichen Geistes, die alles organgebundene kognitive Vermögen übersteigt und auf der Ebene materiellen Seins und der hier spielenden Phänomene nicht erklärbar ist. Es ist manifest, so Thomas, daß der Mensch durch seinen Intellekt die Naturen aller Körper erkennen kann. Hätte er etwas Körperliches an sich, wäre er durch eben dieses Körperliche in seiner Reichweite und Aufnahmefähigkeit begrenzt (vgl. ebd. co.). Wäre die Aktualisierung des menschlichen Geistes organgebunden wie die Aktualisierung der Sinne, wäre er wie diese auf das Erfassen von Körperlichem und auf Spektren von Körperlichem beschränkt. Doch der Mensch erkennt die Naturen aller Körper und auch abstrakte Sachverhalte.

> «Wenn also der Intellekt ein Körper wäre, würde sein Tätigsein nicht die Ordnung der Körper übersteigen; er würde nur Körper erkennen. Dies aber ist offenkundig nicht der Fall. Wir sehen nämlich vieles ein, was nicht Körper ist» (S. c. G. II, 49).

Weitere wesentliche Gesichtspunkte, die in Thomas' Augen (wie bereits für Proklos) für eine unkörperliche Subsistenz des Geistes sprechen, sind seine Reflexivität und Spontaneität (*intellectus autem supra seipsum agendo reflectitur; intellectus enim sicut intelligit rem, ita intelligit se intelligere,* ebd.). Dies seien Leistungen, die der Geist durch sich, nicht in Gemeinschaft mit dem Körper erbringe; nichts aber könne etwas durch sich leisten, was nicht für sich existiert (*Nihil autem potest per se operari, nisi quod per se subsistit,* S. theol. I, qu. 75 a. 5 co.). Und da die menschliche Geistseele reine Form und nicht etwas aus Form und Materie Zusammengesetztes ist (S. theol. I qu. 75 a. 5) und da das Vergehen bzw. die Vernichtung einer aus Materie und Form bestehenden Substanz in der Auflösung der Einheit von Form und Materie besteht, insofern sich die Form von der Materie löst, es aber unmöglich ist, daß die Form sich von sich selbst trennen kann, hat die menschliche Geistseele als der Vernichtung enthoben (*incorruptibilis*) zu gelten (ebd. a. 6).

Thomas glaubt, durch diese Substantialisierung der menschlichen Geistseele nicht etwa das aristotelische Seelenkonzept zu sprengen, sondern es vielmehr erst adäquat zu interpretieren. Und er hat dieses sein Aristoteles-Verständnis mit Vehemenz gegen die «Averroisten» verteidigt, für lange Zeit im lateinischen Westen auch zum herrschenden gemacht, aber damit eine Lehre diskreditiert, die möglicherweise der aristotelischen näherstand als die eigene. Den Anhalt für seine Interpretation glaubt er in der Tat in der Geistlehre des Aristoteles, insbesondere in *De generatione animalium* II, 3 und in *De anima* II, 1 und III, 4 u. 5 zu finden. In De gen. an. II, 3, 736 b ist bei Aristoteles von der vegetativen, von der sensitiven und der intellektiven Seele und der Art ihrer Entstehung im Körper die Rede. Dort heißt es, daß «allein der Geist (*nous*) zusätzlich von außen hineinkommt und allein göttlich ist; denn die leibliche Wirklichkeit hat mit seiner Wirklichkeit keinerlei Gemeinschaft» (736 b 27–29).

In De an. III, 4 finden sich jene Gesichtspunkte, die Thomas als Argumente für die Immaterialität und Subsistenz der menschlichen (Geist-)Seele verwendet. De an. III, 5 differenziert allerdings dahingehend, daß der Geist als passiver Geist, der über die Erkenntnis aller Dinge der Form nach zu allem werden kann, vergänglich ist, während der Geist als aktiver (und immer aktiver) Geist abtrennbar, keine Veränderung erleidend und unvermischt, weil seinem Wesen nach (reine) Wirklichkeit (*energeia*) ist (430 a 17). In De an. II, 1 erklärt Aristoteles, daß sich die Seele zum Leib wie der Gesichtssinn zum Auge verhält, daß deshalb weder die Seele noch Teile von ihr vom Körper abtrennbar wären; dies gelte aber nur, insoweit die Seele bzw. ihre Teile Form bzw. Aktualitäten (*entelecheiai*) des Leibes sind (413 a 6–7).

Aristoteles hat also wohl zwischen der menschlichen Seele als

Form und Akt eines Körpers und dem göttlichen Geist, der von außen in den Menschen kommt, mit dem Körperlichen sich nicht vermischt und von ihm abtrennbar ist, unterschieden wissen wollen. Thomas weicht von ihm in genau dem (paradox anmutenden) Punkt ab, daß er dem, was Form eines Körpers ist, zugleich die Seinsform einer Substanz und die Möglichkeit einer vom Körper separaten Existenzweise (*forma subsistens*) zuspricht. Zugleich versteht er die menschliche Geistseele nicht als Teil des ewigen göttlichen Geistes, sondern als etwas, das je für sich in einem singulären Akt von Gott geschaffen wird, wenn sich auf biologischem Wege entstehend die geeignete Materie für einen neuen Menschen findet (vgl. S. theol. I, qu. 90 ff.).

4.1.3 In seiner Theorie der menschlichen Seele vermischen sich philosophische und theologische Motive. Die Vermischung der Motive läßt Thomas Argumenten einen Plausibilitätsstatus zuerkennen, deren Überzeugungskraft strenger philosophischer Prüfung kaum standhält bzw. das Fürwahrhalten von Glaubenssätzen voraussetzt. In der Regel gibt er allerdings zu verstehen, daß es sich hier lediglich um verstärkende Gesichtspunkte für die Wahrheit eines Gedankens, nicht um strenge Beweise für sie handelt. Dies gilt etwa für ein Argument, das aus teleologischem Grund den Gedanken der Unsterblichkeit der menschlichen Geistseele zu stützen versucht. Ihm weist Thomas explizit nur den Status eines Zeichens (*signum*) zu:

> «Man kann aber auch ein Zeichen, das für diese Sache spricht, dem entnehmen, daß ein jedes von Natur auf seine Weise zu sein verlangt. Das Verlangen aber in erkennenden Dingen folgt der Erkenntnis. Der Sinn aber erkennt das Sein nur in der Perspektive des Hier und Jetzt; der Intellekt jedoch erkennt das Sein absolut und im Blick auf alle Zeit. Daher verlangt ein jedes, das Intellekt besitzt, natürlicherweise, immer zu sein. Ein natürliches Verlangen aber kann nicht vergeblich sein. Jede intellektuale Substanz ist demnach unvergänglich» (S. theol. I, qu. 75 a. 6 co.).

Dies gilt auch für ein teleologisches Argument, das den Gedanken stützen soll, daß die Auferstehung des Fleisches und die Wiederverbindung von Leib und Seele zu erwarten ist. Hier wird die mangelnde Stärke des Arguments mit einem «es scheint» (*videtur*) angedeutet:

«Es ist manifest ..., daß die Seele natürlicherweise mit dem Leib vereint ist, ist sie doch ihrem Wesen nach Form eines Körpers. Es ist also gegen die Natur einer Seele, vom Körper getrennt zu sein. Nichts aber, was gegen die Natur ist, kann ewig währen. Nicht also auf ewig wird die Seele vom Leib getrennt sein. Wenn sie also ewig besteht, muß sie mit dem Leib wieder vereint werden: was ‹wiederauferstehen› besagt. Die Unsterblichkeit also der Seelen scheint die künftige Wiederauferstehung der Körper zu erfordern» (S. c. G. IV, 79).

Für Thomas ist der Status der abgeschiedenen menschlichen Seele unvollkommen. Er verweigert ihr deshalb auch den Titel der Person. Unter Person, so Thomas, sei nach der Definition des Boethius die unteilbare Substanz einer vernünftigen Natur zu verstehen. Wenn nun die menschliche Seele im Status des Getrenntseins vom Leib die Natur der Vereinigungsfähigkeit mit dem Leib behält, dann könne sie nicht als unteilbare Substanz gelten, genausowenig wie eine Hand oder irgendein anderer Teil des Menschen. Deshalb komme ihr weder die Definition noch der Name einer Person zu (vgl. S. theol. I, qu. 29 a. 1 ad 5). In diesen Gedanken bekundet Thomas wohl am deutlichsten seine Distanz zur Leibfeindlichkeit der neuplatonisch-augustinischen Tradition.

4.2 Die Emotionen

Thomas handelt in einem umfangreichen Traktat über die Gefühlsregungen (*passiones animae*). Die Abhandlung umfaßt 26 Quaestionen der *Summa theologiae* (I–II, qu. 22–48) und gliedert sich in einen generellen Teil, der die Frage nach dem seelischen Träger, eine Grundunterscheidung und die Frage nach der sittlichen Qualität der Emotionen behandelt (qu. 22–25); und in einen speziellen Teil, der sich mit den einzelnen Emotionen der Liebe, des Hasses, des Verlangens, der Abneigung, der Freude, der Trauer, der Hoffnung, der Verzweiflung, der Furcht, der Kühnheit und des Zorns befaßt (qu. 26–48).

4.2.1 Die Emotionen im allgemeinen. Thomas unterscheidet zunächst verschiedene Bedeutungen von *passio,* jenem Wort, mit dem er das in der aristotelischen und stoischen Affektenlehre verwendete griechische Wort *pathos* übersetzt und das im deutschen Sprachgebrauch mit verschiedenen (je für sich unzulänglichen) Ausdrücken, mit «Emotion», mit «Affekt», mit «Gefühl» und mit «Leidenschaft» wiedergegeben wird.

Im weiten Sinn genommen hat *passio* die Bedeutung von «Erleiden». In dieser Bedeutung ist *passio* eine Grundbestimmung jedes endlich-geschöpflichen Seienden: d. h. jedes Seienden, das Potentialität in sich trägt und durch Einwirkung von außen verändert werden kann; das aus dem Zustand, etwas der Möglichkeit nach zu sein, in den Zustand, es wirklich zu sein, durch die Einwirkung eines ihm Äußerlichen überführt werden kann. *Passio*, in diesem weiten Sinn verstanden, meint also eine Veränderung eines Seienden, die für dieses Seiende den Charakter von Widerfahrnis hat.

In einem engeren Sinn will Thomas die Rede von *passio* auf sinnenhaftes Leben bezogen wissen, das aus Leib und Seele zusammengesetzt ist.

Von vier Gesichtspunkten aus verleiht Thomas dann diesem engeren Begriff der *passio* ein markanteres Profil: (a) Dem Sprachgebrauch entspricht es besser, unter *passio* ein Erleiden des Sinnenwesens zu verstehen, das von einem seiner natürlichen Verfassung Entgegengesetzten und Schädlichen, nicht von einem Angenehmen und Nützlichen ausgelöst wird und seinen Zustand in bestimmter Hinsicht verschlechtert; denn mit dem Wort *passio* haben wir primär eine Veränderung eines Sinnenwesens von einem natürlichen Zustand in einen naturwidrigen Zustand im Auge. (b) Zur *passio* gehört, daß (wie gesagt) der wesentliche Ausgangspunkt der Veränderung *außerhalb* liegt, nicht von einem inneren Prinzip herrührt. Der Ausgangspunkt einer *passio* eines Sinnenwesens ist also eine Wahrnehmung oder eine physische Einwirkung; er stellt demnach etwas Unwillkürliches dar. (c) *Passio* bedeutet ferner, daß die Veränderung das *ganze* Lebewesen betrifft, daß Leib und Seele davon betroffen sind. (d) *Passio* besagt schließlich, daß die von außen initiierte Veränderung heftig ist und sich intensiv auswirkt, daß sie nicht eine kaum merkliche Veränderung für das Subjekt der Veränderung darstellt.

Passiones kommen dem Lebewesen zu, insofern es ein «Kompositum» aus Leib und Seele ist. Die Seele als Form des Leibes hat Passionen, einmal insofern Körperveränderungen bestimmter Art (Schläge, Verletzungen, Erkrankungen) in massiver Weise auf die Seele rückwirken; zum anderen, insofern die Seele mittels des Leibes ihre Tätigkeiten ausübt und in dieser Ausübung behindert oder beeinträchtigt wird.

Nach dem Gesichtspunkt dieses zweifachen wirkursächlichen Verhältnisses der Seele zum Körper unterscheidet Thomas körperliche und seelische Passionen. Dabei sind körperliche Passionen solche, die auf seiten des eine Veränderung erleidenden Subjekts vom Körper ausgehen und in der Seele ihre Wirkung und ihr Ziel finden; und seelische solche, in denen die Seele durch eine Wahrnehmung oder einen Gedanken eine Erschütterung erfährt und von der Seele eine Rückwirkung ausgeht, die zu einer (unwillkürlichen) körperlichen Veränderung führt. Der Ursprung der Passion im Subjekt in dem einen oder in dem anderen Teil des «Kompositums» und die Rückwirkung auf den zweiten Bestandteil ist also die Grundlage für diese Unterscheidung.

Diese durchaus sinnvolle Unterscheidung hinsichtlich der kausalen Struktur von Passionen sollte allerdings nicht den Blick verstellen dafür, daß Thomas unter *passio* wesentlich ein psychisches Phänomen versteht, das mit einer körperlichen Veränderung (*transmutatio corporalis*) verbunden ist; in seiner Sprache ausgedrückt: Der Form nach ist der Affekt etwas Psychisches, eine Gemütsbewegung, der Materie nach eine körperliche Veränderung. Und die Affekte gehören als psychisches Phänomen nicht primär dem Erkenntnisvermögen, sondern dem sinnlichen Begehrungsvermögen an: dem *Begehrungsvermögen*, weil sie Reaktionen hervorrufen bzw. motivieren, weil durch eine *passio* das Subjekt zu dem hingezogen bzw. hingetrieben wird, was Sache des Handelnden ist (vgl. S. theol. I-II, qu. 22 a. 2 co.); dem *sinnlichen* Begehrungsvermögen, weil eine körperliche (sowohl naturale wie spirituale) Veränderung sich nicht in den Akten des Willens (*appetitus intellectivus*), sondern nur in denen des sinnlichen Strebens (*appetitus sensitivus*) findet, da sinnliches Streben sich über leibliche Organe vollzieht, Willensakte als rein geistige Akte jedoch nicht (ebd. qu. 22 a. 3 co.). Nun gliedert Thomas sinnliches Streben in eine Widerstände angehende, überwindende und fliehende (*appetitus irascibilis*) und in eine Gegenstände einfachhin und direkt begehrende, genießende oder erleidende Form (*appetitus concupiscibilis*) (Über die Vorgaben der Tradition und die eigenständige Leistung des Thomas bezüglich dieser Unterscheidung vgl. A. Brungs, 19–83). In beiden Formen ist das Ziel des Strebens das sinnlich Gute, aber es ist das Ziel unter verschiedener Hinsicht. Im einen Fall ist das Objekt das sinnlich Erfahrbare und einfachhin Erstrebenswerte oder Meidenswerte, im anderen Fall das Erstrebens- oder Meidenswerte, insofern es mit Schwierigkeiten verbunden ist (vgl. S. theol. I, qu. 81 a. 2 co.).

Entsprechend der Gliederung des sinnlichen Strebevermögens in verschiedene Potenzen der einfachhin begehrenden und der «muthaften», eine Angriffs- oder Fluchtbewegung tragenden Form sind auch die Emotionen beider Formen verschieden. Objekt des Begehrens und Genießens (des *concupiscere*) ist das in der sinnlichen Auffassung als gut Empfundene, also das Lustvolle und Angenehme; Objekt der Aversion und des Schmerzes bzw. Trauerns in diesem Bereich das sinnlich Unlustvolle und Schmerzhafte bzw. der Verlust von Lustvollem. Diejenigen Emotionen also, die direkt und schlechthin auf das Erreichen des sinnlich Guten oder das Vermeiden des sinnlich Schlechten gerichtet sind, spielen im Bereich des Begehrungsvermögens, des *appetitus concupiscibilis.* Den Gegenstand «mutartigen» Strebens hingegen bilden im Bereich der *anima sensitiva* sinnlich Gutes oder Schlechtes, sofern die Gewinnung oder Vermeidung bzw. Abwehr schwierig oder hart sind und Mühe bereiten.

Während z.B. das seelische Erfaßtsein im sexuellen Verlangen oder in Liebeslust eindeutig *passiones* des konkupisziblen Strebens darstellen, gehören Regungen der Kühnheit und Furcht, der Hoffnung und Verzweiflung eindeutig der iraszиblen Form sinnlichen Strebens zu. Bei vielen Affekten indessen, die wir im Alltag zu unterscheiden und mit eigenem Namen zu bezeichnen gewohnt sind, ist die Zuordnung zu einer der beiden Potenzen auf den ersten Blick nicht so eindeutig und naheliegend wie in den genannten Fällen. Gleichwohl glaubt Thomas, die Zuordnung in einer stimmigen systematischen Gliederung vollziehen zu können.

In seiner Grundunterscheidung konkupiszibler von iraszиblen Affekten ist Thomas Platon und Aristoteles verpflichtet. Sein Versuch, die Vielzahl unterschiedlicher *passiones* auf vier «Grundaffekte» zurückzuführen, nimmt die nacharistotelischen Systematisierungstendenzen des Hellenismus, speziell die der Stoa auf, die die Vierzahl von Grundaffekten in Ansatz brachte.

Die Stoiker unterschieden, nach dem Aspekt der Attraktion und Aversion (bzw. des als gut oder schlecht Empfundenen) und dem Aspekt der Zeit (d.h. der Gegenwart oder Zukunft des als gut oder schlecht Empfundenen), die Grundaffekte «Lust» (*hedone*) und «Schmerz» (*lype*), «Begierde» (*epithymia*) und «Furcht» (*phobos*). Thomas unterscheidet ganz ähnlich und nach gleichen Gesichtspunkten die Grundaffekte der «Lust/Freude» (*gaudium*) und des «Schmerzes»/der «Trauer» (*tristitia*), der «Hoffnung» (*spes*) und der «Furcht» (*timor*) (vgl. S. theol. I-II, qu. 25 a. 4). Und er zählt «Freude» und «Trauer» zu den konkupisziblen, sowie «Hoffnung» und «Furcht» zu den iresziblen Grundaffekten. Dabei kommen die beiden Paare nicht beziehungslos nebeneinander zu stehen:

Die *vis irascibilis* ist dem (höheren) Sinnenwesen zur Beseitigung der Hindernisse gegeben, die sich seinem Streben nach Lust, und über dieses nach Selbst- und Arterhaltung entgegenstellen. Deshalb sind die Affekte des «mutartigen» Strebens hingeordnet auf die Affekte des begehrenden Strebens. *Gaudium* (Lust, Vergnügen, Freude) und *tristitia* (Trauer, Schmerz, Leid) sind deshalb die grundlegenden und umgreifenden, das gesamte Gefühlsleben beherrschenden Regungen des Seelischen, das sich unmittelbar in leiblichen Veränderungen Ausdruck verschafft. Nicht nur sind sie Gefühlsregungen des sinnlichen Begehrens, wenn dieses gegenwärtiges Gut oder Übel erwartet und empfindet und in ihnen «ruht»; sie begleiten auch sinnliches Streben, wenn dieses «in angestrengter Bewegung» zur Vermeidung oder Überwindung von Übeln im Blick auf ein Gut gerichtet ist – ist doch zukunftsgerichtetes sinnliches Streben seinerseits lustvoll oder schmerzhaft oder eine Mischung von beidem. Die iraszliblen Emotionen «Furcht» und «Hoffnung» haben auf nachgeordnete Weise Prinzipcharakter, weil in ihnen Bewegungen von Emotionen terminieren: Hinsichtlich des Guten entspringt die Bewegung in der Liebe, schreitet fort zum Verlangen und endet in der Hoffnung; hinsichtlich des Übels entspringt sie im Haß, schreitet fort zur Abkehr bzw. Fluchtbewegung und endet in der Furcht.

Trotz wichtiger systematischer Anleihen folgt Thomas in seiner Affektenlehre im wesentlichen nicht der Stoa, sondern Aristoteles (vgl. Ricken 1976 cap. IV und Forschner [2]1995 cap. VIII). Für die Stoiker sind Affekte sittlich qualifizierte Gefühlsregungen, die zu ihrem Kern ein falsches Werturteil haben: Etwas (Vergangenes und als solches) Gegenwärtiges oder Erwartetes wird für uneingeschränkt gut oder schlecht gehalten, was es nicht ist. Affekte sind so gesehen per definitionem etwas Negatives, etwas genuin Menschliches, und als solches etwas, das zwar nicht ad hoc, aber doch prinzipiell in der Hand des Menschen ist. Der stoische Weise hat keine Affekte. Das prinzipiell Unkontrollierbare etwa der leiblichen Lust- oder Schmerzempfindung oder des Erschreckens wird in einen Bereich des Erlebens verwiesen, der das Gefühlsleben des Weisen nicht berührt.

Thomas hingegen sieht in Emotionen seelische Phänomene, verbunden mit leiblichen Bewegungen und Veränderungen, die ihrem Schwerpunkt nach im *appetitus sensitivus* anzusiedeln sind. Da sinnliches Streben Mensch und Tier gemeinsam ist, sind Emotionen etwas, das der Mensch mit den Tieren teilt. Und insofern Emotionen unwillkürliche Bewegungen des Gemüts sind, liegen sie jenseits der Moral.

Dies ist freilich nur die halbe Wahrheit, wenn man bedenkt, daß nach Thomas die menschliche Geistseele in gewisser Weise auch die sinnlichen Kräfte überformt und leitet. Was im Bereich der *anima sensitiva* des Menschen geschieht, ist jedenfalls zum Teil nicht unabhängig von seiner Sprachfähigkeit, von seiner Zustimmung zu Urteilen, von seiner Fähigkeit zu vernunftgeleitetem Streben. Die *passiones animae* sind für Thomas beim Menschen Phänomene, die im Zwischenreich von Vorsprachlichem und sprachlich Bestimmtem, von Freiheit und Unfreiheit, von animalischer Unschuld und menschlicher Verantwortung anzusiedeln sind. Der Mensch kann sich zu seinen unwillkürlichen Gefühlsregungen verhalten; er kann sie kontrollieren, bilden und verbilden; er ist über Selbstformungsprozesse für sie in gewissen Grenzen verantwortlich.

Auf die Frage, ob in den *passiones animae* sich moralisch Gutes oder Schlechtes finde, antwortet Thomas:

«(...) die *passiones animae* können zweifach betrachtet werden: einmal für sich, zum andern, insofern sie dem Befehl der Vernunft und des Willens unterliegen. Wenn sie nun für sich betrachtet werden, danach also, daß sie gewisse Bewegungen des nichtrationalen Strebens sind, dann findet sich in ihnen nichts, was moralisch gut oder schlecht genannt werden könnte; denn dieses hängt von der Vernunft ab (...) Wenn sie aber betrachtet werden in der Hinsicht, daß sie der Weisung der Vernunft und des Willens unterliegen, so ist in ihnen moralisch Gutes oder Schlechtes: Denn sinnliches Streben ist der Vernunft selbst und dem Willen näher als die äußeren Glieder; deren Bewegungen und Akte sind moralisch gut oder schlecht, insofern sie willentlich sind; um so mehr können dann auch die *passiones animae,* insofern sie willentlich sind, moralisch gut oder schlecht genannt werden. Man nennt sie aber willentlich, entweder aufgrund dessen, daß sie vom Willen geboten werden, oder aufgrund dessen, daß sie vom Willen nicht verhindert werden (...) Es ist also zu (...) sagen, daß diese *passiones animae* für sich betrachtet Menschen und anderen Tieren gemeinsam sind; insofern sie aber ihre Weisung von der Ratio erhalten, sind sie den Menschen eigentümlich« (S. theol. I-II, qu. 24 a. 1 co. und ad 1).

4.2.2 Das Beispiel der Furcht. Im folgenden soll anhand des Beispiels der Furcht eine Interpretation der wesentlichen Züge eines Grundaffekts durch Thomas geboten werden; dies deshalb, weil mir einerseits die Affektenlehre des Thomas einen hohen Aktualitätswert zu besitzen scheint und weil andererseits die Theorie der Furcht (vor dem Tode) im Gebäude seiner Philosophie und Theologie (anders als bei Aristoteles) eine zentrale und selten deutlich genug gesehene Stelle einnimmt.

Für Thomas ist Furcht eine seelische Regung, die der iraszibilen Form sinnlichen Strebens angehört. Furcht als spezieller Affekt besitzt ein spezielles Objekt, unter das alles fällt, wovor wir uns in concreto fürchten. Das Wovor der Furcht ist ein vermeintlich nahes, gewichtiges kommendes Übel, dem man nur schwer zu entkommen oder kaum widerstehen zu können meint, ein Übel, das auszuhalten bzw. zu überwinden die Kraft des Fürchtenden zu übersteigen scheint (S. theol. I-II, qu. 41 a. 1 co: *obiectum timoris est malum futurum difficile, cui resisti non potest*).

Daß es überhaupt so etwas wie Furcht gibt, hat Voraussetzungen. Furcht haben nur Wesen, die etwas erstreben, d.h. die darauf aus sind, etwas zu bewahren oder zu erlangen, und die gleichwohl nicht in der Lage sind, über das Erstrebte in eigener Macht zu verfügen. Und erstrebt wird das, was man mag. Alles Streben gründet in der Zuneigung zu etwas bzw. in der Bejahung von etwas als gut. Mit anderen Worten: Furcht hat zur Basis die Liebe, und zwar die Liebe eines Wesens, das des Objekts seiner Liebe nicht mächtig ist. Thomas zitiert Augustinus: «Wir fürchten nur, daß wir, was wir lieben, sei es als Erlangtes verlieren, sei es als Erhofftes nicht erlangen» (S. theol. I-II, qu. 42 a. 1 obi. 2).

Nun ist der Ausgangspunkt allen Strebens die Selbstliebe, will sagen der Sachverhalt, daß ein Lebewesen vorgängig zu allem Erstreben von etwas Bestimmtem in der Welt sein eigenes Sein als etwas

Gutes erfährt und empfindet. Die universal beobachtbare Tendenz alles Lebendigen zur Selbsterhaltung (und zur Arterhaltung) gründet in einer fundamentalen Pro-Einstellung alles Lebendigen zum eigenen Dasein, zum artspezifischen So-Sein, zur eigenen Species. Fundamental ist diese Pro-Einstellung auch für den Menschen in dem Sinn, als sie vor und unabhängig von aller Überlegung und Entscheidung von Natur in ihm vorhanden und gefühl- und impulshaft am Werk ist. Thomas spricht deshalb von einem natürlichen Verlangen zu sein (*desiderium naturale essendi,* S. theol. I-II, qu. 41 a. 3 co.), mit seiner Ausrichtung auf das Gut des Seins, dem eine natürliche Furcht vor dem natürlichen Übel, der Verletzung und Vernichtung des Seins, dem Zerfall, dem Tod entspricht.

Thomas unterscheidet zwischen einer naturalen Furcht (*timor naturalis*), die bezogen ist auf die drohende physische Verletzung oder Vernichtung (das *malum corruptivum*), und einer nichtnaturalen Furcht (*timor non naturalis*), die bezogen ist auf *mala contristativa.* Unter diesen versteht er drohende Übel, die uns Kummer, Sorge, Bedrückung bereiten und die uns schmerzen bzw. traurig machen, wenn sie eingetreten sind (S. theol. I-II, qu. 41 a. 3 co.). Das *malum corruptivum* steht im Gegensatz zum Gut des bloßen Naturstrebens; *mala contristativa* dagegen sind Übel, die dem widersprechen, was wir wollen (S. theol. I-II, qu. 42 a. 2 co.). Im Unterschied zwischen naturaler und nichtnaturaler Furcht dokumentiert sich also die Differenz zwischen Mensch und Tier. Wovor Menschen sich fürchten und fürchten können, ist ungleich mehr und zum Teil von anderer Art als das, was Tieren Furcht erregt. Naturale Furcht ist im biologischen Selbst- und Arterhaltungstrieb sowie in der sinnlichen Wahrnehmung bedrohlicher Objekte bzw. Objektlagen verankert und auf sie beschränkt. Nichtnaturale Furcht bezieht sich auf die vermeinte Bedrohung aller Güter, die der Mensch als sprachfähiges Wesen erstreben, besitzen und verlieren kann.

Menschliche Rationalität wirkt so gesehen furchtsteigernd und furchtvermehrend; aber sie bietet auch Mittel zur Befreiung von Furcht. Nichtnaturale Furcht hängt wesentlich von Meinungen ab, sowohl von Meinungen über das, was tatsächlich drohen mag, als auch über das, was als wertvoll erscheint. Meinungen sind über Vernunft kontrollierbar; und der Wille ist das, was in unserer Hand ist; die nichtnaturale Furcht als Frucht der Rationalität scheint durch die rechte Vernunft auch in gewisser Weise beherrschbar zu sein.

Die Frage ist nur, so Thomas, inwieweit das durch die Ratio geweckte sinnliche Empfinden und Streben der Vernunft gehorcht (*inquantum appetitus inferior obedit rationi*, S. theol. I-II, qu. 42 a. 4 co.).

Bei der Beantwortung dieser Frage gilt es nach Thomas zu beachten, daß erstens Leiblichkeit und Sinnlichkeit dem Geist gegenüber heterogene und eigendynamische Dimensionen der menschlichen Person sind und vom Geist als Intellekt und Wille nicht völlig absorbiert werden können, daß zum zweiten in menschlicher Affektivität Leiblichkeit, Sinnlichkeit und Geist ineinander verwoben sind und daß drittens jeder Affekt in seinem Wesen eine Regung des sinnlichen Strebens ist, die auch beim Menschen am unmittelbarsten und stärksten durch sinnliche Wahrnehmung ausgelöst und in Gang gehalten wird (vgl. S. theol. I-II, qu. 41 a. 1 obi. 3).

Die enge Bindung des Affekts an Sinnlichkeit und Wahrnehmung hat auch beim Menschen zur Folge, daß ohne «Kultur» der Einbildungskraft Furcht natürlicherweise dem Grad der Abstraktheit der Vorstellung und der zeitlichen Ferne des vorgestellten Übels entsprechend abnimmt und sich verflüchtigt. Deshalb ist etwa das Auftreten von Todesfurcht an die Wahrnehmung bzw. an manifeste Indizien lebensbedrohlicher Umstände gebunden, obgleich wir alle schon verhältnismäßig früh in unserem Leben wissen, daß wir einmal sterben werden. Was weit entfernt zu sein scheint, fürchtet man nicht (vgl. S. theol. I-II, qu. 42 a. 2 co.). Dies hindert nicht, daß wir auch ohne unmittelbare Todesfurcht aufgrund von Gedanken den Tod fliehen und daß der (wiederholte) Gedanke an den Tod uns traurig stimmt (vgl. S. c. G. III, 48). Denn der Tod ist nicht nur das *malum corruptivum* unserer leiblichen Existenz; der Tod bleibt auch untilgbar (in diesem Leben) ein bedrückendes *malum contristativum* der menschlichen Person; dies deshalb, weil die Geistseele des Menschen nach Thomas nicht etwa – wie in platonisch-neuplatonisch-augustinischem Verständnis – die Befreiung von den «Banden» des Leibes ersehnt, sondern nur in der Leiblichkeit ihre artspezifische Erfüllung und Vollendung erreichen kann (vgl. S. c. G. II, 68). Der menschliche Geist will als *forma corporis* natürlicherweise keine Trennung vom Leib (vgl. S. theol. I-II, qu. 41 a. 3 obi. 1) und findet im Bewußtsein seines unausweichlichen Todes deshalb auch kein vollkommenes Glück in diesem Leben.

Die menschliche Sinnlichkeit ist vom menschlichen Geist geprägt; der menschliche Geist ist auf die Sinnlichkeit verwiesen. Doch wir sind nicht in der Lage, mit unseren Sinnen alles zu tun, was wir wollen. Und umgekehrt agiert und reagiert unsere Sinnlichkeit mitunter schneller und anders als wir wollen.

«Es kommt aber auch vor, daß eine Bewegung des sinnlichen Strebens auf ein Erfassen der Einbildungskraft oder der Sinne hin unvermittelt plötzlich hervorgerufen wird; dann liegt diese Bewegung außerhalb der Herrschaft der Vernunft, obgleich sie von der Vernunft hätte verhindert werden können, wenn sie sie vorausgesehen hätte. Deshalb sagt Aristoteles in Politik I, 3 Mitte, daß der Verstand dem iraszibilen und konkupisziblen Streben vorsteht, aber nicht in despotischer Herrschaft, die eine Herr-Knecht-Beziehung darstellt, sondern in politischer und königlicher Herrschaft, die sich auf Freie bezieht, die nicht vollständig der Herrschaft unterworfen sind» (S. theol. I-II, qu. 17 a. 7 co.).

Thomas gibt in diesem Passus deutlich zu verstehen, daß der Mensch nicht unbegrenzt Herr seines sinnlichen Fühlens und Strebens ist. Er gibt ferner einen Hinweis, wie diese Herrschaft ausgeweitet werden kann. Er deutet schließlich an, daß Gefühle, also auch Furcht, normativ anthropologisch gesehen ein Eigenrecht besitzen.

Die Furcht, so schreibt Thomas im Zusammenhang mit der Frage, ob man sich vor künftiger Furcht fürchten könne,

«ergibt sich teils aus äußerer Ursache, teils unterliegt sie unserem Willen. Sie resultiert aus äußerer Ursache, insofern es sich um eine *passio* handelt, die der unwillkürlichen Vorstellung (*phantasia*) eines drohenden Übels folgt. Und demnach kann jemand Furcht haben vor künftiger Furcht: nämlich daß ihm unausweichliche Furcht drohe wegen des Hereinbrechens eines gewaltigen Übels. Sie unterliegt aber unserem Willen, insofern das niedere Streben dem Willen gehorcht; und von daher kann der Mensch die Furcht vertreiben. In dieser Hinsicht kann man keine Furcht vor künftiger Furcht haben» (S. theol. I-II, qu. 42 a. 4 co.).

Die gewaltige Größe eines Übels oder sein plötzliches Hereinbrechen sind es, die einem Menschen unvermeidlich Furcht bereiten können; nämlich dann, wenn die unvermittelt erfahrene Bedrohung keine gedankliche Verarbeitung der Gefährdung und keine Abschätzung der Möglichkeiten zu seiner Vermeidung oder Überwindung zuläßt. Thomas spricht von der Furcht angsterfüllter Verwunderung (*admiratio*) angesichts eines drohenden Übels, dessen Ausmaß und Ende abzusehen der Verstand eines Menschen nicht zureicht (vgl. S. theol. I-II, qu. 41 a. 4 co.). Er unterscheidet davon die lähmende Furcht des Entsetzens (*stupor*) angesichts eines ungewohnten Übels, das uns plötzlich bedrängt und deshalb in unserer Einschätzung gewaltig erscheint (ebd.). Und er spricht schließlich von der dumpfen, zur Tatenlosigkeit verurteilenden Furcht vor Schicksalsschlägen (*agonia*), die unvorhersehbar über uns hereinbrechen können (ebd.). Diesen drei Arten von Furcht ist gemeinsam, daß sie zunächst den Einsatz der geistigen und der physischen Kräfte zur Erfassung, Abwehr und Bekämpfung des drohenden Übels oder zur Flucht vor ihm lähmen.

Dabei gilt für Thomas grundsätzlich, daß durch intensive gedankliche Vorwegnahme des Übels die Furcht vor ihm sich mindern läßt (*ex praemeditatione minuitur timor futuri mali,* S. theol. I-II, qu. 42 a. 5 co.). Im Rahmen der *conditio humana* ist niemals auszuschließen, daß uns nie Dagewesenes widerfährt. Aber der Kreis des gänzlich Ungewohnten ist durch Erfahrung und Einbildungskraft erheblich zu begrenzen. Und was die Schicksalsschläge angeht, so betrifft ihre Unvorhersehbarkeit das Ob, das Wann und das Wo, nicht aber in gleicher Weise das Was. Denn im Grundsätzlichen ist dem Erfahrenen bekannt, was einen Menschen in seiner leiblichen und seelischen Verfassung an Übel und Leid treffen kann, mögen die Umstände des Lebens noch so sehr variieren und die kausalen Faktoren im einzelnen undurchschaubar sein.

Es gibt drohende Übel, die, wenn auch mit Schmerzen, dadurch bewältigt werden, daß man sie erfaßt und als solche, weil unvermeidlich, hinnimmt. Und es gibt Übel, für die man, wenn man sie kennt, wirksame Abwehr- und Heilmittel bereitstellen kann. Beide Möglichkeiten greifen aber nicht, wenn das Übel uns plötzlich und unvorbereitet bedrängt:

«Denn erstens trägt dieser Umstand dazu bei, daß das drohende Übel uns größer erscheint. Alles Leibliche nämlich, ob gut oder übel, erscheint geringer, je mehr es bedacht wird (...) Zum zweiten aber trägt der Umstand, daß etwas plötzlich und ungewohnt auftritt, zur Schwäche des sich Fürchtenden bei: insofern es die *remedia* vereitelt, die der Mensch zur Abwehr und Vertreibung künftigen Übels bereitstellen kann» (S. theol. I-II, qu. 42 a. 5 co.).

Gewiß mag ungewollte oder gewollte Unkenntnis drohender Übel Furcht erst gar nicht entstehen und den Menschen relativ sorgenfrei leben lassen. Insofern trifft zu, daß das Übel unter Umständen erst aufgrund sorgfältiger Erwägung schrecklicher wird (vgl. ebd. ad 3). Aber dies gilt nur vorläufig. Das latente ignorierte bzw. verdrängte Übel gleicht dem Feind im Hinterhalt; seine Macht über uns wird größer und in ihrer Wirkung grauenvoller, je mehr es ihm gelingt, uns über sich und seine Präsenz im unklaren zu belassen (ebd.). Zudem gilt, daß Furcht auch durch Furcht bewältigt werden kann. So läßt erlebte Todesfurcht bzw. die *praemeditatio mortis* die Furcht vor geringeren Übeln verblassen. Und die Furcht des Menschen vor Gott, «insofern er geistige oder körperliche Strafen zufügen kann», vermag die Furcht vor der Sanktionsgewalt irdischer Mächte zu schwächen (S. theol. I-II, qu. 42 a. 1 co.). Ohnehin besitzt die Furcht vor gravierenden Übeln, die, wenn eingetreten, irreversibel sind bzw. kaum eine Beseitigung möglich erscheinen lassen, das größte Gewicht (S. theol. I-II, qu. 42 a. 6 co.).

Furcht kann, das bringen die eben genannten Gedanken uns nahe, auch positive Aspekte aufweisen. Zwar sprechen wir von *passio* bzw. Affekt im engeren Sinn nur, wenn die gemeinte Gemütsregung für ihren Träger ein irgendwie negatives Widerfahrnis (*aliquod nocumentum*) darstellt (S. theol. I-II, qu. 41 a. 1 co.). Gleichwohl gehört die nichtrationale Seite menschlichen Fühlens und Strebens unaufhebbar zur menschlichen Person und hat im Rahmen eines spezifisch menschlichen Lebens eine sinnvolle Funktion. Nur im Vernunftrahmen kommt Sinnlichkeit zur vollen Entfaltung, und nur über Akte der Sinnlichkeit führt der Mensch ein vernünftiges Leben. Das Eigenrecht der Sinnlichkeit betont Thomas mit der erwähnten Übernahme der aristotelischen Metapher politischer bzw. königlicher Herrschaft des Intellekts über das sinnliche Streben. Gedacht ist an eine Herrschaft nach Art eines Vormunds, der auch im Interesse des Unmündigen tätig ist.

In der Furcht geht es dem Menschen von Natur um sein individuelles, artspezifisches Dasein und das Heil der Dinge, die zum unbehinderten Vollzug dieses Daseins gehören (S. theol. I-II, qu. 42 a. 2 ad 3). Aus der Furcht um den Verlust eines Gutes erwächst die wachsam tätige Sorge um seine Erhaltung, wie etwa jener, der seine Gesundheit zu verlieren fürchtet, über die Furcht sie sorgsam behütet (S. theol. I-II, qu. 42 a. 4 obi. 1). Furcht hat also (ganz generell) im

Leben von Sinnenwesen ihre sinnvolle Funktion, insofern die Bewahrung der Güter des Lebens wachsam tätige Sorge erfordert. Diese Funktion kann sie natürlich nur erfüllen, wenn sie nicht blinder, die Seele verwirrender Affekt ist, sondern die Aufmerksamkeit bzw. die Vernunfttätigkeit gerade erregt und sich durch die geschärften Sinne bzw. klare Vernunft ihrerseits leiten läßt.

Furcht für sich ist dem Menschen kein guter Ratgeber. Wahr ist, daß alle Emotionen, wenn sie ein gewisses Maß überschreiten, den Menschen in seinem Urteilen und vernünftigen Verhalten beeinträchtigen (S. theol. I-II, qu. 44 a. 2. ad 2). Aber es gehört gerade zu den markanten Wirkungen der Furcht, daß sie uns die Nähe und den Rat anderer suchen läßt. Denn einerseits ist es Bestandteil ihrer Struktur, daß man sich von einem großen Übel bedroht sieht, dem man allein nur schwer entrinnen zu können meint. Andererseits ist Furcht ihrem Wesen nach mit einem Rest an Hoffnung verbunden, daß es aus der bedrohlichen Lage einen Ausweg gibt. Wer ohne jede Hoffnung ist, fürchtet auch nichts mehr; er empfindet in der Regel Angst, Trauer oder Verzweiflung (zum Thema Angst bei Thomas vgl. Brungs 2002, 144–176). Ein Übel, das nahe und unausweichlich erscheint, wird als bereits gegenwärtig erlebt. Deshalb, so Thomas, haben die, die zur Hinrichtung geführt werden, keine Furcht mehr vor dem Tod; bezieht Furcht sich doch auf ein nahe bevorstehendes Übel in Verbindung mit einer gewissen Hoffnung, dem Übel zu entrinnen (vgl. S. theol. I-II, qu. 42 a. 2 co.).

Furcht ist ein Zeichen dafür, daß man verletzbar ist und etwas zu verlieren hat. Mit Vernunft verbundene Furcht macht den Menschen aufmerksam und human. Thomas diskutiert diesen Aspekt der Furcht unter der Frage, ob Furcht den Menschen *consiliativus* mache (S. theol. I-II, qu. 44 a. 2). Nun kann *consiliativus* sowohl «Rat suchend» als auch «sich gut beratend» bedeuten. Daß Menschen in Furcht den Rat anderer suchen, liegt auf der Hand. Im Blick auf die Fähigkeit hingegen, sich gut zu beraten, tut weder große Furcht noch irgendeine andere intensive Gemütsregung gut. Denn einem erregten und aufgewühlten Menschen erscheinen die Dinge anders, als sie in Wahrheit sind: dem Zornigen ungerechter, dem Verliebten schöner, dem sich Fürchtenden schrecklicher. Der Affekt trübt das Urteilsvermögen; je stärker er ist, um so mehr. Wenn aber die Furcht so stark ist, daß sie den Menschen Rat suchend macht, und so schwach, daß sie seinen Verstand eher erregt als verwirrt, dann trägt sie dazu bei, mit sich und anderen gut zu Rate zu gehen. Das Entsprechende gilt für das Handeln (vgl. S. theol. I-II, qu. 44 a. 4 co.). Ja, die positive Funktion der Furcht erschöpft sich nicht darin, die Menschen aufmerksamer, kommunikativer, überlegter handeln zu machen. In analoger Weise gilt ja bereits für (höhere)Tiere, daß Furcht ihre Sinne schärft, die Nähe von Artgenossen suchen und sie vorsichtig agieren läßt.

Die Furcht angsterfüllter Verwunderung angesichts eines unabsehbar großen Übels (*admiratio*) mag Menschen zunächst sprachlos und handlungsunfähig machen. Sie erschüttert sie jedenfalls in der gedankenlosen Selbstverständlichkeit ihrer Lebensführung und wirft sie auf das Grundsätzliche ihres Daseinsverständnisses zurück. Auf diese Weise kann, wie Thomas meint, gewaltige Furcht der Beginn des Philosophierens sein. Die fundamentale Erschütterung des Gefühls der *admiratio*, die dem Menschen angesichts eines überwältigenden Gutes oder Übels widerfährt, wird zum Ausgangspunkt radikaler Forschung und Reflexion. Diese kann zur Gottesliebe führen, die alle Furcht vor Übeln, die Natur, Schicksal und Menschen uns zufügen können, schwächt und erträglich macht (vgl. S. theol. I-II, qu. 42 a. 1 co.; qu. 43 a. 1 ad 1).

4.3 Die Theorie des Willens und des Handelns

4.3.1 Die Theorie des Willens und des Handelns zählt ohne Zweifel zu den großen und bleibenden philosophischen Leistungen des Thomas. Sie findet sich konzentriert in den Quaestionen 6 bis 17 der Prima secundae der *Summa theologiae.* Thomas stützt sich dabei am stärksten auf das von Aristoteles in der *Nikomachischen Ethik* (Buch III) Erarbeitete; doch er nimmt auch stoisches, neuplatonisches und genuin christliches (v. a. augustinisches) Gedankengut auf und verarbeitet die verschiedenen Traditionen zu einer eigenen, hochdifferenzierten und eindrucksvollen systematischen Theorie.

Für deren Aufbau sind elementare Unterscheidungen von tragender Bedeutung: zwischen dem Willen als Vermögen (*facultas, potentia*) und dem Willen als Verwirklichung des Vermögens, als episodischem oder habituellem Akt (*actus voluntatis*), zwischen sinnlichem Streben (*appetitivus sensitivus*) und rationalem Wollen (*appetitus rationalis*), zwischen innerem Akt und äußerem Akt (*actus interior, actus exterior*), zwischen dem Akt eines Menschen und einem menschlichen Akt (*actus hominis, actus humanus*). Dabei ist der Gedanke leitend, daß eine genuin menschliche Handlung in Raum und Zeit sich dem Zusammenspiel und der (geordneten) Verbindung einer Vielzahl von Akten verdankt, die eine philosophische Analyse in ihrer Eigenart zu benennen, zu bestimmen und zu würdigen hat.

Eine menschliche Handlung im eigentlichen Sinn ist ein Akt, in dem der Mensch die ihn vom Tier unterscheidenden Fähigkeiten des Verstandes (*ratio, intellectus*) und Willens (*voluntas*) ausübt. Bloße Reflexbewegungen dagegen oder unwillkürliches bzw. geistesabwesendes Tun sind zwar Tätigkeiten des Menschen (*actus hominis*), aber nicht Tätigkeiten des Menschen als Menschen (*actus humani*).

In jedem genuin menschlichen Akt ist der Wille auf ein vom Verstand erfaßtes Ziel ausgerichtet. Das Erfassen und das Wollen eines Ziels sind innere Akte. In jeder menschlichen Handlung sind demnach innere Akte im Spiel. Aber die inneren Akte müssen sich nicht in äußerem Tun manifestieren. Man kann einen einmal gefaßten Entschluß revidieren, ohne ihn ausgeführt zu haben; die äußeren Umstände können die Verwirklichung einer Absicht verhindern; das Bereuen einer Tat muß sich nicht nach außen bekunden.

Innere Akte kann der Mensch, bei entsprechender mentaler Gesundheit und Ausbildung, unmittelbar vollziehen; er ist ihrer mächtig. Äußere menschliche Akte (wie das vernehmliche Sprechen oder das willentliche Heben eines Arms) können wir nur vollziehen mittels physischer Kräfte, die der Vorgabe und Anordnung des Geistes gehorchen müssen, aber nicht immer gehorchen. Vollständige menschliche Handlungen sind Einheiten, bestehend aus inneren und äußeren «Teilakten», in denen das äußere Verhalten einer inneren Weisung folgt (*imperium et actus imperatus sunt unus actus hominis, sicut quoddam totum est unum, sed est secundum partes multa,* S. theol. I-II, qu. 18 a. 4 co.).

4.3.2 Thomas entwickelt seine Theorie des Willens wie Aristoteles ausgehend vom Begriff freiwilligen und unfreiwilligen Tuns. Freiwillig (*voluntarium*) nennen wir das Tun eines Sinnenwesens, wenn das Prinzip (der Bewegung) im Tätigen selbst liegt und das Tätige sich des Ziels und der Umstände des Tuns bewußt ist. Wir sprechen von (höheren) Tieren ebenso wie von Menschen, daß sie etwas freiwillig oder unfreiwillig tun. Aber wir sprechen hier von unterschiedlichen Arten von Freiwilligkeit. Worin der Unterschied genau besteht, macht Thomas in einem markanten (und gegenüber Aristoteles systematisch weiterführenden) Passus deutlich:

«Zum Begriff des Freiwilligen ist erfordert, daß das Prinzip des Aktes im Tätigen liegt, verbunden mit einer Erkenntnis des Ziels. Es gibt aber eine zweifache Erkenntnis des Ziels: eine vollkommene und eine unvollkommene. Vollkommen aber ist eine Erkenntnis des Ziels, wenn nicht nur die Sache erfaßt wird, die das Ziel ausmacht, sondern wenn auch der Begriff des Ziels erkannt wird und das Verhältnis dessen, was zum Ziel hingeordnet wird. Und eine derartige Erkenntnis des Ziels kommt nur einem rationalen Wesen zu. Unvollkommen aber ist eine Erkenntnis des Ziels, die nur in der Erfassung des Ziels (*sola apprehensio*) besteht, ohne dies, daß der Begriff des Ziels (*ratio finis*) erkannt wird und das Verhältnis der Handlung zum Ziel (*proportio actus ad finem*). Und eine derartige Erkenntnis des Ziels findet sich auch bei Tieren (*animalia bruta*), nämlich durch die Sinne und die natürliche Schätzungskraft (*per sensum et aestimationem naturalem*). Der Vollkommenheit der Erkenntnis folgt also das Freiwillige im vollkommenen Sinn des Wortes: je nachdem, ob jemand, wenn das Ziel erfaßt ist, sich auf das Ziel zubewegen kann oder nicht, indem er über das Ziel und die zum Ziel führenden Dinge Überlegungen anstellt. Der unvollkommenen Erkenntnis des Ziels folgt das Freiwillige im unvollkommenen Sinn des Wortes: je nachdem, ob ein Wesen beim Erfassen des Ziels nicht überlegt, sondern sich sofort auf das Ziel zubewegt» (S. theol. I-II, qu. 6 a. 2 co.).

4.3.3 Im zitierten Passus ist von den Akten (praktischer) Überlegung und Entscheidung die Rede. Im ganzen unterscheidet und behandelt Thomas sieben verschiedene Akte, mit denen der Wille sich auf das Ziel oder auf die zum Ziel führenden Dinge bezieht.

Der Wille als Potenz hat zum Objekt den Begriff des Guten (S. theol. I-II, qu. 8 a. 2 co.). Damit ist gemeint: Der Wille als durch den Verstand geleitete Fähigkeit, auf etwas aus zu sein, hat zum Bereich dessen, was er wollen kann, all das, was das verstandesmäßig erfaßte Merkmal des Gutseins aufweist. Der Verstand kann dabei richtigliegen oder sich irren; es geht um das von ihm *vermeinte* Gutsein von etwas. Akte des Willens sind also auf Objekte unter dem gedanklichen Aspekt ihres Gutseins gerichtet.

Thomas nennt nun das schlichte Wollen von (tatsächlich oder vermeintlich) zielhaft Gutem einen einfachen Willensakt (*simplex actus voluntatis*, ebd.). Der Gegenbegriff wäre ein komplexer Willensakt: Man will etwas auch oder nur im Blick auf etwas anderes, das man als Ziel will. Solches Wollen ist nur über komplexe Sätze möglich. Zu unterscheiden ist schließlich, ob das Wollen auf etwas noch nicht Erreichtes bzw. noch nicht Realisiertes auslangt oder ob es das Erreichte und Realisierte besitzend genießt. Entsprechend macht Thomas drei Arten von Akten namhaft, in denen der Wille sich auf das Ziel bezieht:

«Das Vorhaben ist ein Willensakt im Blick auf ein Ziel. Doch der Wille blickt auf das Ziel in dreifacher Weise. Einmal absolut: und so wird er *voluntas* genannt (sc. im engeren Sinn des einfachen Willensakts, M. F.), wie wir etwa Gesundheit oder anderes derartiges einfachhin wollen. Auf andere Weise wird das Ziel betrachtet, wenn der Wille in ihm ausruht; auf diese Weise betrachtet das Genießen (*fruitio*) das Ziel. Auf eine dritte Art wird das Ziel betrachtet, insofern es der Endpunkt ist von etwas, das auf es hingeordnet wird, und auf diese Weise betrachtet die Absicht (*intentio*) das Ziel. Denn man sagt von uns nicht nur deshalb, wir würden Gesundheit intendieren, weil wir sie (einfach) wollen; sondern im Blick darauf, daß wir zu ihr durch etwas anderes gelangen wollen» (S. theol. I-II, qu. 12 a.1 ad 4.).

In einem einfachen Willensakt wird ein (tatsächlich oder vermeintlich) zielhaft Gutes einfach gewollt. Von der Absicht als einem Akt des Willens sprechen wir, wenn jemand ein Ziel im Bewußtsein und auf dem Weg erforderlicher Mittel (und Mittelhandlungen) will und verfolgt. Absichten werden erzeugt durch das einfache Wollen eines Ziels und die Überlegung, wie dieses Ziel zu erreichen ist. Dabei kann jemand bereits die Absicht haben, etwas zu tun, wenn die Überlegung die Mittel und Wege zur Erreichung des Ziels noch nicht vollständig bestimmt hat (vgl. S. theol. I-II, qu. 12 a. 4 ad 3). Nur grundsätzlich impliziert eine Absicht nicht nur das einfache Wollen eines Ziels, sondern auch das Bewußtsein und das Wollen der notwendigen und geeigneten Mittel zu dessen Realisierung.

Mit dem Genuß (der *fruitio*) als Akt des Willens bringt Thomas einen augustinischen Gedanken ins Spiel. «Genießen heißt, in Liebe einer Sache ihrer selbst wegen anhängen», so hatte Augustinus in *De doctrina christiana* (I, c. 4 n. 41, Migne PL 34, 20) geschrieben (vgl. S. theol. I-II, qu. 11 a. 1 sed contra), und in *De trinitate* (X, c. 10 n. 13; c. 11 n. 17, Migne PL 42, 981; 982) diesen Genuß der Liebe (im Unterschied zu passiv-sinnlichem Genuß) explizit dem Willen zugeordnet (vgl. S. theol. I-II, qu. 11 a. 3 obi. 3). Jeder, der etwas als zielhaft Gutes will und liebt, hat Freude an diesem Guten, wenn er es erreicht und besitzt, und er hat Freude, wenn er seinen Besitz in Gedanken vorwegnimmt. Die Freude des Besitzes ist (wenn es sich denn um ein veritables Gut handelt) größer und vollkommener als die Vorfreude; doch die Vorfreude ermöglicht es, das Wollen von etwas auch unter Schwierigkeiten und Schmerzen durchzuhalten. Und man genießt ein Ziel um so mehr, je besser es einem zu sein scheint. Der Genuß, die Freude, ist eine Form des zur Ruhe gekommenen Willens. Zum vollkommenen Genuß vollkommener Ruhe aber gelangt (nach Thomas) der menschliche Wille erst im Anblick und Genuß Gottes (in der *visio beatifica*) (vgl. S. theol. I-II, qu. 11 a. 3 u. 4 co.).

4.3.4 Das vollkommen Freiwillige, so haben wir gesehen, schließt eine Wahl des Ziels ein. Doch Thomas ordnet (mit Aristoteles) die Wahl (*electio*) als Akt des Willens der Sphäre der Mittel (*ta pros to telos*) zu. «Der Wille ist (ein Wille) des Ziels, die Wahl aber (eine Wahl) dessen, was zum Ziel führt» (S. theol. I-II, qu. 13 a. 3 sed contra, unter Berufung auf Aristoteles). Wie ist das zu verstehen? Von Wahl kann nur die Rede sein, wenn man über das Ziel und die zum Ziel führenden Dinge Überlegungen anstellt. Die Wahl als Akt des Willens folgt der praktischen Überlegung. Die praktische Überlegung erfolgt unter der Zielvorgabe eines einfachen Wollens. Sie erwägt vom Ziel her die notwendigen und möglichen Mittel und Handlungsschritte, die zum Ziel führen, bis sie zu jenen Schritten gelangt, die notwendig oder passend sind in einer Ursachenkette zum Ziel, die dem Handelnden am nächsten sind und die er sofort tun kann bzw. muß, um das Ziel zu erreichen (vgl. S. theol. I-II, qu. 14 a. 5 co.). Die Wahl bezieht sich also auf einen durch Überlegung zeitlich und sachlich geordneten Weg von (selbst zu leistenden) Schritten zum Ziel.

Artikel 3 nun der Quaestio 13 der Prima secundae widmet sich der Frage, ob die Wahl sich nur auf die Mittel oder aber gelegentlich auch auf das Ziel selbst bezieht. Thomas' Antwort ist aufschlußreich (und stellt wiederum gegenüber der aristotelischen Vorgabe eine Klärung dar):

> «(...) die *electio* folgt einer Meinung bzw. einem Urteil, das gewissermaßen die Conclusio eines praktischen Syllogismus ist; deshalb fällt jenes unter die Wahl, was sich wie der Schlußsatz in einem praktischen Syllogismus verhält;

das Ziel aber verhält sich in praktischen Dingen wie eine Prämisse und nicht wie eine Conclusio (...); deshalb fällt das Ziel, insofern es von dieser Art ist, nicht in den Bereich der Wahl. Aber wie im Spekulativen nichts dagegen spricht, daß das, was Prinzip ist des einen Arguments oder der einen Wissenschaft, Conclusio ist des anderen Arguments oder der anderen Wissenschaft; (und wie im Spekulativen) das oberste unbeweisbare Prinzip aber nicht Conclusio irgend eines Beweises oder einer beweisenden Wissenschaft sein kann; so kommt es auch vor, daß, was in der einen Tätigkeit als Ziel fungiert, in der anderen auf etwas anderes als seinem Ziel hingeordnet wird. Und auf diese Weise fällt es unter die *electio.* So verhält sich etwa in der Tätigkeit des Mediziners die Gesundheit als Ziel; sie fällt deshalb nicht unter das, was der Mediziner zu tun wählt, sondern er setzt sie in seinem Tun als Prinzip voraus. Aber die Gesundheit des Leibes ist auf das Wohl der Seele hingeordnet; deshalb kann es bei dem, der Sorge trägt über das Heil der Seele, Gegenstand der Wahl werden, gesund oder krank zu sein (...) Das letzte Ziel aber ist in keiner Weise Gegenstand der Wahl.»

Das letzte Ziel, das vollendet ist und den Willen des Menschen zu vollkommenem Genuß und vollendeter Ruhe kommen läßt, ist die beseligende Schau Gottes. Dieses Ziel ist in Thomas' Augen weder auf natürlichem Wege erkennbar noch mit natürlichen Mitteln erreichbar. Alles, was der Mensch in diesem Leben als Ziel erstreben und (unter günstigen Umständen) erreichen und genießen kann, hat den Charakter des Unvollkommenen und Mangelhaften an sich. Dieser Sachverhalt liefert Thomas den Grund dafür, daß der menschliche Wille in diesem Leben sich auf kein Ziel mit Notwendigkeit hinbewegt. Kein Ziel in der Welt, das irgendein menschliches Wesen mit seinen natürlichen Kräften denken und als realisierbar sich vorstellen kann, vermag seinen Willen mit Notwendigkeit zu bewegen, weil kein derartiges Ziel vollendet gut ist und der Mensch sich stets einem anderen Ziel zuneigen kann, von dem er meint, es habe gerade das zum Inhalt, was dem einen Ziel an Vollkommenheit fehlt:

«Würde dem Willen ein Objekt vorgestellt, das universal und in jeder Hinsicht gut wäre, dann würde er, wenn er denn etwas will, mit Notwendigkeit auf dieses Objekt hintendieren; denn er wird nicht das Gegenteil wollen können. Wenn er sich aber ein Objekt vorstellt, das nicht in jeder beliebigen Hinsicht gut ist, dann wird der Wille nicht mit Notwendigkeit zu diesem hinbewegt. Und da jeder Mangel an Gutem das Merkmal des Nicht-Guten an sich hat, deshalb ist nur jenes gut, das vollendet ist und dem nichts fehlt, von der Art, daß der Wille es nicht nichtwollen kann; und das ist die Glückseligkeit. Alle beliebigen anderen partikulären Güter aber können, insofern ihnen stets auch etwas, was gut ist, fehlt, in dieser Hinsicht als nicht-gut angesehen werden; sie können also vom Willen angenommen oder verschmäht werden, von einem Willen, der sich entsprechend den verschiedenen Hinsichten in die eine oder in die andere Richtung bewegen lassen kann» (S. theol. I-II, qu. 10 a. 2 co.).

Der Totalitätscharakter menschlichen Glücksverlangens hat zur Folge, daß kein endliches Gut menschliches Wollen zu determinieren vermag.

4.3.5 Die Wahl folgt der praktischen Überlegung (*consilium*), der prüfenden Sichtung und Abwägung der Handlungsschritte und Handlungsalternativen zur Verwirklichung eines Ziels. Die Überlegung ist Sache des diskursiven Verstandes, der die möglichen und notwendigen Ursachen durchläuft, die der Handelnde im Blick auf die Realisierung des Ziels ins Werk setzen kann oder muß. Gleichwohl ist in der praktischen Überlegung ganz wesentlich auch der Wille im Spiel. In ihr, so Thomas,

«erscheint etwas vom Willen als Materie, weil die praktische Überlegung sich ja auf das bezieht, was der Mensch tun will, und auch als Motiv, weil der Mensch ja aufgrund dessen, daß er das Ziel will, zur Überlegung über die Dinge bewegt wird, die zum Ziel führen» (S. theol. I-II, qu. 14 a. 1 ad 1).

Nun ist allerdings nicht jede vollständige menschliche Handlung von praktischer Überlegung geleitet. Sie geht nur dann einer Handlung voraus, wenn der Handelnde unsicher ist, was zu tun sei. Wo diesbezüglich keinerlei Zweifel bestehen, handelt man spontan. Dies ist der Fall bei Dingen, deren Gebotensein oder Verbotensein sich von selbst verstehen; dies ist der Fall in geringfügigen Dingen, wo es gleichgültig ist, ob man so oder anders handelt; dies ist aber auch der Fall in Dingen, in denen eine Wissenschaft oder Fachkunde die Schritte zur Lösung einer Aufgabe eindeutig festlegen.

Praktische Überlegung muß indessen nicht in eine Handlung münden. Im Bereich menschlichen Handelns gibt es viel Unsicherheit, weil Handlungen im kontingenten Einzelnen spielen und praktische Überlegung der Möglichkeit nach einfach deshalb endlos ist, weil unentwegt irgendwelche Probleme auftreten, die in praktisch prüfender Überlegung zu untersuchen sind (S. theol. I-II, qu. 14 a. 4 und a. 6).

Thomas meinte in der Quaestio 14 *De consilio* vier Aspekte, die sowohl theoretisch als auch praktisch von erheblicher Bedeutung sind: (a) Praktische Überlegung muß stets von einer einigermaßen klaren und akzeptierten Zielvorstellung ausgehen; sonst wird ins Unklare und Unverbindliche hinein, nicht aber *praktisch* überlegt. (b) Praktische Überlegung muß stets einiges als plausibel gewußt und gesichert voraussetzen. Wer alles problematisiert und diskutiert wissen möchte, suspendiert sich vom Bereich der Praxis mit ihren Selbstverständlichkeiten und ihrem Entscheidungsdruck. (c) Praktische Überlegung findet ihr Ende in Urteilen darüber, was wir sofort tun können und tun sollten. (d) Praktische Überlegung kann auch scheitern bzw. nicht zum Ziel führen. Im Bereich menschlichen Handelns können allemal Umstände gegeben sein, in denen ein einfaches Wollen zu revidieren ist oder Entscheidungen vertagt werden müssen, weil die Handlungsschritte und Handlungsalternativen in ihren Folgen im Blick auf das Ziel (und das Ziel unter anderen Zielen) derart unsicher sind, daß die Wahl erster Schritte nicht vertretbar ist.

4.3.6 Das Ergebnis einer praktischen Überlegung, mag sie auch syllogistisch strukturiert sein, ist kein apodiktischer Satz. Thomas spricht denn auch ganz bewußt vom Ergebnis als einer Meinung oder einem Urteil (*sententia vel iudicium*, S. theol. I-II qu. 13 a. 1 ad 2; vgl. qu. 13 a. 6 ad 2), das wir nach einer Abwägung der Gesichtspunkte fällen. Nun sind indessen das Fällen eines Urteils und der Vollzug des Urteils verschiedene Dinge: Damit, daß mein Verstand mir sagt, daß dieser und jener Schritt in geordneter Folge notwendig oder passend sind zur Realisierung meines Ziels, bin ich noch nicht entschlossen, diese Schritte zu tun. Hier bringt Thomas, stoischen Vorgaben folgend, den Willensakt der Zustimmung (*consensus*) ins Spiel. Was der Verstand mir sagt, das ich (als Mittel bzw. Beitrag zum Ziel) tun soll, muß der Wille eigens bejahen und sich aneignen. Thomas spricht von dieser Zustimmung als einem Akt der Anwendung (*applicatio*) der Willenskraft auf das als gut Befundene. Der Begriff der Anwendung einer Kraft auf etwas schließt ein, daß der

Anwendende Herr seiner Kraft ist, daß er über ihren Einsatz verfügt. Für Thomas ist der menschliche Wille unterhalb seines Verlangens nach Glückseligkeit (grundsätzlich) seiner selbst mächtig in bezug auf das, was er will; der Mensch kann und muß je selbst bestimmen, was er will; und dies gilt auch und vor allem dahingehend, daß man sehr wohl ein Ziel einfach wollen kann, ohne daß man damit eo ipso auch die zur Realisierung des Ziels erforderlichen und passenden und als solche selbst erkannten Schritte will, die man vollziehen könnte und müßte.

Was mit der Zustimmung als Akt der Anwendung der Willenskraft auf das als gut Befundene genau gemeint ist, verdeutlicht Thomas durch den Kontrast zu rein animalischem Streben:

«(...) *consensus* im eigentlichen Sinn findet sich nicht bei Tieren. Der Grund dafür ist der: Zustimmung bedeutet Anwendung der Strebebewegung auf etwas, was zu tun ist. Nur der aber kann die Strebebewegung auf etwas zu Tuendes anwenden, der die Strebebewegung in seiner Gewalt hat. So kann jemand mit einem Stab einen Stein berühren; doch den Stab zur Berührung des Steins *verwenden*, dies ist Sache nur dessen, der es in seiner Gewalt hat, den Stab zu bewegen. Tiere aber haben die Bewegung ihres Strebens nicht in der Gewalt, sondern eine derartige Bewegung erfolgt bei ihnen aus dem Instinkt der Natur. So erstrebt ein Tier etwas, aber es wendet nicht die Strebebewegung auf etwas an. Deshalb kann man von ihm auch nicht im eigentlichen Sinn sagen, daß es zustimme. Dies tut nur ein rationales Wesen, das die Strebebewegung in seiner Gewalt hat und sie anwenden kann oder nicht anwenden kann auf dieses oder auf etwas anderes» (S. theol. I-II, qu. 15 a. 2 co.).

Der Willensakt der Zustimmung ist im Spiel nur bei den Dingen, die zum Ziel führen (S. theol. I-II, qu. 15 a. 3). In der Ordnung des Handelns, so Thomas, steht an erster Stelle die Erfassung des Ziels, an zweiter das Verlangen nach dem Ziel, an dritter die Erwägung der Dinge, die zum Ziel führen, und an vierter das Wollen der Dinge, die zum Ziel führen. Nach dem Endziel tendiere unser Verlangen von Natur aus; deshalb erfülle hier die Strebebewegung auf das erfaßte Ziel hin nicht den Begriff der Zustimmung, sondern den des einfachen Wollens. Die Dinge aber, die dem Endziel nachgeordnet sind, fallen, soweit sie zum Ziel beitragen, sämtlich unter die praktische Überlegung (*sub consilio*); und somit könne es in bezug auf sie Zustimmung geben, insofern nämlich die Strebebewegung durch den

Akt der Zustimmung auf das ausgerichtet und angewendet wird, was aus der praktischen Erwägung sich als Urteil ergibt. So sei unter *consensus* im eigentlichen Sinn die Ausrichtung und Anwendung der Strebebewegung auf das durch praktische Überlegung Festgelegte zu verstehen. Da nicht Gegenstand praktischer Überlegung sei, *ob* wir glücklich sein wollen, sondern nur, *wie* wir zum Glück gelangen können, beziehe sich auch die Zustimmung als Anwendung der Strebebewegung auf ein Ziel nur auf nachgeordnete Ziele, d. h. auf solche, die nach unserer Meinung zur Realisierung des Endziels beitragen.

Man kann sich die Pointe des Gedankens des Aquinaten auch so verdeutlichen: Gegenstände praktischer Überlegung sind nur solche Gegenstände, zu denen wir in keinem Verhältnis unausweichlichen Erstrebens stehen. Denn praktische Überlegung im Vollsinn des Wortes setzt die Möglichkeit der Distanz zum Objekt voraus, die Möglichkeit einer hypothetischen Einstellung, einer Strebenssuspension bis auf weiteres. Nur der kann Zweck-Mittel-Ketten und Handlungsalternativen ernsthaft durchspielen, der weder auf das (dem Endziel nachgeordnete) Ziel noch auf eine zu diesem Ziel führende Handlungsalternative unausweichlich festgelegt ist, auch wenn eine praktische Überlegung stets vom einfachen, unproblematisierten Wollen eines Ziels ausgeht. In praktischer Überlegung steht der Gegenstand der Überlegung grundsätzlich zur Disposition. Deshalb ist hier auch ein eigener Akt der Zustimmung erforderlich, der das Ergebnis der praktischen Überlegung erst zum Objekt tatsächlichen Wollens macht. Thomas spricht mit seiner Theorie des *consensus* den Kern menschlicher Willensfreiheit an: Nur wer eigene Handlungsziele und Handlungsalternativen hypothetisch durchspielen kann, wer seine Zustimmung zu den sein eigenes Handeln leitenden (wertenden und vorschreibenden) Sätzen ernsthaft bis auf weiteres suspendieren kann, ist frei in dem ebenso klaren wie landläufigen Sinn, daß er anders wollen und handeln kann, als er tatsächlich will und handelt.

4.3.7 In einer vollständigen menschlichen Handlung sind Akte des Verstandes, des Willens und der dem Willen folgenden leiblich-seelischen Kräfte im Spiel. Was das Verhältnis von Verstand und Willen betrifft, so können sie sich gegenseitig in Rang und Wirkung überholen: Der Verstand kann Überlegungen über das Wollen anstellen;

der Wille seinerseits kann Überlegungen über den Verstand anstellen wollen. Gleichwohl ist für Thomas im menschlichen Handeln der Verstand die leitende Instanz. Die Handlung eines Menschen als eines leiblich-seelischen Wesens ist ein *actus imperatus.* Das *imperare,* das Anordnen und Weisung-Geben ist in seinem Wesen ein Akt des Verstandes. Denn der Gebietende ordnet den, dem er gebietet, daraufhin, etwas zu tun, indem er ihm durch Mitteilung oder Befehl etwas zu verstehen gibt. Und dieses zu tun ist etwas Sprachliches, ist Sache des Verstandes. Doch der Verstand für sich allein kann nichts bewegen. Das Erstbewegende unter den seelischen Kräften beim Vollzug einer Handlung ist der Wille. Der Verstand kann also den Menschen als leiblich-seelisches Subjekt des Tuns nur über den Willen zum Tun bewegen. Daraus folgt, «daß das Befehlen ein Akt des Verstandes ist, unter der Voraussetzung eines Akts des Willens (sc. der der Weisung des Verstandes zustimmt, M. F.), mit dessen Kraft der Verstand durch den Befehl zum Vollzug der Handlung bewegt» (S. theol. I-II, qu. 17 a. 1 co.).

Was immer also der Verstand durch seine Weisung in Bewegung versetzt, das tut er und kann er nur tun kraft des Willens als eines rationalen Strebevermögens (*appetitus rationalis*), das durch den Verstand seine Orientierung erhalten und sich und anderes zum Vollzug bestimmen kann. In einer vollständigen menschlichen Handlung ist der gebotene Akt (*actus imperatus*) demnach genau jenes, von dem das Subjekt meint, daß es getan werden muß, und das von ihm getan wird aufgrund eines Willensaktes, den das Subjekt im Blick auf diese Meinung vollzieht.

Nun sind unter den vom Verstand gebotenen und vom Willen vollzogenen menschlichen Akten natürlich prima facie körperliche Vollzüge gemeint. In ihnen werden Verstand und Wille über die Dienstbarkeit der sinnlichen Kräfte wirksam.

«(...) die Glieder des Leibes sind gewisse Werkzeuge seelischer Vermögen. Deshalb verhalten sie sich auch auf die gleiche Weise, auf die diese Vermögen sich im Gehorsam gegenüber dem Verstand verhalten. Da nun die sinnlichen Kräfte (*vires sensitivae*) dem Befehl des Verstandes untergeben sind, nicht aber die naturalen Kräfte (*vires naturales*) der Seele, sind auch alle Bewegungen der Glieder, die von sensitiven Kräften in Bewegung versetzt werden, der Anordnung der Vernunft unterworfen, nicht aber die Gliederbewegungen, die naturalen Kräften folgen» (S. theol. I-II, qu. 17 a. 9 co.).

Doch nicht nur körperliche Vollzüge haben als *actus imperati* zu gelten. Thomas macht in den Artikeln 5, 6 und 7 der Quaestio 17 klar, daß sowohl Akte des Intellekts als auch Akte des Willens als auch (in gewissen Grenzen) Akte des sinnlichen Begehrens befohlene Akte sein können. Klar ist, daß der Verstand dem Willen sagen kann, daß es gut (empfehlenswert oder geboten) ist, etwas zu wollen. Klar ist andererseits, daß der Wille allemal dem Verstand gebieten kann, bestimmte Akte zu vollziehen. Wer wüßte nicht, daß es (auch) eine Willenssache ist, sich der Lösung einer schwierigen mathematischen Frage oder dem Schreiben eines Buches zu widmen. Was nun nicht den Vollzug, sondern den Inhalt von Verstandesakten betrifft, so hängt das Erfassen der Wahrheit nicht vom Willen, sondern, wie Thomas sagt, von der Kraft eines natürlichen oder übernatürlichen Lichtes ab. In dieser Hinsicht ist der Akt des Verstandes nicht in unserer Hand und kann demnach auch nicht geboten werden. Ein anderer Akt des Verstandes aber ist der Akt der Zustimmung zu dem, was wir erfassen. Und hier gilt es zu unterscheiden: Es gibt Dinge, die der Verstand so erfaßt, daß er ihnen natürlicherweise zustimmt, Evidentes, wie die ersten Prinzipien der theoretischen und praktischen Vernunft. Hier ist die Zustimmung nicht in unserer Hand und kann deshalb auch nicht geboten werden. Es gibt andererseits Dinge, die den Verstand nicht auf diese «schlagende» Weise überzeugen, denen man zustimmen, die man ablehnen, in bezug auf die man die Zustimmung auch suspendieren kann. In diesen Fällen fällt die Zustimmung in den Bereich dessen, was der Verstand (sich selbst) und der Wille gebieten kann. So sind etwa Akte des Glaubens Akte des Verstandes (man hält daran fest, daß etwas wahr sei, was für sich genommen nicht einleuchtet), die vom Willen angeordnet sind (vgl. dazu unten Kap. 6.1).

Was schließlich die Akte des sinnlichen Begehrens betrifft, so ist die Möglichkeit der Herrschaft von Verstand und Willen über sie begrenzt. Auf der einen Seite sind die sinnlichen Kräfte des Menschen von seinen geistigen Kräften überformt und geprägt. Andererseits hängen alle sinnlichen Kräfte über die Organe von der naturalen Verfassung des Leibes ab. Die sinnlichen Kräfte haben deshalb ein gewisses Eigenleben, das sich der Kontrolle von Verstand und Willen entzieht.

«Es kommt manchmal vor», so schreibt Thomas (S. theol. I-II, qu. 17 a. 7 co.), «daß eine Bewegung des sinnlichen Begehrens plötzlich auf ein Erfassen der Einbildungskraft oder des Sinnes hin erregt wird. Und dann ist diese Bewegung außerhalb des Befehls des Verstandes, obgleich sie vom Verstand hätte verhindert werden können, wenn er sie vorausgesehen hätte.»

Dem Bereich der Befehlsmöglichkeit des Verstandes und des Willens gegenüber den sinnlichen Kräften entspricht die Verantwortung des Menschen für deren Bewegungen.

5. Die Sittlichkeit des Menschen

Thomas von Aquins Morallehre nach modernen Theoriemustern als Tugend- oder als Gesetzesethik, als Gesinnungs- oder Verantwortungsethik, als theonome oder als autonome, als philosophische oder theologische Ethik charakterisieren zu wollen, hat etwas Gewaltsames und Einseitiges und gelegentlich auch Ideologisches an sich.

Thomas selbst entnimmt der Sprache des Alten Testaments, der stoischen Philosophie und des römischen Rechts das Vokabular des Gesetzes zur Interpretation der Sittlichkeit des Menschen. Er entnimmt der Tradition der griechischen Philosophie die Vorstellung vom (höchsten Gut als) Lebensziel und von den Tugenden als festen (natürlichen bzw. «geschenkten» und erworbenen) Dispositionen, die den Menschen dazu befähigen und geneigt machen, dieses Ziel zu realisieren. Er entwickelt im Anschluß an Aristoteles und die facettenreiche Tradition griechisch-römischer Ethik jene Aspekte des Wissens, der Gesinnung, der Umstände, der Objekte und der Folgen des Tuns, die das Handeln eines Menschen zu einem guten oder einem schlechten machen. Er entnimmt den biblischen Schriften sowohl die Vorstellung des (neutestamentlichen) ehrfurchtsvoll liebenden Gottesgehorsams als auch die (alttestamentliche) Vorstellung des Menschen als Bild Gottes, die ihn zum Herrn seines Tuns macht. Er verbindet philosophische und religiöse Traditionen zur Vorstellung vom Gewissen als letzter, unvertretbarer Entscheidungsinstanz der Person bezüglich dessen, was sie zu tun und zu lassen hat. Und er weiß die philosophische und die theologische Seite seiner Ethik zu unterscheiden, ohne die beiden Seiten voneinander zu trennen:

Thomas hat, was wir seine Ethik nennen, in theologischen Werken entwickelt. Das gilt vor allem für die Prima und Secunda secundae der *Summa theologiae.* Das gilt, wenngleich in modifizierter Form, auch für das dritte Buch der *Summa contra Gentiles,* die nicht nur als ein philosophisches Werk anzusehen ist, sondern Offenbarungselemente und -argumente enthält und von einem theologischen Anliegen geleitet ist. Thomas weiß um die verschiedenen Rollen des Philosophen und des Theologen und sucht sie zu verbinden, ohne die Unterschiede zu verwischen. Im Zusammenhang der Bestimmung des Begriffs von Sünde (*peccatum*) und Laster (*vitium*) bemerkt er etwa, daß

> «die Theologen Sünde hauptsächlich unter dem Gesichtspunkt betrachten, daß sie eine Beleidigung Gottes ist, während der Moralphilosoph sie unter dem Gesichtspunkt betrachtet, daß sie der Vernunft widerspricht» (S. theol. I-II, qu. 71, a. 6 ad 5).

Thomas ist von der grundsätzlichen Harmonie zwischen christlicher Religion und philosophischer Wahrheit überzeugt. Für ihn ist die Offenbarung – und nur sie – in der Lage, die philosophische Erkenntnisbemühung zu einem befriedigenden Ende zu führen. Es ist deshalb ganz selbstverständlich, daß seine Erörterung der Tugenden im einzelnen mit einem Traktat über die genuin christlichen, die gnadenhaften, die «theologischen» Tugenden Glaube, Hoffnung und Liebe beginnt. Ohne sie ist für ihn das jenseitige Ziel nicht adäquat zu erkennen noch gar zu erreichen. Und es sind dies Tugenden, die vom philosophischen Begriff der Tugend in wesentlichen Punkten abweichen. Doch dies hindert nicht, daß Thomas auch und zunächst einen philosophischen Begriff des guten Handelns und der Tugend entwickelt, der keinerlei Stützen aus der Offenbarung entlehnt.

5.1 Das Gutsein und Schlechtsein des Handelns

5.1.1 Thomas entwickelt seine Theorie des Gutseins und Schlechtseins des Handelns zunächst ganz generell von seinem Seinsverständnis aus, demgemäß Sein und Gutsein in eins fällt und Schlechtsein in einem Mangel an Sein besteht. Gemeint ist damit, daß eine Handlung schlecht ist und wir eine Handlung als schlecht bezeichnen, wenn sie gewisse Mängel aufweist – etwa bezüglich des Objekts, der Zeit, des Ortes –, Mängel an positiven Bestimmtheiten, die ihr, der rechten Vernunft entsprechend, zukommen müssen, wenn wir sie als gut sollen bezeichnen können (S. theol. I-II, qu. 18 a. 1). Dabei sind unter Handlungen Akte des Menschen als Menschen (*actus humani*) zu verstehen.

Drei grundlegende Gesichtspunkte sind es, nach denen die sittliche Qualität solcher Akte zu bemessen ist: einmal das Objekt der Handlung, also das, *was* getan wird. Das Objekt gibt der Handlung die Form, macht sie zu dem, was sie ist und als was sie zu beschreiben ist (etwa ein Akt des Essens oder ein Akt des Tötens) (S. theol. I-II, qu.18 a. 2); zum zweiten die Umstände des Handelns, die wie Akzidentien zur substantialen Bestimmtheit des Aktes hinzukommen; es ist bezüglich des Gutseins oder Schlechtseins des Aktes ein Unterschied, wer etwas macht, wem gegenüber er es tut, an welchem Ort, bei welcher Gelegenheit (S. theol. I-II, qu. 18 a. 3); und schließlich das Verhältnis des Aktes zum Ziel. Handlungen als menschliche Akte stehen durch Vernunft und Willen in einer bestimmten (intentionalen und kausalen) Beziehung zu einzelnen Zielen und zum Endziel des Menschen; und die Beschaffenheit dieser Beziehung hat Relevanz für die sittliche Qualität des Aktes (S. theol. I-II, qu. 18 a. 7). Die Eigenart des Verhältnisses von Objekt des Aktes und Ziel des Aktes kann zu Problemen führen, genau zu bestimmen, um welche Art von Akt es sich handelt und wie der Akt zu bewerten ist, etwa, wenn jemand das Gut eines anderen an sich nimmt, um es an Arme zu verteilen.

5.1.2 Thomas kennt in jeder Hinsicht indifferente Akte, nämlich jene, deren Objekt gleichgültig ist (etwa sich den Bart streichen) und die der Mensch nicht *als Mensch* vollzieht (etwa bloße Reflexhandlungen). Er kennt indifferente Akte, die zwar der Sache nach nicht gleichgültig sind, die jedoch das Subjekt nicht zu verantworten hat. Und er kennt Akte, die hinsichtlich ihres Objekts abstrakt betrachtet wertneutral sind (etwa Spazierengehen), die jedoch durch ihre Situierung im Zielzusammenhang und Lebenskontext des Subjekts entweder als passend oder unpassend, als vereinbar oder unvereinbar mit der Erreichung seines höchsten Guts zu gelten haben (vgl. S. theol. I-II, qu. 18 a. 8 und 9). In concreto sind genuin menschliche Akte niemals indifferent, sondern über die gewählte Lebensform und die in ihrem Rahmen verfolgten Absichten Ausdruck der sittlichen Qualität der Person.

Eine Handlung als komplexe Einheit kann demnach positive, indifferente und negative Aspekte aufweisen; sie kann etwa dem Objekt nach gut und der Intention nach schlecht, dem Objekt nach neutral, der Intention nach gut, aber den Umständen nach schlecht sein etc. Wesentlich, so Thomas, ist dies: Eine Handlung als Ganze ist schlecht, wenn einer ihrer konstitutiven Faktoren schlecht ist, sie ist gut immer dann und nur dann, wenn alle guten und nur gute Faktoren zusammenspielen (*non tamen est actio bona simpliciter, nisi omnes bonitates concurrant: quia quilibet singularis defectus causat malum, bonum autem causatur ex integra causa, ut Dionysius dicit*, S. theol. I-II, qu. 18 a. 4 ad 3).

5.1.3 Thomas unterscheidet zwischen der Ordnung der Natur und der Ordnung der Vernunft. Die Qualität einer Handlung bemißt sich nach der Ordnung der Vernunft, die an die Ordnung der Natur zwar anknüpft, aber sie nach Gesichtspunkten einer vernünftigen menschlichen Lebensweise selbständig interpretiert, transformiert und überhöht. In der Natur ist jede Substanz einer natürlichen Art zugehörig und durch diese Zugehörigkeit in ihrem Wesen bestimmt. Akzidentien können eine Substanz nicht in ihrem Wesen verändern. Auch in der Ordnung der Vernunft bzw. der «sittlichen» Ordnung gibt es Arten von Handlungen und spezifische Differenzen, die die Arten voneinander abgrenzen. Doch in der Ordnung der Vernunft spielen die Umstände einerseits die Rolle von Akzidentien, können aber andererseits so gewichtig sein, daß sie die Art einer Handlung betreffen und die Artzugehörigkeit eines Tuns verändern. So kann etwa die Vernunft bestimmte Zeiten und Orte als Zeichen der Heiligung und des Gottesdienstes auszeichnen und einem Verhalten an diesen Orten und zu diesen Zeiten gegenüber dem gleichen Verhalten im nichtsakralen Bereich eine substanzverändernde Qualität zusprechen. So wird etwa aus einer Entwendung «heiliger» Gegenstände, aber auch aus einem ansonsten unschuldigen oder guten Spiel am «heiligen» Ort ein Sakrileg (vgl. S. theol. I-II, qu. 18 a. 10).

5.1.4 Thomas verwendet seine ontologische Grundbegrifflichkeit zur Analyse des Handelns und seiner sittlichen Qualität. Ein Akt ist dann ein menschlicher, wenn er willentlich (*voluntarium*) ist. Ein vollständiger menschlicher Akt besteht aus einem zweifachen Akt, einem äußeren (*actus exterior*) und einem inneren (*actus interior*). Jeder dieser Akte hat sein eigenes Objekt. Das Ziel (*finis*) ist im eigentlichen Sinn das Objekt des inneren Willensaktes. Das, was man «welthaft» (im Sinn einer intersubjektiv beobachtbaren, verstehbaren und kontrollierbaren äußeren menschlichen Lebenspraxis) tut, worum es sich im äußeren Akt handelt, ist dessen Objekt. Thomas betrachtet die äußere Handlung als Materie und die sie leitende Absicht (die *intentio* als *actus interior*) als Form. Und das heißt: Die innere Zielsetzung macht den vollständigen menschlichen Akt in der sittlichen Ordnung zu dem, was er ist (vgl. S. theol. I-II, qu. 18 a. 7 ad 2). Aber die «Materie», das also, woraus der Akt als raum-zeitliches, dem Verstand und den Sinnen zugängliches Phänomen besteht, muß eine für die Verwirklichung der Form geeignete Materie sein. «Und so wird die Art (*species*) eines menschlichen Aktes der Form nach im Blick auf das Ziel, der Materie nach aber gemäß dem Objekt des äußeren Aktes betrachtet» (S. theol. I-II, qu. 18 a. 6 co.).

Fehlt dem Tun die gute Absicht, dann ist das Tun als Ganzes schlecht. Ein material guter äußerer Akt, etwa das Almosengeben für Notleidende (in geeigneten Umständen), wird (an sich und für den Handelnden) zu einem schlechten, wenn der Spender mit seinem Tun ein schlechtes Ziel verfolgt; «(...) so sagt man, daß es schlecht sei, wenn man Almosen um des eitlen Ruhmes willen gibt» (S. theol. I-II, qu. 20 a. 1 co.).

Fehlt dem Tun die geeignete Materie, dann ist das Tun gleichfalls als Ganzes schlecht. Das, worum es im äußeren Akt geht, spezifiziert den äußeren Akt. Thomas kennt in dieser Hinsicht gute, schlechte und neutrale äußere Akte und entsprechend geeignete und ungeeignete Materie sittlichen Tuns. Schlecht in diesem Sinne ist ein Akt, der nicht zur natur- und vernunftgemäßen Lebensweise des Menschen als Menschen paßt. Da die Vernunft der Absicht die Umstände des Tuns berücksichtigen und einbeziehen muß, niemals aber eine ungeeignete Materie des Tuns neutralisieren bzw. umwerten kann, liegt es in der Konsequenz des thomasischen Verstehensmodells, daß es äußere Handlungsweisen (etwa das Töten eines Unschuldigen) in Rechnung stellt, die unter keinen Umständen durch eine noch so gute Absicht zu einer im Ganzen guten Handlung geformt werden können (vgl. S. theol. II-II, qu. 88, a. 2 obi. 2 und ad 2). Ja, eine Absicht, die sich in einer schlechten Materie bzw. über ein schlechtes «Mittel» realisieren möchte, ist ihrerseits keine gute Absicht mehr (vgl. S. theol. I-II, qu. 19 a. 2 ad 2).

Der Versuch, im Blick auf ihre (vermeinte) Wirkung für das Gut eines Ganzen (etwa das Wohl eines Volkes oder der Menschheit), eine materialiter schlechte Handlung bzw. Handlungsweise zu rechtfertigen, ist eine Form der Anmaßung einer Verantwortung, die dem Menschen nicht entspricht. Andererseits können die Umstände einer Handlung so sein, daß keine der der «Materie» nach guten Handlungsweisen die generelle Gewähr bietet, in dieser Situation das materialiter Geeignete und Richtige zu sein. Um es plakativ zu sagen: Auch für den Minderbruder Thomas ist Beten, Almosengeben und Predigen keineswegs in allen Lebenslagen das Gute und vernünftigerweise zu tun Gebotene.

5.1.5 Ein Akt des Willens ist gut oder schlecht entsprechend dem jeweiligen Objekt des Willens. Was jemand will, wird ihm durch seine Vernunft vorgestellt. Ist das durch die Vernunft Vorgestellte und vom Subjekt Gewollte «in der Ordnung der Vernunft», dann ist der Akt des Willens gut (vgl. S. theol. I-II, qu. 19 a. 1). Das Gutsein des Willens hängt also über das richtige Objekt sowohl an der Vernunft als auch am Willen. Die menschliche Vernunft gibt dem menschlichen Willen die Maßstäbe des Guten und Schlechten vor. Ihr oberster Maßstab ist das natürliche Gesetz (*lex naturalis*), das sich in der Vernunft des Menschen bekundet und das Thomas als die Art der Präsenz des ewigen Gesetzes und der göttlichen Vernunft im Menschen versteht (vgl. S. theol. I-II, qu. 19 a. 4). Darüber wird im Rahmen der Theorie des Gewissens (Kap. 5.3) und des Gesetzes (Kap. 5.4) ausführlicher zu sprechen sein.

Nicht im Wissen um die obersten Normen der Sittlichkeit, wohl aber in der Anwendung des Wissens und der Kenntnisse im Blick darauf, was in der eigenen Handlungssituation zu tun das Richtige ist, kann die Vernunft eines Menschen schuldlos irren. Ein Wille, der sich nach dem richtet, was seine derart irrende Vernunft zu tun für richtig hält, ist gut; er wäre schlecht, würde er sich nicht an dem orientieren, was die Vernunft zu tun ihm anweist, und gerade dadurch zufälligerweise das objektiv Richtige treffen. Jeder Wille, der von der Vernunft abweicht, sei dies eine rechte oder eine irrige Vernunft, ist schlecht (S. theol. I-II, qu. 19 a. 5 co.). Im Rahmen der Normalsinnigkeit ist ein schuldloser Irrtum im sittlich Grundsätzlichen nicht möglich; ein von falschen sittlichen Grundsätzen geleiteter Wille ist schlecht, genauso wie ein Wille, der von den richtigen Grundsätzen geleitet ist, aber über selbstverschuldete Unwissenheit in der Anwendung seiner Kenntnisse auf die Handlungssituation das Falsche will.

5.1.6 Ein menschlicher Wille ist gut, wenn das, was er will, der (vernünftigen Lebensweise der) menschlichen Natur entspricht. Ein menschlicher Wille ist gut, wenn sein Wille dem Willen Gottes entspricht. Was im Handeln der menschlichen Natur entspricht, ist vielschichtig und vom Status abhängig, den ein Mensch im Rahmen einer menschlichen Lebensgemeinschaft einnimmt. Thomas denkt das Naturgemäße und damit Vernünftige für den Menschen in konzentrischen Kreisen geordnet. Was das Naturgemäße und Vernünftige aus der Perspektive des einen Lebens- und Verantwortungskreises ist, muß es nicht auch aus der Perspektive des anderen Kreises sein. Für eine Mutter und Ehefrau ist es natürlich und vernünftig, sich um das Leben ihres Sohnes und ihres Mannes zu sorgen. Für einen Richter ist es natürlich und vernünftig, den Rechtsfrieden und die Gerechtigkeit in der politischen Gemeinschaft gewahrt wissen zu wollen. Ein Richter, so Thomas, hat einen guten Willen, wenn er, unter den gegebenen Umständen, die Tötung eines Verbrechers will, weil dies gerecht ist. Eine Ehefrau, so Thomas, hat einen guten Willen, wenn sie die Tötung dieses Verbrechers, der ihr Mann oder ihr Sohn ist, nicht will, weil dies, die Tötung eines Menschen, der Natur entsprechend etwas Schlechtes ist (vgl. S. theol. I-II, qu. 19 a. 10 co.). Es kann also etwas in begrenzter Vernunftperspektive (*secundum rationem particularem*) gut sein, was in umfassenderer Vernunftperspektive (*secundum rationem universalem*) nicht gut ist, und umgekehrt. So gesehen kann auch ein Wille gut sein, der etwas in besonderer menschlicher Vernunftperspektive will, was Gott in universaler Vernunftperspektive nicht will. Dies ist allerdings nur möglich unter der Voraussetzung, daß das, *was* jemand in begrenzter Perspektive als das ihm Naturgemäße will, dieses (auch und vor allem) *um willen des Endzieles* will, das Gott ist und Gott will. Thomas drückt diese Bedingung so aus, daß in einem guten menschlichen Willen das eingeschränkte Gut das in materialer Hinsicht Gewollte, das umfassende göttliche Gut aber das in formaler Hinsicht Gewollte ist (ebd.).

Diese Verhältnisbestimmung des Gutseins des menschlichen Willens in seiner Ausrichtung auf den göttlichen Willen ist von eminenter Tragweite. Sie richtet das Gutsein des menschlichen Willens materialiter ausschließlich an dem aus, was dem Menschen naturgemäß ist; sie verurteilt damit alle Inanspruchnahme einer göttlichen Perspektive in dem, *was* es für den Menschen in dieser Welt zu wollen und zu tun gilt, als Ausdruck einer puren Anmaßung. Der Mensch kann in dieser Welt nichts Besseres tun, um sich dem Willen Gottes anzugleichen, als das seiner eigenen Natur Gemäße zu wollen und zu tun, weil diese seine Natur gottgewollt ist. Wenn etwa Mütter glauben, sich selbst oder ihre Männer oder Töchter oder Söhne einem «heiligen», vermeintlich um der Sache Gottes willen geführten Krieg opfern zu sollen, so ist eine derartige Vernunft und ein derartiger Wille für Thomas schlicht unmenschlich und pervers.

5.1.7 Was das Gutsein des äußeren Aktes betrifft, so beruht es, von der Vernunft bestimmt, auf der rechten Materie und den adäquaten Umständen sowie, von der Zielausrichtung her gesehen, auf dem Gutsein des inneren Willensaktes (vgl. S. theol. I-II, qu. 20 a. 1). Im Gutsein eines vollständigen menschlichen Aktes bedingen sich das äußere und innere Gutsein wechselseitig. Im vollständigen menschlichen Akt kommt die innere Absicht im Vollzug des äußeren Aktes zur Vollendung. Deshalb ist auch nur der menschliche Wille vollkommen, der, wenn die Gelegenheit gegeben ist, seine gute Absicht auch im äußeren Akt realisiert. Andererseits – und hier folgt Thomas mehr der stoischen und neutestamentlichen Gedankenlinie als der aristotelischen – bleibt die sittliche Qualität eines Aktes davon unberührt, wenn es allein aufgrund der vom Handelnden unabhängigen äußeren Umstände nicht dazu kommt, daß der Handelnde seine feste Absicht (auch) im äußeren Akt vollzieht (vgl. S. theol. I-II qu. 20 a. 4).

Ein wichtiger Punkt ist durch die Frage angesprochen, ob das einem Akt nachfolgende Ergebnis (*eventus sequens*) irgend etwas zum Gutsein oder Schlechtsein eines äußeren Aktes hinzufügt (S. theol. I-II, qu. 20 a. 5). Was ist, wenn jemand das Almosen, das er erhalten hat, zu einer Untat mißbraucht? Fällt dann auf die Tat des Gebers ein Schatten? Was ist, wenn jemand zugefügtes Unrecht mit Geduld erträgt? Ist dann die Tat des Untäters in irgendeiner Weise weniger strafwürdig? Thomas unterscheidet dahingehend, ob das Ergebnis vom Täter de facto im voraus mitbedacht war oder nicht (*praecogitatus aut non*), ebenso dahingehend, ob sich das nachfolgende Ergebnis «aus der Natur der Handlung und in den meisten Fällen» oder aber «nur zufälligerweise und in seltenen Fällen» ergibt. Ist das nachfolgende Ergebnis im voraus mitbedacht, so affiziert es natürlich die sittliche Qualität des äußeren Aktes. Ist es zwar nicht mitbedacht, aber mit der Natur des Aktes und seiner üblichen Umstände in der Regel verbunden, dann erhöht die Qualität des nachfolgenden Ergebnisses im Guten wie im Schlechten die Qualität des Aktes, «denn es ist offenkundig, daß ein Akt seiner Art nach besser ist, aus dem mehr Gutes folgen kann, und schlechter, aus dem naturgemäß mehr Übel folgen». (ebd.)

Thomas ist nach allem bisher Gesagten offensichtlich kein Konsequentialist; aber er ist der hochplausiblen Ansicht, daß die sittliche Qualität einer Handlungsweise auch an ihren erwartbaren Folgen hängt.

5.2 Die Tugend des Menschen

Thomas folgt in seiner Tugendlehre in wesentlichen Punkten Aristoteles. Gleichwohl ist sie in einen christlichen Ordnungsrahmen der Gottes- und Nächstenliebe und der Gnadenlehre eingespannt, der das aristotelische Konzept in seinem Kern berührt. Unter Tugend im weiten Sinn versteht Thomas eine bestimmte Vollendung einer Potenz, die die Aktualisierung (die Leistung, das Werk, den Akt) der Potenz gut macht. Die Rede von Tugend im engeren, den Menschen als Menschen betreffenden Sinn möchte Thomas auf die genuin menschlichen Fähigkeiten (die *potentiae rationales*) bezogen wissen. Die genuin menschlichen Fähigkeiten (des Verstandes und Willens) sind im Unterschied zu den naturalen nicht auf Eines festgelegt, sondern sind Vermögen zu Vielem und «Vermögen zu Gegenteiligem». Ihre Ausrichtung und Festlegung auf die Aktualisierung von Bestimmtem erfolgt über das, was Thomas *habitus* (eine feste Disposition als Fähigkeit *und* Tendenz zum Tun von etwas) nennt. Dieser *habitus* wird auf der Basis naturaler Veranlagung und Einflüsse durch Lehre, Lernen, Übung und Gewöhnung schrittweise erworben. Hat er einen gewissen «Vollendungsstatus» im Positiven oder im Negativen erreicht, dann ist von Tugend (*virtus*) oder Laster (*vitium*) des Menschen die Rede. Tugenden des Menschen sind Habitus, die die Kräfte seines Erkennens und Wollens vervollkommnen und ihn zu (mehr oder weniger) vollkommenen Akten des Menschen als Menschen disponieren (vgl. S. theol. I-II, qu. 55 a. 1–4). Tugenden befähigen den Menschen dazu, bewußt, leicht und ohne Schwanken das Rechte zu treffen und zu tun. Sie geben dem Verhältnis der seelischen Kräfte und Tendenzen zueinander eine harmonische Ordnung und richten das Streben und Wirken des Menschen auf das Gute aus.

Tugenden haben, wie gesagt, eine naturale Basis. Gegenüber einer hypertrophen Gnadenlehre will Thomas den Aspekt der Eigenleistung des Menschen im Erwerb natürlicher Tugenden gewahrt wissen. Er geht von der aus Augustinischen Worten zusammengefügten mittelalterlichen Definition aus: «Tugend ist die gute Beschaffenheit des Geistes, durch die man richtig lebt, die niemand schlecht nutzt, die Gott in uns ohne uns wirkt» (*virtus est bona qualitas mentis, qua recte vivitur, qua nullus male utitur, quam Deus in nobis sine nobis operatur*). Dabei bezieht er explizit den letzten Teil nur auf die «eingegossenen» Tugenden des Glaubens, der Hoffnung und der Liebe (*virtutes infusae*), während die anderen als vom Menschen selbst erworben (*virtutes acquisitae*) zu gelten haben (S. theol. I-II, qu. 55 a. 4). Dem Vorwurf des Pelagianismus entgeht Thomas dadurch, daß er in den «eingegossenen» Tugenden die Vollendung der natürlichen sieht, die natürlichen Tugenden ihrerseits von den «eingegossenen» überformt.

Thomas entnimmt, was die erworbenen Tugenden betrifft, der platonischen Tradition das Schema der vier Kardinaltugenden (Weisheit/Klugheit, Tapferkeit, Mäßigkeit, Gerechtigkeit), und der aristotelischen Tradition die Gliederung in solche des Verstandes und des Charakters bzw. des Willens. Gegenüber der aristotelischen Zweiteilung verschiebt sich allerdings der Akzent. Alle Fähigkeiten und Habitus des Verstandes können (in diesem Leben) gut oder schlecht gebraucht und angewandt werden; Tugend im eigentlichen und schlichten Sinn (*virtus simpliciter*) ist der Habitus, der den Besitzer und sein Werk gut macht; und dies leistet nur der gute Wille. Als Träger (*subiectum*) der Tugend im eigentlichen Sinn muß deshalb nicht der Verstand, sondern der Wille angesehen werden, oder, wie etwa in der Tugend der Klugheit, der (praktische) Intellekt nur, insofern die Rechtheit des Willens vorausgesetzt ist oder, wie in der Tugend des Glaubens, der (spekulative) Intellekt nur, insofern er eine Hinordnung auf den Willen hat:

«(...) es kommt (...) vor, daß der Intellekt (wie auch andere Kräfte) vom Willen bewegt wird; es erwägt nämlich jemand etwas in der Tat, weil er es will. Und so kann der Intellekt deshalb, weil er eine Hinordnung auf den Willen hat, das Subjekt der Tugend im eigentlichen Sinn sein. Und auf diese Weise ist der spekulative Intellekt bzw. der Verstand der Träger des Glaubens; wird doch der Intellekt zur Zustimmung zu dem, was des Glaubens ist, durch den Befehl des Willens bewegt; niemand nämlich glaubt, der nicht glauben will. Der praktische Intellekt aber ist Subjekt der Klugheit. Da nämlich die Klugheit die rechte Vernunft in den Dingen ist, die man tun kann, ist zur Klugheit erforderlich, daß der Mensch sich gut verhält zu den Prinzipien dieser Vernunft in den Dingen, die es zu tun gilt (zu den Prinzipien nämlich), die die Ziele sind; und zu diesen verhält der Mensch sich gut durch die Rechtheit des Willens» (S. theol. I-II, qu. 56 a. 3 co.).

Thomas unterscheidet, wie erwähnt, den Willen als rationales Streben (*appetitus rationalis*) vom sinnlichen Streben (*appetitus sensitivus*). Sinnliches Streben gliedert er in muthaftes (*appetitus irascibilis*) und begehrendes Streben (*appetitus concupiscibilis*). Thomas fragt nun, ob nicht nur der Wille (und der Intellekt im genannten Sinn), sondern auch das sinnliche Strebevermögen als Träger (*subiectum*) von Tugend zu gelten habe. Hinter der Frage steht die Autorität Platons, der die Kardinaltugenden den von ihm in Ansatz gebrachten Seelenteilen zugeordnet hatte, wobei die Klugheit/Weisheit die Sache der Vernunft, die Tapferkeit die Tugend des Mutteils, die Mäßigkeit/Besonnenheit die Tugend des Begierdeteils und die Gerechtigkeit die interne Ordnung der Gesamtseele war. Thomas' Antwort geht dahin, daß von der Tugend des sinnlichen Strebens in der Tat gesprochen werden kann im Falle einer habituellen Konformität dieses Strebens mit rechter Vernunft. Sinnliches Streben fällt in den Verantwortungsbereich des Menschen nur, insofern es durch Vernunft kontrolliert werden kann, sei es, daß man seinen Impulsen zum Handeln widersteht, sei es, daß man der Disposition zu spontanen Regungen über willentliche Prozesse der Gewöhnung eine feste Form und bestimmte Richtung gibt. Von der Tugend sinnlichen Strebens ist also zu Recht dann die Rede, wenn dieses habituell der rechten Vernunft entspricht oder gehorcht (S. theol. I-II, qu. 56 a. 4).

Was die aristotelische Gliederung der Tugenden in solche des Verstandes und solche des Charakters betrifft, so gesteht Thomas den spekulativen Tüchtigkeiten des Intellekts (*intellectus*), der prinzipielle, aus sich selbst einsichtige Wahrheiten erfaßt, der Weisheit (*sapientia*), die die höchsten, die metaphysischen Ursachen erforscht, und der Wissenschaft (*scientia*), die sich auf das Höchste im einen oder anderen Bereich des begründet Wißbaren versteht, den Titel der Tugend zu, insofern sie zu guten Leistungen im Betrachten der Wahrheit befähigen. Doch er betont mit Nachdruck, daß mit ihnen nicht Tugend im eigentlichen Sinn verbunden ist, die bewirkt, daß man die geistige Fähigkeit oder den geistigen Besitz auch gut gebraucht.

Nur die Tugenden, die den Willen vollenden, die Liebe (*caritas*) oder die Gerechtigkeit (*iustitia*), disponieren uns dazu, die theoretischen Tüchtigkeiten ebenso wie die praktischen Fachkunden (*artes*) auch gut einzusetzen (vgl. S. theol. I-II, qu. 57 a. 1 u. 2). Dabei ist zu beachten, daß die eigentliche, die moralische Tugend (*virtus moralis*), zwar nicht die Weisheit des Metaphysikers ebensowenig wie die Tüchtigkeit einer bestimmten Wissenschaft, wohl aber die Tugenden des Intellekts und der Klugheit erfordert:

«Ohne Klugheit jedenfalls kann die moralische Tugend nicht sein, weil die moralische Tugend ein Habitus der Wahl ist, d. h. (uns) gut entscheiden macht. Dazu aber, daß die Entscheidung gut ist, sind zwei Dinge erforderlich. Erstens, daß die zielgerichtete Absicht gut ist; und dies geschieht durch die moralische Tugend, die die Kraft des Strebens auf das der Vernunft entsprechende Gute ausrichtet. Zum zweiten, daß der Mensch das richtig annimmt, was zum Ziel führt; und dies kann nicht sein ohne gut mit sich zu Rate gehende, urteilende und vorschreibende Vernunft, was zur Klugheit gehört (...) Und infolgedessen kann sie (sc. die moralische Tugend) auch nicht ohne Intellekt sein. Durch den Intellekt nämlich werden die natürlicherweise bekannten Prinzipien erkannt, sowohl die des Denkens wie die des Handelns. Und wie die rechte Vernunft im Theoretischen, wenn sie von natürlicherweise erkannten Prinzipien ausgeht, die Einsicht in die Prinzipien voraussetzt, so auch die Klugheit, die die rechte Vernunft im Handeln ist» (S. theol. I-II, qu. 58 a. 4 co.).

Die Klugheit bestimmt, was in der Welt zu tun richtig und sittlich gut ist. Hinsichtlich des Objekts kommt sie als Tugend des Verstandes mit den Tugenden des Charakters, den moralischen Tugenden überein. Diese haben eine doppelte, eine nach «innen» und eine nach «außen» gerichtete Funktion. Sie ordnen das Fühlen, Begehren und Streben ebenso wie das Handeln im Sinne des Wirkens in der

Welt. Die Tugend der Gerechtigkeit (*iustitia*) bezieht sich auf das Streben nach welthaften Gütern, die mit anderen teilbar sind und geteilt werden müssen. Sie disponiert dazu, dem Anderen zu geben, zuzugestehen und zu lassen, was man ihm zu geben, zuzugestehen und zu lassen schuldet. Gerechtigkeit ist konstitutiv für die Ordnung eines menschlichen Gemeinwesens, sowohl von seiten der Bürger und Untertanen in ihrem Verhältnis untereinander und zur Obrigkeit als auch von seiten der Leitenden, die die Sorge und Verantwortung für das Wohl des Ganzen tragen. Neben der Gerechtigkeit im allgemeinen Sinn, der Rechtschaffenheit (*iustitia generalis* bzw. *legalis*), die sich generell im rechten Verhalten zur politischen Gemeinschaft bekundet (vgl. S. theol. II-II, qu. 58 a. 6), kennt und bestimmt Thomas im Anschluß an Aristoteles besondere Formen der Gerechtigkeit, die sich auf den die äußeren Güter betreffenden Umgang mit einzelnen Personen beziehen: Er spricht einmal von kommutativer Gerechtigkeit (*iustitia commutativa*), die sich auf Verhältnisse bezieht, in denen die Menschen «ohne Ansehen der Person» zueinander in reziproken Beziehungen des Tausches, des gegenseitigen Gebens und Nehmens stehen. Hier herrscht vernünftigerweise das Prinzip der arithmetischen Gleichheit und der Äquivalenz von Gegebenem und Empfangenem (*secundum aequalitatem rei ad rem*). Er spricht zum anderen von Verteilungsgerechtigkeit (*iustitia distributiva*), «der» Tugend der Herrschenden, die nach dem Prinzip geometrischer oder besser personenbezogener Proportion (*secundum proportionem rerum ad personas*) die Güter, Aufgaben und Belastungen nach Gesichtspunkten der Würdigkeit, des Verdienstes, der Eignung, der Bedürftigkeit zuteilt (vgl. S. theol. II-II, qu. 61 a. 1 u. 2). Untergliederungen der Zuteilungsgerechtigkeit bzw. mit dieser Form von Gerechtigkeit engstens verbundene Spezialtugenden ergeben sich entsprechend dem Status der Person, zu der der Mensch in einem äußeren Verhältnis steht oder zu der er in ein äußeres Verhältnis tritt. So kennt und analysiert Thomas die Gerechtigkeitsdisposition der Frömmigkeit (*religio*) gegenüber Gott, die der Ehrfurcht (*pietas*) gegenüber den Eltern, die des Gehorsams und der Ehrerbietung (*observantia* und *oboedientia*) gegenüber Amtsträgern und Vorgesetzten, die der Dankbarkeit (*gratitudo*) gegenüber den Wohltätern und andere mehr.

Die Tugend der Tapferkeit (*fortitudo*) gibt den Regungen der Furcht und der Kühnheit das rechte Maß und läßt den Menschen jene Situationen auf rechte Weise bestehen, in denen er um sein Leben fürchten muß und den Tod vor Augen hat (vgl. S. theol. II-II, qu. 123). Die Tugend der Mäßigkeit bzw. Besonnenheit (*temperantia*) gibt jenen Regungen und Handlungen die vernunftgemäße Form, die vom sinnlichen Begehren motiviert sind, der Selbst- und Arterhaltung dienen und auf die Freuden des Tastsinnes, des Essens, des Trinkens und der Sexualität zielen (vgl. S. theol. I-II, qu. 141).

Nicht nach, sondern vor den klassischen Kardinaltugenden behandelt Thomas jene genuin christlichen Tugenden, die den Menschen so fühlen, streben und handeln machen, daß er das endgültige, das ewige Heil erlangt: Glaube, Hoffnung und Liebe (S. theol. II-II, qu. 1–46). Sie sind wesentlich geschenkhafter Natur, übersteigen grundsätzlich das, was der Mensch von sich aus durch Lehre, Lernen und tätige Einübung an Bildung und Selbstbildung seines Verstandes und Charakters zu leisten vermag. Sie erfordern aber zu ihrem Empfang die offene Bereitschaft zur Annahme und zu ihrer Erhaltung und Entfaltung die tätige Mitwirkung des Menschen. Im festen Fürwahrhalten des Glaubens nimmt unser Verstand in einer alle Zweifel überbietenden Gewißheit die Heilswahrheiten unserer endgültigen beseligenden Gemeinschaft mit Gott vorweg. In der Zuversicht der Hoffnung ist unser Wille in unerschütterlichem Vertrauen auf Gott und seine Zusage ewigen Heils ausgerichtet. In der Ruhe der Liebe weiß und fühlt man sich mit Gott bereits eins. Sie ist die Form der Freundschaft des Menschen mit Gott (*caritas amicitia quaedam est hominis ad Deum,* S. theol. II-II, qu. 23 a. 1 co.), die uns dazu disponiert, in allem, was wir denken, fühlen und tun, der Einstellung Gottes ähnlich das zu wollen und zu tun, was Gott will. Die Liebe richtet alle Akte des Menschen auf Gott als das Endziel aus. In der Liebe überformt Gott und die Gemeinschaft mit Gott als das Erstgeliebte und Letztgewollte alle Tugenden und Handlungen des Menschen; ja, sie gibt den Tugenden erst die den Menschen als Menschen auszeichnende Form. Und umgekehrt muß dementsprechend gelten: Ohne (Gottes-)Liebe gibt es keine wahre Tugend (*et sic nulla vera virtus potest esse sine caritate,* S. theol. II-II, qu. 23 a. 7 co.), wenn anders unter Tugend jener Habitus zu verstehen ist, der den Menschen zur Verwirklichung seines Endziels disponiert.

5.3 Die Theorie des Gewissens

Thomas von Aquin hat, wenn ich recht sehe, eine der klarsten und differenziertesten Theorien, wenn nicht überhaupt die nach wie vor plausibelste Theorie des Gewissens entwickelt. Entgegen landläufigen Auffassungen, nach denen Reformation und Aufklärung für die Entdeckung und begriffliche Fassung des Gewissens verantwortlich zeichnen, ist zu betonen, daß es das Hochmittelalter war, das sich mit diesem Phänomen am ausführlichsten und genauesten beschäftigt hat. Thomas' Theorie steht im Zusammenhang einer verzweigten Diskussion und hat sie in gewisser Weise zu einem Höhepunkt und Abschluß geführt.

5.3.1 Über das Gewissen im Mittelalter. Im hohen Mittelalter gibt es zahlreiche, differenzierte und philosophisch gewichtige Traktate über das Gewissen. Diese behandeln sämtlich unter den Titeln *Synderesis* und *Conscientia* zwei verschiedene Aspekte des Gewissens und sind entsprechend zweigeteilt.[3] Der Titel *Synderesis* hat seinen Ursprung in einer falschen Transkription von *syneidesis*, eines der hellenistischen und koine-griechischen Wörter für reflexives Wissen bzw. Gewissen. Die begriffliche Unterscheidung von *syneidesis/synderesis* und *conscientia* ist eigenartig, da der lateinische Ausdruck die wörtliche Übersetzung des griechischen darstellt.

Zu einem wichtigen Thema der hochmittelalterlichen Philosophie wird das Gewissen durch die vielfache Kommentierung einer Passage in Petrus Lombardus' *Libri IV Sententiarum*, nämlich Buch 2, distinctio 39, in der nicht explizit vom Gewissen, sondern vom Problem der Willensschwäche unter Prämissen der christlichen Sündenlehre die Rede ist. Eine für Petrus Lombardus im Zusammenhang dieses Themas wichtige Schriftstelle mit entsprechender Kommentartradition ist Paulus, Römer 7,15, wo es heißt: «Ich tue nicht, was ich will, sondern tue, was ich hasse». Paulus spricht hier von der Gespaltenheit des «fleischlichen», d. h. des unerlösten Menschen vor Christus und ohne Christus: Er erkennt und erstrebt sehr wohl das Gute; aber er kann es wegen des immer erfolgreichen Widerstandes der Sündenmacht nicht vollbringen (vgl. Kuss ²1963, 452 f.). Die entscheidende Frage des Petrus Lombardus zur Paulusstelle lautet: «Wie kann man dies verstehen: daß selbst der Mensch, der Knecht der Sünde ist, natürlicherweise das Gute will?» (*Quomodo intelligendum sit illud: Et homo etiam qui servus est peccati, naturaliter vult bonum?*, Migne, PL 192, 746). Eine für den Lombarden wichtige Autorität der Kommentartradition ist Hieronymus (* um 347, +419); er zitiert ihn mit dem Satz: «Der höhere Funken der Vernunft, wie Hieronymus sagt, konnte nicht einmal in Kain ausgelöscht werden; er will immer das Gute und haßt immer das Schlechte» (*Superior enim scintilla rationis, quae etiam, ut ait Hieronymus, in Cain non potuit extingui, bonum semper vult et malum semper odit*, ebd. 747).

Es ist dieser Satz, der die hochmittelalterliche Forschung und Diskussion um das Gewissen ausgelöst hat. Das Zitat war nicht genau; die Kommentatoren der Sentenzenbücher lasen beim Autor Hieronymus selbst nach. Und bei diesem ist wörtlich nicht vom höheren Funken der Vernunft, von der *superior scintilla rationis*, sondern von der *scintilla conscientiae*, vom Funken des Gewissens, die Rede.

Das Zitat steht bei Hieronymus im Zusammenhang einer allegorischen Interpretation der Ezechiel-Vision, die, vielleicht weil sie so schön und dunkel ist, schon in frühchristlicher Zeit die Aufmerksamkeit der Exegeten auf sich zog.

In der merkwürdigen Passage Ezechiel 1. 4– 16 heißt es, Ezechiel habe vier lebende Wesen aus einer feurigen Wolke heraustreten sehen. Jedes von ihnen hätte die Gestalt eines Menschen gehabt, sei aber mit vier Gesichtern ausgestattet gewesen: vorne mit dem eines Menschen, rechts mit dem eines Löwen, links mit dem eines Ochsen, und am Rücken mit dem eines Adlers.[4]

Hieronymus kommentiert diese Vision, indem er (allem Anschein nach zustimmend) eine gängige Deutung referiert, die in den vier Gesichtern die Struktur der menschlichen Seele dargestellt sieht. Die ersten drei (Ochse, Löwe, Mensch) entsprechen nach diesem Verständnis den drei Teilen des platonischen Seelenmodells; der Adler jedoch wird mit dem Gewissen identifiziert, das bei ihm, wie gesagt, als *scintilla conscientiae* auftritt. Sein Kommentar lautet:

«Die meisten beziehen, ebenso wie Platon, das Rationale der Seele, das Muthafte und das Begehrende, das jener λογικόν, θυμικόν und ἐπιθυμητικόν nennt, auf den Menschen, den Löwen und den Ochsen: sie setzen den Verstand und die Erwägung, den Geist und die Überlegung als ein und dieselbe Kraft und Weisheit in die Spitze des Gehirns; die Wildheit aber, den Zorn und die Gewaltsamkeit, die in der Galle ihren Sitz haben, in den Löwen; ferner das sinnliche Verlangen, die Genußsucht, das Begehren aller Gelüste in die Leber, und (beziehen) dies auf den Ochsen, der an der Bearbeitung der Erde hängt; und als viertes setzen sie etwas an, was über und außerhalb von diesen dreien situiert ist, was die Griechen συνείδησις (im Codex Hrabanus Maurus und anderen Codices steht, wohl aufgrund eines Abschreibfehlers, συντήρεσις, M. F.) nennen: diesen Funken des Gewissens, der nicht einmal im Herzen Kains verlöscht sei, nachdem er aus dem Paradies vertrieben war, und durch den wir erkennen, daß wir sündigen, wenn wir von Vergnügen oder Zorn überwältigt und bisweilen selbst durch einen Schein von Vernunft in die Irre geführt werden. Sie meinen, dies sei, streng genommen, der Adler, der mit den anderen drei sich nicht vermengt, sondern sie korrigiert, wenn sie in die Irre gehen, und den wir mitunter in der Schrift *spiritus* genannt lesen (...). Und doch haben wir den Eindruck, daß sogar dieses Gewissen bei manchen Menschen, die in ihren Vergehen weder Scham noch Scheu zeigen, stürzt und seine Stellung verliert (...).»[5]

Petrus Lombardus' Hinweis auf Hieronymus und dessen Auslegung der Ezechiel-Vision hinterließen den mittelalterlichen Kommentatoren drei offene Fragen. Zum einen stellte sich die Frage nach dem adäquaten Modell zur Beschreibung und Erklärung seelischer Phänomene: Einerseits besaß für sie das dreigliedrige platonische Seelenmodell ein hohes Maß an Plausibilität und Erklärungskraft, und auch der Lombarde sprach in seinem Hinweis auf Hieronymus nur von einer *superior scintilla rationis,* also einem Vermögen, das in irgendeiner Weise zur Vernunft gehört. Andererseits berief sich Hieronymus mit seiner These, das Gewissen sei ein viertes Vermögen, das nicht auf die anderen drei reduzierbar sei, summarisch auf sehr viele (*plerique*) christliche Autoritäten, die, wie er vermutlich meinte, der biblischen Lehre von der Sünde ausreichend Rechnung trugen.

Zum anderen stellte sich die Frage, ob das Gewissen ein Vermögen sei, dessen ein Sünder verlustig gehen könne. Die Auskunft des Hieronymus hierzu war rätselhaft, wenn nicht widersprüchlich. Zum einen erklärt er: Nicht einmal Kain habe aufgehört, ein Gewissen zu haben; und hier steht für «Gewissen» das seltsame griechische Wort *synderesis* bzw. *synteresis*. Zum anderen schließt er seine Ausführungen mit der Behauptung, daß bei sehr schlechten Menschen das Licht des Gewissens stürze (*praecipitari,* wohl im metaphorisch-politischen Sinne von: seiner Führungsfunktion verlustig gehen), und hier steht für «Gewissen» das lateinische Wort *conscientia.*

Ungelöst war schließlich die vom Lombarden im Anschluß an Augustinus[6] ebenfalls angesprochene Frage, ob im Menschen (nach dem Falle Adams) zwei Willensdispositionen und zwei Arten von Willensbewegungen – eine Anlage zum Guten und ein Hang zum Schlechten – in Rechnung zu stellen sind, oder ob man dem Phänomen seelischer Konflikte mit einem monistischen Willenskonzept gerecht werden kann.

Die weitere Diskussion kreiste um die Lösung dieser miteinander zusammenhängenden Fragen. Eine besondere Rolle spielte dabei der Versuch, das komplexe Phänomen des Gewissens mit einer bei Hieronymus vielleicht angedeuteten, vielleicht auch unbeabsichtigten Unterscheidung zwischen *synderesis* und *conscientia* aufzuschlüsseln.

5.3.2 Thomas' Theorie des Gewissens. Thomas nun interpretiert die Begriffe *synderesis* und *conscientia* einerseits über das aristotelische, zum Teil auch stoische Verständnis praktischer Vernunft. Er buchstabiert mit ihnen aus, was die auf das eigene Handeln bezogene praktische Vernunft ausmacht. Das Gewissen ist nichts anderes als ein Teil der praktischen Vernunft. Zugleich spannt er die so verstandene praktische Vernunft des Menschen in einen anthropologischen Rahmen, der der christlichen Sündenlehre verpflichtet ist und dem Hang des Menschen zum Schlechten Rechnung trägt. Beides scheint auch in unserer alltäglichen Rede vom Gewissen noch angesprochen zu sein.

Thomas befaßt sich in seinem Werk an drei Stellen thematisch und eingehend mit dem Gewissen: im frühen *Sentenzenkommentar*, Buch 2, distinctio 24 qu. 2 a. 3 und 4; in den *Quaestiones de veritate*, qu. 16 und 17, und in der späten *Summa Theologiae*, p. I qu. 79 a. 12 und 13. Die große Abhandlung über das Gesetz (*Summa Theologiae* I-II, qu. 90–108) ist der Sache nach zum Verständnis heranzuziehen.

Den längsten Traktat über das Gewissen finden wir in den *Quaestiones de veritate*; er behandelt so gut wie alle Fragen, die in der mittelalterlichen Diskussion zur Debatte standen. Der kürzeste Traktat steht in der *Summa theologiae*; er umfaßt nur zwei kleine Artikel einer Quaestio, die in 13 Artikeln von den Vermögen des menschlichen Verstandes (*de potentiis intellectivis*) handelt. Die *Summa theologiae* sollte in knappen, prägnanten Zügen das gesamte System der Theologie darstellen. Dies mag die Kürze der Abhandlung erklären. Doch da die Abhandlung der *Summa* am Ende des Schaffens des Thomas steht, sagt der Umstand, daß sie so kurz gerät, möglicherweise doch auch etwas darüber aus, welches Gewicht er zuletzt den verzweigten Fragen der langen und breiten Gewissensdebatte in seiner Zeit noch beizumessen bereit ist. Ich konzentriere mich daher auf den Traktat der *Summa*. Teil I, Quaestio 79, Artikel 12 behandelt die *synderesis*, Artikel 13 die *conscientia*:

Die Fragestellung des Artikels 12 ist deutlich zweigeteilt: zum einen in die Frage, wie das Gewissen hinsichtlich des Aspekts der *synderesis* vermögenstheoretisch zu verorten ist, zum anderen in die Frage, ob es sich beim Gewissen qua *synderesis* um eine Potenz, einen Habitus oder einen Akt handelt. Im Artikel 13 ist die erste Frage bereits beantwortet; er stellt in bezug auf die *conscientia* nur noch die zweite Frage.

Beginnen wir mit dem Artikel 12: Alle drei Einwände (*obiectiones*) sprechen hier, wenngleich mit unterschiedlicher Prägnanz, für den Gedanken, daß es sich bei der *synderesis* um ein bestimmtes seelisches Vermögen (eine *potentia*) handelt. Der erste Einwand beruft sich, dem Ursprung der christlichen Gewissensdiskussion folgend, auf die Ezechiel-Glosse des Hieronymus, in der dieser das platonische Seelenmodell erweitert und die *synderesis* gegen das konkupiszible, das iraszible und rationale Vermögen als eigenständiges und höheres Vermögen abgrenzt. Der zweite bezieht sich auf den Diskussionskontext der Erbsündelehre und verweist auf Augustinus, *De Trinitate* 12, cap. 12 und 13: Danach stehen sich im gefallenen Menschen ein Vermögen der Vernunft und das Vermögen sinnlichen Begehrens gegenüber, die *synderesis* mit ihrer Tendenz zum Guten, die Sinnlichkeit (sc. das unbeschränkte Verlangen nach irdischen Gütern) mit ihrer Neigung zum Schlechten.

In seiner großen Abhandlung über das Gesetz belehrt uns Thomas dann in einem eigenen Artikel (S. theol. I-II, qu. 91 a. 6 «über die *lex fomitis*») darüber, was es mit dieser Neigung des Menschen zum Schlechten genauer auf sich hat: Im ursprünglichen Zustand waren Vernunft und Sinnlichkeit in Harmonie, der Mensch strebte und lebte ganz selbstverständlich nach seiner Vernunft. Der gegenwärtige Impetus der Sinnlichkeit, ihre Ansprüche auch gegen die

Vernunft geltend zu machen und durchzusetzen, ist eine generelle und auf Dauer gestellte Strafe, die der Mensch sich durch den Sündenfall zugezogen hat; sie tut seiner Würde Abbruch, macht ihn in seinem Verhalten den Tieren ähnlich.

Der dritte Einwand, der am wenigsten prägnante, beruft sich zwar ebenfalls auf Augustinus (*De libero arbitrio* 2, 10), bringt aber auch stoisches Traditionsgut zum Sprechen: In unserem natürlichen Unterscheidungs- und Urteilsvermögen (*in naturali iudicatorio*) sind bestimmte Maßstäbe (*regulae*) und Keime (*semina*) der Tugenden vorhanden, die wahr und unveränderlich sind. Wir nennen sie *synderesis*; sie gehören zur Vernunft, ja, sie sind in gewisser Weise mit dieser identisch.

Alle drei Einwände sprechen für die These, bei der *synderesis* handle es sich um ein Vermögen, zwei Einwände sprechen dafür, daß es sich um ein Vermögen der Vernunft bzw. um das Vernunftvermögen selbst handelt.

Das «Sed contra-Argument», das Thomas' Lösung des Problems vorbereitet, nimmt die Autorität des Philosophen in Anspruch: Wenn das Gewissen, so Thomas, ein Vermögen wäre, müßte es ein Vernunftvermögen sein, da es bei Tieren nicht vorkommt und Vernunftvermögen das sind, was den Menschen vom Tier unterscheidet. Aber Vernunftvermögen sind nach Aristoteles Vermögen, die je nach Wunsch oder Entschluß zu gegenteiligen Ergebnissen führen können (vgl. Met. IX, 2, 1046 b 4–7), während die *synderesis* nur zum Guten geneigt macht.

Diesem Einwand folgt der Kernsatz der systematischen Antwort im *corpus* des Artikels: Die *synderesis* ist kein Vermögen, sondern ein Habitus eines Vermögens, d. h. ein bestimmter Zustand eines Vermögens, der im Sinn einer Verfassung oder festen Habe den Einsatz und die Ausübung des Vermögens auf bestimmte Weise disponiert. Doch welches Vermögen ist Träger der *synderesis*, um welche Art von Habitus handelt es sich? Thomas trägt in seiner Antwort sowohl jenen Rechnung, die die *synderesis* einem Vermögen zuordnen, das höher ist als die Vernunft, als auch jenen, die sie – wie im dritten Einwand angedeutet – in gewisser Weise mit der Vernunft identifizieren. Die entscheidende Rolle bei der Problemlösung spielt sein Verständnis des aristotelischen Konzepts menschlichen Wissens und Wissenserwerbs in theoretischer und praktischer Hinsicht.

Menschliches Erkennen wird über zwei charakteristische Tätigkeiten realisiert, durch das *intelligere* und das *ratiocinari. Intelligere* meint den intuitiven Zugang oder Vollzug, das unmittelbare Erfassen einer einsehbaren Wahrheit; Engel erkennen nach Thomas ausschließlich auf diese Weise. *Ratiocinari* meint das diskursive, das vermittelte Verfahren des Fortschreitens von einem Eingesehenen über ein anderes Eingesehenes hin zu einer abschließenden Einsicht; es kennzeichnet den Menschen als erkennendes Sinnenwesen (vgl. S. theol. I, qu. 79 a. 8 co.). Die Pointe dieser Unterscheidung besteht nun in dem Gedanken, daß im Menschen alles diskursive Denken von intuitiv Gewußtem seinen Ausgang nimmt, von ihm begleitet wird und in intuitiv Gewußtes mündet, insofern wir das auf diskursivem Weg Gefundene wieder im Blick auf intuitiv Erfaßtes beurteilen.

Menschliches Erkennen wird von Grundbegriffen und Grundsätzen geleitet, die nicht als Ergebnis von prozeßhafter Forschung und Untersuchung gewußt werden, sondern die schon verstanden und gewußt sein müssen, wenn überhaupt ein sinnvoller Prozeß des Erkennens, des Wissenserwerbs und der Wissensvermittlung in Gang kommen soll. Keine prozessuale Vernunfttätigkeit etwa ohne einen Begriff von Einheit und Vielheit, von Ganzem und Teil, von Grund und Folge, ohne ein implizites oder explizites Bewußtsein davon, daß ein und dasselbe in derselben Hinsicht nicht zugleich wahr und falsch sein kann. Thomas nennt solche Grundbegriffe und Grundsätze *naturaliter* bzw. *per se nota*, von Natur aus, durch sich selbst Bekanntes und Gewußtes, weder durch Erfahrung erworben oder Überlegung erzielt noch über göttliche Eingebung geschenkt, sondern eine apriorische Habe, die menschlicher Geist besitzt, wo immer ein solcher vorhanden und über Leistungen identifizierbar ist.

Und dies soll nun sowohl für die theoretische, lediglich auf Erkenntnis ausgerichtete als auch für die praktische, auf die Bestimmung und Begründung unseres Tuns gerichtete Vernunft gelten. Und der natürliche Habitus der Vernunft, der im theoretischen *intellectus principiorum*, Prinzipieneinsicht heißt, soll im praktischen mit dem Ausdruck *synderesis* angesprochen sein.

So ist all unser Erkennen grundgelegt durch die Unterscheidung von Sein und Nichtsein und das auf dieser Unterscheidung fußende Prinzip *quod non est simul affirmare et negare*, daß es nicht möglich ist, in ein und derselben Hinsicht etwas zu behaupten und zu negieren. Entsprechend ist all unser praktischer Vernunftbezug zu den Dingen geleitet von der Unterscheidung in gut und schlecht und von dem Bewußtsein und der Tendenz, daß es das Gute zu verfolgen, das Schlechte zu beseitigen, zu verhindern und zu vermeiden gilt; und dies noch vor aller Unterscheidung des Guten in Angenehmes, Nützliches und sittlich Erfreuliches (vgl. S. theol. I-II, qu. 94 a. 2 co.).

Es ist in der Thomas-Forschung umstritten, ob die *synderesis* sich auf diesen Grundsatz (sc. «Das Gute ist zu tun, das Schlechte zu meiden») beschränkt und damit nur formal den Horizont praktischer Vernunft eröffnet oder ob sie auch inhaltliche Orientierungen enthält. Mir scheint, daß sich dieser Streit eindeutig lösen läßt. Thomas spricht vom menschlichen Prinzipienwissen als einer naturgegebenen Pflanzstätte (*seminarium*) bzw. einem naturgegebenen Habitus im Sinn einer Erkenntnis, die dispositional zum Gebrauch bereit liegt, die aber nur im Zusammenspiel mit sinnlicher Wahrnehmung und Empfindung, wenn auch intuitiv und nicht diskursiv, zu aktualer Erkenntnis wird (vgl. De verit. qu. 16 a. 1). Was die Aktualisierung von Erkenntnissen der *synderesis* betrifft, so ist die Sinnlichkeit hier über die Wahrnehmungen und die sog. natürlichen Neigungen (*inclinationes naturales*) vertreten.

Thomas verarbeitet mit seiner Lehre von den natürlichen Neigungen aristotelisches (vgl. Bormann 1999, 236ff.) und stoisches, insbesondere aber stoisches Gedankengut.[7] Der Mensch entsteht nach dieser Lehre wie jedes Lebewesen mit einer naturhaften Hinneigung zu seinen artspezifischen Zielen und den diesen Zielen angemessenen Funktionen und Tätigkeiten. Er wird im Lauf seiner Entwicklung schrittweise seiner natürlichen Bestrebungen und ihrer Ziele inne und identifiziert sich schrittweise von selbst mit ihnen und ihrer natürlichen Ordnung. Für den Menschen ist kennzeichnend, daß er aufgrund seiner Natur neben seinen animalischen Tendenzen der Selbst- und Arterhaltung eine Tendenz zu sprachlich vermittelter Gemeinschaft und eine besondere Form von Neugier, eine natürliche Neigung zur Erkenntnis der Welt in ihrer Vielfalt und Einheit (aus ihrem Grund), entwickelt.

In diesen natürlichen Neigungen manifestiert sich für Thomas wie für die Stoa die vernünftige Ordnung der Natur. Die Ziele der natürlichen Neigungen geben dem Menschen den Rahmen für den

Inhalt des praktischen Naturgesetzes (der *lex naturalis*) vor. Denn die Vernunft des Menschen erfaßt diese Ziele, wenn die Neigungen einmal erwacht und entwickelt sind, natürlich (*naturaliter*), d. h. ohne besondere Bildungsvoraussetzungen und Überlegungen, unmittelbar, intuitiv (*subito*), ohne Forschen und Fortschreiten von einem zum anderen, als etwas ihm Zugehöriges und Gutes, für das es zu sorgen, das es handelnd zu realisieren, das es zu schützen, zu pflegen, zu vervollkommnen gilt (vgl. S. theol. I-II, qu. 94 a. 2 co.): das eigene Leben, die eigene Nachkommenschaft, die näheren und entfernteren Angehörigen bis hin zur gesamten Menschheit, die Lebensgemeinschaft in ihrer sittlichen, rechtlichen, politischen, religiösen Dimension, die Welterkenntnis einschließlich der Gotteserkenntnis.

Damit ist klar, daß für Thomas das aktualisierte Wissen der *synderesis* die obersten materialen Prinzipien des natürlichen praktischen Gesetzes enthält.

Dies wird denn auch in der *synderesis*-Darstellung von *De veritate* explizit gesagt (qu. 16 a. 1)[8] und im Lex-Traktat systematisch geklärt (S. theol. I-II, qu. 94). Diese obersten materialen Prinzipien sind wie das oberste formale Prinzip *per se nota*, allen normalsinnigen Menschen bekannt und einsichtig.

Die *synderesis* ist der «sicherste Habitus» der Vernunft, eine integre, unzerstörbare Anlage zum Guten, die einen unwandelbaren Maßstab liefert für die Richtigkeit allen menschlichen Handelns; das machen die Artikel 2 und 3 der Quaestio 16 von *De veritate* nachdrücklich klar. Sie selbst ist irrtumsfrei, Fehler können auftreten nur in der Anwendung ihrer Prinzipien auf die bestimmten Situationen und näheren Umstände des Handelns (a. 2). Ihre Aktualisierung in Akten praktischen Wissens erlischt generell nur bei Menschen, die aufgrund von Debilität oder Krankheit über keinerlei Gebrauch von Vernunft und Freiheit (mehr) verfügen oder aber partiell und in bestimmter Hinsicht, wenn bei verantwortlichen Menschen die Gewalt der Begierde oder einer anderen Leidenschaft (*passio*) das Licht der Vernunft so verdunkelt oder es verschlingt, daß bei der Wahl des Tuns das allgemeine Urteil der *synderesis* keine Anwendung auf den besonderen Akt finden kann (a. 3). Thomas deutet damit an, daß er das paulinische Problem der Gespaltenheit des unerlösten Menschen in Wollen und Tun bzw. die Frage des Petrus Lombardus nach den zwei Willensbewegungen (zunächst) mit jenen Mitteln bearbeitet sehen möchte, die Aristoteles für die Erklärung der Willensschwäche bzw. *akrasia* (Kraftlosigkeit oder Unbeherrschtheit) bereitgestellt hat.

Aristoteles erklärt vernunftgeleitetes Handeln über die Figur eines praktischen Syllogismus, der in den Prämissen die praktischen Grundsätze und die Situationsbeschreibung enthält. Er erläutert, daß selbst wenn die allgemeinen Grundsätze präsent sind, eine gebotene Handlung in konkreter Situation unterbleiben kann, wenn eine Person diejenige Prämisse, die sich auf den betreffenden Sinnesgegenstand bezieht, nicht besitzt oder nicht umsetzt; sei es, daß sie aufgrund von Gier oder Wut nicht überlegt, sei es daß sie aus Schwäche bei einem in vernünftiger Überlegung gefaßten Beschluß nicht bleibt. Beim Handeln gegen besseres Wissen liegt der Defekt also in der letzten Prämisse des Vernunftsyllogismus, die der Handelnde unter dem Einfluß des Begehrens entweder gar nicht erst erfaßt oder doch aus Schwäche nicht zur Geltung kommen läßt.[9] Solches ist gemeint, wenn Thomas davon spricht, daß bei der Wahl des Tuns das allgemeine Urteil der *synderesis* keine Anwendung auf den besonderen Akt findet, weil die Gewalt der Begierde oder einer anderen *passio* das Licht der Vernunft verdunkelt oder verschlingt (a. 3).

Mit dem Stichwort «Anwendung» ist der zweite Teil der Gewissensdiskussion bei Thomas benannt. Denn unter *conscientia* versteht er den Akt der Anwendung von eigenem Wissen bzw. eigener Kenntnis auf eigenes Tun (*applicatio alicuius nostrae cognitionis, vel scientiae ad ea, quae agimus*, S. theol. I, qu. 79, a. 13 co.). Zum einen glaubt Thomas sich zu dieser Bestimmung durch die Wortbedeutung von *conscientia* berechtigt: *conscientia* besage *cum alio scientia*, und damit sei die Zuordnung des Wissens zu etwas (*ordo scientiae ad aliquid)* gemeint, so die *Summa theologiae* (I, qu. 79, a. 13 co.); *conscire* besage soviel wie «zugleich wissen» (*quasi simul scire*), und damit sei die Anwendung des Wissens auf etwas gemeint, so *De veritate* (qu. 17 a. 1 co.). Zum anderen sind es die mit der *conscientia* verbundenen Attribute, die uns nach Thomas zur genannten Bestimmung berechtigen: Das Gewissen, so sagen wir, bezeuge, binde bzw. rege an, klage an, beiße und entlaste; dies alles sind unmittelbare Folgen der Anwendung von Kenntnis und Wissen auf unser Tun.

Was Thomas zwar in der definitionsartigen Formel (S. theol. I, qu. 79, a. 13 co.: *applicatio alicuius nostrae cognitionis, vel scientiae ad ea, quae agimus*), nicht aber in der Rechtfertigung der Bedeutungsfestlegung von *conscientia* hinreichend deutlich macht ist dies: daß sich im Gewissen qua *conscientia* der Mensch ausschließlich auf sich selbst bezieht, mit seinem Bestand eigener Grundsätze, Kenntnisse und Meinungen auf sich selbst als Subjekt tatsächlicher vergangener und möglicher künftiger Handlungen, um sich selbst Handlungen zuzuschreiben und um die eigenen Handlungen, Bestrebungen und Vorhaben und damit sich selbst zu beurteilen.

Für einen modernen Leser überrascht zweifellos die Weite des thomasischen *conscientia*-Begriffs. Weit ist dieser *conscientia*-Begriff zunächst dahingehend, daß er sowohl den Akt der forschenden, prüfenden, abwägenden, der reflektierenden oder bestimmenden Anwendung unserer Kenntnisse und Überzeugungen auf unser Tun als auch das Ergebnis dieser Anwendung im reflexiven Bewußtsein in Form des «Gewissensspruchs» der Zurechnung und Nichtzurechnung, der Entdeckung und Verpflichtung, der Anklage und Entlastung bezeichnet. Thomas spricht vom Akt der *conscientia* sowohl im Blick auf die Anwendung des Wissens auf das, was wir tun (*applicatio scientiae ad ea, quae agimus*), als auch im Blick auf all das, was aus der aktualen Anwendung des Wissens auf das, was wir tun, folgt (S. theol. I, qu. 79, a. 13 co.: *omnia haec, quae consequuntur actualem applicationem scientiae ad ea quae agimus*). Und diese Konsequenz der Anwendung manifestiert sich nicht nur in einem konstatierenden, wertenden oder vorschreibenden Urteil. Wenn Thomas dieses Urteil in Begriffen des Grollens (*murmurare*), des Anstachelns (*instigare*), des Bindens (*ligare*), des Anklagens (*accusare*), des Entschuldigens (*excusare*), des Vorwerfens (*reprehendere*) und Beißens (*remordere*) beschreibt, dann macht er damit deutlich, daß dieses auf sich selbst bezogene Urteil mehr oder weniger starke Gefühle und entsprechende Impulse einschließt bzw. unmittelbar nach sich zieht.

Mit der *conscientia* ist also bei Thomas auch die Gefühls- und Impulsseite des Gewissens angesprochen; und das Gewissensurteil hat diesen Aspekt und kann ihn nur haben, weil es im Menschen mit einer ursprünglichen Neigung zum Guten zusammentrifft und sich verbindet.

Conscientia umfaßt zum zweiten offensichtlich nicht nur die Anwendung der Prinzipien der *synderesis.* Von der Anwendung irgendeines eigenen Wissens auf unser Tun ist die Rede. Deshalb bezeichnet *conscientia* ja auch nicht einen speziellen Habitus oder ein spezielles Vermögen des Geistes, sondern den Akt der Anwendung irgendeiner Kenntnis auf einen einzelnen Akt (*sed nominat ipsum actum, qui est applicatio cuiuscumque habitus vel cuiuscumque notitiae ad aliquem actum particularem*, De ver. qu. 17, a. 1 co.). Und unter *cognitio* bzw. *notitia* oder *scientia* ist nicht nur Wissen im strengen Sinn zu verstehen, d. h. Habitus bzw. Akte des Geistes, die Wahres beinhalten, sondern Wissen bzw. Erkenntnis in dem weiten Sinn, «in dem wir von allem, wovon wir Kenntnis haben, nach allgemeinem Sprachgebrauch sagen, wir wüßten es» (De verit, qu. 17 a. 2 ad 2).

Damit ist von vornherein klar, daß Thomas mit der *conscientia* kein Wahrheitsprivileg verbunden sehen möchte; in der Zuschreibung, Bestimmung und Beurteilung eigenen Tuns sind wir irrtumsanfällig.

Weit ist dieser *conscientia*-Begriff, wie bereits angedeutet, schließlich auch insofern, als er im Ergebnis sowohl deskriptive als auch präskriptive bzw. wertende Akte umfaßt. Denn einmal geht es bei der Anwendung irgendwelcher Kenntnis auf einen eigenen Akt um ein Wissen darum, «ob ein Akt ist oder gewesen ist», und zum anderen um ein Wissen darum, «ob der Akt recht ist oder nicht» (De verit. qu. 17 a. 1 co.).

Der Text der *Summa* legt nahe, daß sich die erste Art der Anwendung lediglich auf das Bewußtsein, d. h. die Bestimmung und die Selbstzuschreibung vergangener Handlungen oder Unterlassungen bezieht. Durch diese würden wir ins Gedächtnis zurückrufen und überdenken, daß wir etwas getan oder nicht getan haben (S. theol. I, qu. 79 a. 13 co.). In diesem Sinn sage man vom Gewissen, daß es etwas bezeuge (*testificari*, S. theol. I, qu. 79, a. 13 co.). Der Text von *De veritate* macht jedoch klar, daß sich dieses *testificari* nicht nur auf unsere Vergangenheit, sondern auch auf die Gegenwart bezieht: das Gewissen also in der Funktion der Zeugenschaft und Zeugenaussage bezüglich dessen, ob bzw. daß wir gerade etwas tun oder was das ist, was wir gerade tun. Angesprochen und geprüft sind hier von reflexiven Erkenntnisakten vor allem das Gedächtnis (*memoria*), die Wahrnehmung (*sensus, per quem hunc particularem actum quem nunc agimus, percipimus*, De ver. qu. 17, a. 1 co.) und unsere Fähigkeit, nach deskriptiven und präskriptiven Ordnungsgesichtspunkten Handlungen zu bestimmen.

Thomas unterscheidet in seiner Handlungstheorie, wie wir gesehen haben, innere Handlungen (*actus interiores*), die in der Sphäre des Mentalen spielen, von äußeren Handlungen (*actus exteriores*), mit denen wir auf der Basis innerer Akte in die physische und soziale Welt hineinwirken. Um selbst festzustellen und zu bezeugen, was das ist, das man gerade tut, muß der Blick sich richten auf die Motivation, auf die Absicht, auf das Wissen um die inneren und äußeren Umstände des Tuns. Daß die *conscientia* da nicht nur Evidentes und Zutreffendes ausmacht, liegt auch für Thomas auf der Hand.

Die zweite Art der Anwendung bezieht sich auf die Zukunft; sie ist ein Weg des Auffindens (*via inveniendi*); wir gehen von unseren Prinzipien und Kenntnissen aus, beziehen sie auf die Situation, forschen, prüfen, wägen ab und entdecken, daß etwas zu tun oder zu lassen ist; am Ende dieses Weges wird vom Gewissen gesagt, es binde uns (*ligare*) oder treibe uns an (*instigare*).

Die dritte Art der Anwendung ist der Weg des Urteilens (*via iudicandi*); sie betrifft die Selbstbewertung unserer Vergangenheit: Durch sie beziehen wir das, was wir getan haben, auf unser praktisches Wissen und unsere Grundsätze zurück und beurteilen, ob das, was wir getan haben, gut oder schlecht getan war (S. theol. I, qu. 79 a. 13 co.). Hier ist im Ergebnis davon die Rede, daß das Gewissen entschuldigt (*excusare*) oder anklagt (*accusare*) bzw. beißt (*remordere*).

Da, wie in *De veritate* (qu. 17 a. 1 co.) betont wird, bei der reflexiven Prüfung des durch uns Geschehenen alle Habitus der praktischen Vernunft Anwendung finden, sei es zugleich, sei es getrennt, da das Getane vom Gewissen also auch nach Gesichtspunkten des angewandten Sachverstands, der Geschicklichkeit und Klugheit beurteilt wird, ist der Gewissensspruch des «gut oder schlecht getan» (*bene vel non bene factum*) nicht immer und nicht immer ausschließlich im moralischen Sinn zu verstehen. Auch dies ein Beleg für die Weite des thomasischen Gewissenbegriffs.

Damit schließt die Behandlung des Gewissens in der *Summa theologiae*. Auf die Problematik eines irrenden Gewissens, die er in *De veritate* in vier ausführlichen Artikeln diskutiert, geht er hier nicht mehr ein. Es scheint ihm selbstverständlich zu sein, daß menschlicher Geist in der Fortbestimmung von Grundsätzen zu bestimmten Normen in die Irre gehen kann; selbstverständlich auch dies, daß wir im erwägenden und schlußfolgernden Denken ebenso wie in der Applikation, d. h. in der Anwendung eines Prinzips oder einer Norm auf einen konkreten Fall, nicht nur im Blick auf das Tun anderer, sondern auch im Blick auf eigenes Tun Fehler machen können. Wir verfügen über kein unfehlbares «Adlerauge». Und ebenso selbstverständlich scheint ihm zu sein, daß man das tun muß, was einem die eigene praktische Vernunft zu tun gebietet, auch wenn es objektiv falsch sein mag.

Das Urteil des Gewissens ist ein Spruch des Geistes (*dictamen mentis*): Die auf Hieronymus (bzw. über diesen auf Origenes) zurückgehende traditionelle religiöse Redeweise vom Gewissen als Geist, der die Seele berichtigt und ihr vorsitzt (*spiritus corrector* bzw. *spiritus praesidens animae*), will Thomas ausschließlich in Begriffen natürlicher menschlicher Vernunft verstanden wissen (vgl. S. theol. I, qu. 79 a. 13 obi. 1 und ad 1). Und was unter Vernunft zu verstehen ist, lehrt ihn der Philosoph, also Aristoteles.

In *De veritate* gibt Thomas mehrfach deutlich zu verstehen, daß der Mensch in der Verpflichtung des Gewissens sich nicht einem selbstgegebenen Gesetz, sondern dem Gesetz Gottes verpflichtet weiß (vgl. S. theol. I, qu. 79 a. 13 obi. 1 und ad 1). Im Traktat der *Summa* fehlen diese Hinweise. Die Theorie des Gewissens ist hier ganz in den Rahmen der Theorie des praktischen Verstandes (*intellectus practicus*) integriert.

Nicht daß Thomas die (paulinische) These aufgegeben hätte, daß sich in den obersten praktischen Prinzipien der natürlichen Vernunft der (allgemeine) Wille Gottes im Menschen bekunde; der Lex-Traktat in der *Summa theologiae* belegt ja das Gegenteil. Er belegt auch die religiös geprägte Anthropologie, die die Gewissenslehre trägt: Die fundamentale Rolle der natürlichen Neigungen (*inclinationes naturales*) als ursprüngliche und unzerstörbare Anlage zum Guten in Verbindung mit der *lex fomitis*, dem «Gesetz des Zunders», der generellen Prädisposition unserer Sinnlichkeit, ihre Ansprüche zu verabsolutieren, als Strafe für die Ursünde.

Von einer Disharmonie von Vernunft und Sinnlichkeit und dem Hang zum Bösen als Straffolge der Sünde ist im Kontext der Gewissensdiskussion in *De veritate* ausführlich die Rede; in der *Summa theologiae* wird diese Thematik im Gewissenstraktat nur in einem einleitenden Einwand mit einem Augustinuszitat angedeutet (S. theol. I, qu. 79 a. 12 obi. 2). Dies macht deutlich, daß die spezifisch christlich-religiöse Tradition des Gewissensbegriffs im kurzen *Summa*-Traktat an den Rand gerückt bzw. weitgehend abgeblendet wird. Vom Gewissen als einem allgemein menschlichen Phänomen zu reden heißt hier nicht mehr und nicht weniger, als von den Grundbegriffen und Grundsätzen praktischer Vernunft und der Anwendung unserer Vernunft, unserer Überzeugungen und Kenntnisse auf unser eigenes Tun zu reden. Dies hat namhafte Interpreten der Ethik des Thomas zu dem Urteil geführt, daß für seine praktische Philosophie der Gewissensbegriff auch entbehrlich sei: Aristoteles' Konzept praktischer Vernunft reiche aus. Ich halte es nicht für unwahrscheinlich, daß Thomas dies am Ende seiner Reflexionen über das Gewissen in bestimmten Grenzen so gesehen hat. Gleichwohl ist die Reichweite der Aristoteles-Gefolgschaft des Thomas auch in der *Summa theologiae* begrenzt.

Die Grenzen liegen eindeutig da, wo es um eine über Aristoteles und über die Stoa hinausgehende Feststellung und Erklärung dessen geht, was Thomas anthropologisch mit dem «Gesetz des Zunders» (*lex fomitis*) anspricht, was Augustinus mit seiner Lehre von den zwei Willen im Menschen zum Ausdruck bringt und was Kant dann unter dem Titel eines Hangs zum Bösen in der menschlichen Natur der neuzeitlichen Aufklärung (zum Erstaunen vieler seiner Anhänger) erneut zu bedenken geben wird. Menschliche Schlechtigkeit und menschliches Fehlverhalten sind danach nicht zureichend erklärbar in Begriffen des Irrtums, der Leidenschaft, der Vernunftschwäche, der fehlgeleiteten Charakterbildung. In der menschlichen Natur ist neben einer unzerstörbaren Anlage zum Guten auch eine generelle Prädisposition zum Schlechten vorhanden, eine vom Menschen selbst letztlich nicht eliminierbare Anfälligkeit zur Verabsolutierung seines vereinzelten Selbst in seinem irdisch-sinnlichen Dasein (eine Prädisposition zum *inordinatus amor sui* mit seiner uneingeschränkten Hinwendung zu vergänglichen Gütern) (vgl. S. theol. I-II, qu. 77 a. 4 co.). Das Christentum erklärt diese Anfälligkeit über die Vorstellung von der Ursünde und den mit ihr verbundenen anthropologischen Konsequenzen (vgl. S. theol. I-II, qu. 82, a. 3 u. 4).

Hinsichtlich der Anlage zum Guten konnte Thomas sich auf die pagane Philosophie des Aristoteles und der Stoa stützen, ohne die sagenhafte Potenz eines Adlerauges bemühen zu müssen. In der Erklärung des Hangs zum Schlechten ist er eindeutig dem jüdisch-christlichen Verständnis der Sünde verpflichtet. Der Sündentraktat ist in der *Summa* dem Gesetzestraktat vorgeschaltet; er umfaßt immerhin 19 Quaestionen (S. theol. I-II, qu. 71–89). Die Theorie des Gewissens befindet sich bei Thomas wie bei den anderen mittelalterlichen Autoren zwischen diesen beiden Polen. Sie ist zureichend verständlich nur vor dem Hintergrund einer Anthropologie, die im Menschen sowohl eine (in Grenzen intakte und unzerstörbare) Anlage zum Guten als auch einen (im letzten vom Menschen unaufhebbaren) Hang zum Schlechten am Werk sieht. Dies wollte die augustinische Lehre von den zwei Willen im Menschen, der Thomas trotz seiner Anbindung der Gewissenslehre an Aristoteles und die Stoa verpflichtet bleibt, zum Ausdruck bringen.

5.4 Die Lehre vom Gesetz

Die Lehre vom Gesetz mit der in ihr enthaltenen Rechtsphilosophie in den Quaestionen 90–108 der Prima secundae der *Summa theologiae* und dem daran anschließenden großen Traktat über die Gerechtigkeit in der Secunda secundae qu. 57–122 gehört zu den herausragenden und nach wie vor aktuellen Partien der theologischen Summe des Thomas. Seine Behandlung des Themas bringt die scholastische Theorie des Rechts und des Gesetzes auf einen Höhepunkt. Sie steht in der Tradition des römischen und kanonischen Rechts. Wichtige Vermittler dieser Tradition waren für Thomas das *Corpus juris civilis* (das aus dem *Codex Justinianus* (529/534), den Institutiones und Pandekten bzw. Digesten (533) und den Novellen Justinians besteht), die Etymologien Isidors von Sevilla (* ca. 560, †636), das Dekret Gratians (um 1142) und die Dekretalien Gregors IX. (von 1227–1241 Papst). Thomas selbst kennt Aristoteles, Cicero und Augustinus und über diese die philosophische Tradition der antiken Theorie des Rechts und der politischen Gemeinschaft. Sein systematisch rekonstruierender philosophischer Blick auf die philosophische Tradition, auf die Tradition des römischen und kanonischen Rechts und auf Traktate unmittelbarer Vorgänger und Zeitgenossen, die sich unter theologischen Aspekten mit Fragen des Gesetzes befassen, macht das Ergebnis bedeutsam.

5.4.1 Der Begriff des Gesetzes. Gesetz ist für Thomas eine Regel und ein Maßstab des Handelns, durch die jemand zum Handeln oder Unterlassen verpflichtet wird. Er leitet das Wort *lex* etymologisch von *ligare* (binden, verpflichten) ab (vgl. S. theol. I-II, qu. 90 a. 1 co.). Alles Handeln geschieht eines Zieles wegen. Die Ausrichtung des Handelns auf ein Ziel ist Sache praktischer Vernunft. Der Verpflichtungscharakter eines Gesetzes basiert demnach in der Vernünftigkeit eines Ziels, das durch die Befolgung des Gesetzes im Handeln realisiert werden soll. Thomas gründet Recht und Gesetz mit allem Nachdruck auf praktische Vernunft. Damit fällt menschliche oder göttliche machtgestützte Willkür als letztinstanzliche Begründung von Recht und Gesetz von vornherein aus.

Alle für ein Gesetz wesentlichen Merkmale kommen in der aus den ersten vier Grundsatzartikeln der Quaestio 90 zusammengezogenen Definition zum Ausdruck:

«Das Gesetz ist eine Anordnung der Vernunft, die (das Handeln der Menschen) auf das Gemeinwohl hinordnet, erlassen und veröffentlicht von dem, der die Sorge um das Gemeinwesen innehat» (*lex est quaedam rationis ordinatio ad bonum commune ab eo qui curam communitatis habet promulgata*, S. theol. I-II, qu. 90, a. 4 co.).

Gesetze haben keinen Selbstzweck, sondern eine dienende Funktion. Durch sie wird eine moralische und rechtlich-politische Gemeinschaft der Menschen konstituiert und der Weg zu einer vollkommenen Gemeinschaft gebahnt. Der Mensch ist als Einzelner weder des Überlebens noch des guten und angenehmen Lebens fähig. Er bedarf zu seinem Schutz und zur Entfaltung seiner Möglichkeiten der Gemeinschaft, deren umfassende und die genannten Ziele erst ermöglichende und sichernde Form die politische Gemeinschaft ist.

In einer vollkommenen Gemeinschaft gelangt der Einzelne als Mensch zur Vollendung und zur Glückseligkeit. Eine Gemeinschaft der Menschen auf Erden wird (aufgrund von deren auch vorhandenem Hang zur Egozentrik) stets prekär und gefährdet sein und Mängel aufweisen. In einer relativ guten politischen Gemeinschaft wird durch das Gesetz das Leben und Handeln der Einzelnen so koordiniert, daß das, was sie sinnvollerweise je für sich wollen, ebenso wie das, was sie sinnvollerweise als und in Gemeinschaft wollen, realisierbar werden kann. Das Gesetz dient «in diesem Leben» also dazu, die Menschen auf Erden, soweit dies möglich ist, (in einem bestimmten, noch zu präzisierenden Sinn) sittlich gut und glücklich zu machen.

Eine Gemeinschaft von Individuen bedarf der obrigkeitlichen Leitung. Auf das Ziel einer Gemeinschaft, das Gemeinwohl (*bonum commune*), kann, wie die Definition des Gesetzes besagt, nur derjenige das Handeln der Einzelnen (über Gesetze) hinordnen, der für das Ziel der jeweiligen Gemeinschaft die Verantwortung und Sorge (*cura*) trägt. Thomas denkt schöpfungstheologisch und, im Anschluß an stoische Gedanken, kosmopolitisch. Die Welt im Ganzen ist als eine Polis bzw. ein Imperium vernünftiger Geistwesen und Sinnenwesen zu denken. Oberster Gesetzgeber und Herrscher der Welt ist Gott. Zeitlicher und Gott verantwortlicher Gesetzgeber im diesseitig-menschlichen Gemeinwesen und für dieses ist der Inhaber der obersten politischen Gewalt, sei dies ein Einzelner, seien dies mehrere Menschen oder die vereinigte Menge.

Dem Gesetz ist wesentlich seine Verbindlichkeit stiftende und allgemein zugängliche Kundgabe (*promulgatio*). Die Art der Kundgabe ist der Art des Gesetzes entsprechend verschieden. Thomas kennt ein «natürliches» Gesetz und spricht (im Anschluß an Paulus, Röm. 2, 15) davon, daß dieses Gesetz dem Menschen von Gott natürlicherweise «ins Herz geschrieben» sei. Er kennt ein «geoffenbartes» bzw. göttliches Gesetz, das Gott in historischen Akten der Selbstmitteilung seines Willens an Menschen ausdrücklich geoffenbart und über Menschen in heiligen Schriften festgehalten und zugänglich gemacht hat. Und er kennt schließlich ein «menschliches» Gesetz, das von einer menschlichen Obrigkeit erlassen und so mitgeteilt wird, daß jeder Adressat der bestimmten politischen Gemeinschaft davon in Kenntnis gesetzt wird oder sich in Kenntnis setzen kann.

Das Gesetz leitet und orientiert das Handeln; es besitzt Orientierungskraft (*vis directiva*). Insofern gesetzliche Anordnungen von den Adressaten nicht befolgt bzw. gebrochen werden können, ist mit der Institution des Gesetzes die *vis coactiva*, die Macht und Befugnis der Erzwingung gesetzesmäßigen Verhaltens verbunden. Gesetze sind für das Leben und gute Leben einer politischen Gemeinschaft konstitutiv. Sie wären angesichts widerstrebender Tendenzen des Menschen ohne Zwangsgewalt ineffizient. Die Obrigkeit bzw. der Diener des Gesetzes muß deshalb die Möglichkeit und Befugnis des Einsatzes von Zwangsmitteln zur Befolgung des Gesetzes besitzen.

«(...) eine Privatperson kann (eine andere Person) nicht wirksam zur Tugend bewegen. Sie kann nämlich nur ermahnen; doch wenn ihre Ermahnung nicht angenommen wird, besitzt sie keine Zwangsgewalt; diese muß das Gesetz besitzen, um wirksam zur Tugend zu bewegen (...) Diese Zwangsgewalt aber besitzt die Menge oder die öffentliche Person, zu deren Kompetenz es gehört, Strafen zu verhängen» (S. theol. I-II, qu. 90, a. 3 ad 2).

Wie das Zitat belegt, hat Thomas als eine der Funktionen des Gesetzes die Monopolisierung der Zwangsbefugnis (durch den Einsatz von Gewaltmitteln) in den Händen einer «öffentlichen Person» gesehen.

5.4.2 Die Arten des Gesetzes. Thomas unterscheidet vier Arten von Gesetzen: das ewige Gesetz (*lex aeterna*), das natürliche Gesetz (*lex naturalis*), das menschliche Gesetz (*lex humana*) und das (positive) göttliche Gesetz (*lex divina*); im Sinne einer gesetzlichen Straffolge ist schließlich vom «Gesetz» des Zunders (*lex fomitis*) die Rede.

5.4.2.1 Das ewige Gesetz. Der Begriff eines ewigen Gesetzes wird vom Gedanken getragen, daß die gesamte Gemeinschaft des Universums von der göttlichen Vernunft beherrscht und geleitet wird (*quod tota communitas universi gubernatur ratione divina*, S. theol. I-II, qu. 91, a. 1 co.). Die Sätze der Vernunft, nach denen Gott über die Welt herrscht, haben den Charakter eines Gesetzes. Und da Gott nicht in einem zeitlichen Horizont situationsbezogen Gesetze beschließt, sondern ein ewiges Konzept besitzt, hat dieses Gesetz den Charakter eines ewigen Gesetzes. Thomas nimmt diesen Gedanken eines ewigen Weltgesetzes von Cicero und Augustinus auf. Er ist stoischen Ursprungs, doch gegenüber dem Pantheismus der Stoa unterstellt das Christentum eine ontologische Trennung zwischen Gott und seiner Schöpfung. Deshalb unterscheidet Thomas, im Unterschied zur Stoa, zwischen ewigem Gesetz und natürlichem Gesetz.

Das ewige Gesetz ist das Gesetz der Schöpfungsordnung im Geiste Gottes. Dieses Gesetz besitzt von Ewigkeit her seine Adressaten in Gestalt alles Geschaffenen, insofern es von Gott «vorausbedacht und vorausgeordnet» ist; es besitzt seine Promulgation von Ewigkeit durch Gott in Form «des ewigen göttlichen Wortes» und in

Form «der ewigen Schrift des Buches des Lebens»; und es besitzt in Gott selbst (und der Hinordnung bzw. Rückführung des Geschaffenen zu Gott) sein ewiges Ziel (vgl. S. theol. I-II, qu. 91 a. 1 ad 1–3).

5.4.2.2 Das natürliche Gesetz. Das ewige Gesetz ist dem Menschen in diesem Leben nicht (in vollem Umfang) einsichtig; er kann auf Erden nicht die Gedanken Gottes denken. Unter natürlichem Gesetz ist deshalb die Art und Weise zu verstehen, wie das ewige Gesetz sich in der Schöpfungsordnung realisiert und manifestiert. Diese Manifestation und Befolgung des ewigen Gesetzes im Geschaffenen erfolgt hier auf zweifache, genau zu unterscheidende Weise. Sie manifestiert und realisiert sich zum Teil in der (vom Menschen deskriptiv erfaßbaren) gesetzlichen bzw. «regulären» Ordnung des natürlichen Verhaltens der Dinge. Sie manifestiert sich zum anderen Teil in präskriptiven Sätzen der menschlichen Vernunft. Entsprechend dieser Unterscheidung versteht Thomas unter natürlichem Gesetz im engeren und strikten Sinn die Art und Weise, wie sich das ewige Gesetz als praktisches Gesetz im Bewußtsein des Menschen manifestiert.

Der vom Menschen aus der Schöpfungsordnung erkennbare Weltplan enthält ein Stufenreich immer vollkommener ausgestatteter Wesen. Jeder Stufe und jeder Gattung und Art innerhalb einer Stufe eignet nach der ordnenden Weisheit des Schöpfers eine bestimmte Art von Sein. Sie drückt sich in der Wesensform (*natura*) der Dinge aus, die als Prinzip, als Ursprung und Ziel das Gesetz des Seins und Wirkens des Seienden vorgibt. Während anorganisch Seiendes und Organisches bis hinauf zu den Tieren das Gesetz des Weltplans in seiner bestimmten Natur von selbst realisiert, tritt es dem Menschen neben spontanen Tendenzen, den sogenannten natürlichen Neigungen (*inclinationes naturales*), auch gegenüber in der Form eines von seiner Vernunft erkennbaren und zu interpretierenden natürlichen praktischen Gesetzes, das es zu befolgen gilt. So wird das aus dem ewigen Gesetz sich herleitende Naturgesetz für den Menschen zum praktisch-sittlichen Gesetz, zum Ausdruck der von Gott gewollten, dem Menschen mit einem Anspruch begegnenden und vom Menschen zu befolgenden Ordnung seines Tuns und Lassens in Natur und Menschenwelt.

Im Geschaffenen drückt sich der Plan und Wille des Schöpfers aus. In diesem Sinn, so Thomas, haben alle geschaffenen Dinge (auf unterschiedliche Weise) Anteil am ewigen Gesetz. Thomas arbeitet zum Zweck der Verhältnisbestimmung von ewigem und natürlichem Gesetz mit den Metaphern von Eindruck, Ausdruck und Teilhabe:

«Alle Geschöpfe nehmen auf irgendeine bestimmte Weise am ewigen Gesetz teil, insofern sie nämlich auf Grund der Einprägung des letzteren eine Hinneigung zu den ihnen eigentümlichen Akten und Zielen besitzen« (S. theol. I-II, qu. 91, a. 2 co.: *omnia participant aliqualiter legem aeternam; inquantum scilicet ex impressione eius habent inclinationes in proprios actus, et fines*).

Gott ist der Schöpfer der Dinge nach festen Wesensformen. «Zu jeder bestimmten Natur gehören bestimmte Tätigkeiten, welche dieser Natur entsprechen» (S. c. g. III, 129). Unter Naturgesetz (*lex naturalis*) könnte also auch für Thomas die in den konstanten Wesensformen der Dinge gegründete Ausrichtung auf bestimmte Tätigkeiten und Ziele zu verstehen sein, wie es die bekannte Formel des römischen Juristen Ulpian (* ca. 170, †228) nahelegte («natürliches Recht ist, was die Natur alle Sinnenwesen gelehrt hat», *ius naturale est, quod natura omnia animalia docuit,* Digesta I, 1, 3).

Doch dieses Verständnis von natürlichem Recht und Gesetz war weit und vage. Thomas will seine Differenzierung und Präzisierung. Er will bei nichtvernünftigen Wesen nur noch im unwesentlichen und übertragenen Sinn von Recht und Gesetz gesprochen wissen. Das Gesetz ist ihm wesentlich ein Gesetz der Vernunft. Natürliches (praktisches) Gesetz ist nur dort gegeben und wirksam, wo die vernünftigen Geschöpfe durch ihre eigene Vernunft (*intellectualiter et rationabiliter*) am ewigen Gesetz teilnehmen. Nur der Mensch ist auf Erden ein Wesen, das ein (praktisches) Gesetz annimmt (*creatura susceptiva legis*). Thomas' prägnanter Sprachgebrauch lautet: In essentieller bzw. vorzüglicher Weise finden sich Gesetze in jenen Vernunftwesen, die praktische Regeln des Verhaltens selbst aufstellen; in Form der Teilhabe finden sich Gesetze in jenen Vernunftwesen, die Gesetze verstehen und befolgen können. Nur noch analog kann man von Gesetzen sprechen, wo Wesen sich ohne Verstand durch natürliche Neigung und Instinkt regulär bzw. gesetzesmäßig verhalten.

Vor dem Hintergrund dieser Differenzierungen wird erst Thomas' Definition vom natürlichen Gesetz voll verständlich.

«Unter allen Geschöpfen», so heißt es S. theol. I-II, qu. 91, a. 2 co., «unterliegt das vernunftfähige Geschöpf (*creatura rationalis*) auf eine vorzüglichere Weise der göttlichen Vorsehung (*divina providentia*), insofern es nämlich selbst Teilhaber der Providenz wird, indem es für sich selbst und für andere (sc. gedanklich bewußte) Vorsorge trifft (*providere*): So nimmt es an der ewigen Vernunft selbst teil, durch die es eine natürliche Neigung zum erforderlichen Akt und zum Ziel hat. Und eine derartige Teilnahme am ewigen Gesetz in der rationalen Kreatur wird natürliches Gesetz genannt.»

Auch die nichtrationalen Lebewesen partizipieren auf ihre Weise an der ewigen Vernunft; aber nicht über intuitive und diskursive Einsicht (*intellectualiter et rationaliter*). Deshalb wird nur die Teilhabe am ewigen Gesetz in einem vernünftigen (geschaffenen) Wesen im eigentlichen und strikten Sinn *lex* genannt (ebd. ad 3).

Thomas hält also ewiges und natürliches Gesetz streng auseinander und wahrt gleichwohl den engen Zusammenhang. Der Mensch besitzt ein bestimmtes Wesen. Auch er wird mit einer naturhaften Hinneigung zu seinem wesensgemäßen Ziel und den diesem angemessenen Akten geboren. Nur ist beim Menschen entscheidend, daß er als Vernunftwesen eine natürliche Neigung mitbringt, vernünftig, d. h. nach bewußter Zielvorstellung, nach eigener Überlegung und Entscheidung tätig zu sein (*unde cum anima rationalis sit propria forma hominis, naturalis inclinatio inest cuilibet homini ad hoc, quod agat secundum rationem*, S. theol. I-II, qu. 94 a. 3, co.). Und es gehört zum Wesen der Vernunft, alles ordnen zu wollen, was den Menschen betrifft und zum Menschsein gehört (*ratio est ordinativa omnium quae ad homines spectant*, S. theol. I-II, qu. 94 a. 2 ad 3.).

Die Vernunft betätigt sich also erkennend, ermessend, beurteilend, ordnend im Blick auf alle Strebungen und Ziele des Menschen, soweit sie überhaupt der Ordnungsleistung der Vernunft offen sind. Der Mensch erkennt sein Wesen und das mit diesem Wesen vorgegebene Daseinsziel. Auf dem Weg der Erkenntnis seiner Natur durch Vernunft gelangt er auch eo ipso zur Einsicht in die unverbrüchlichen Normen, die sein Handeln zur Realisierung seines Daseinsziels zu leiten haben. (Praktisches) Naturgesetz (*lex naturalis*) ist also nach Thomas der Inbegriff jener Grundsätze und Regeln, die (a) auf die Erfüllung des der menschlichen Natur gemäßen Endziels hingeordnet sind, die (b) durch die natürliche Vernunft erkannt werden können und die (c) dem Menschen mit dem Anspruch «überpositiver» Verpflichtung bewußt werden.

Dieses Naturgesetz vernünftigen Handelns war nach Thomas im Urzustand vor der Sünde allgemein wirksam derart, daß hier «sich im Menschen nichts außerhalb oder gegen die Vernunft einschleichen konnte» (S. theol. I-II, qu. 91 a. 6 co.). Es hat nach der Störung der Seelenharmonie durch die Sünde nichts an prinzipieller Erkennbarkeit und verpflichtender Bedeutung eingebüßt: Das Gesetz der Natur als Gesetz der natürlichen Vernunft gilt nach wie vor für alles, was durch Vernunft im Menschenleben reguliert werden kann (*sub lege rationis continentur omnia ea quae ratione regulari possunt*, S. theol. I-II, qu. 94 a. 2 ad 3). Seine Befolgung wird von Natur gestützt durch eine nach wie vor vorhandene natürliche Neigung zum Guten. Sie wird allerdings nun auch konterkariert durch einen (über die Sünde Adams und Evas) gattungsmäßig zugezogenen Hang zum Schlechten. Thomas denkt (für uns heute problematischerweise) «korporativ» in dem Sinne, daß Gott mit Adam und Eva die gesamte aus dem ersten Menschenpaar hervorgehende Menschheit bestraft. Er spricht vom «Gesetz des Zunders» (*lex fomitis*) im Sinne eines von Gott als entwürdigende Strafe für die Sünde verhängten Impulses des Menschen zur nicht der Vernunft entsprechenden Sinnlichkeit, d. h. zur Verabsolutierung des irdischen, sinnlich-empirischen Daseins und seiner Güter (S. theol. I-II, qu. 91 a. 6. co.).

Die sittlichen Grundforderungen qua oberste Prinzipien (*principia communia*) sind allen Menschen «ins Herz geschrieben», können also keinem normalsinnigen erwachsenen Menschen unbekannt sein. Sie sind als Grundprinzipien des Handelns ebenso wie die Grundprinzipien theoretischen Beweisens aus sich selbst einsichtig (*per se nota*), evident (S. theol. I-II, qu. 94, a. 2 co.). Wie es im Theoretischen ein Prinzip aller Prinzipien, den Begriff des Seins und mit ihm den Satz der Identität und den Satz vom ausgeschlossenen Widerspruch gibt, so gibt es im Praktischen als derartiges Prinzip den Begriff des Guten und den entsprechenden Grundsatz: *Das Gute ist zu tun, das Schlechte zu meiden* (ebd.). Dieses Prinzip eröffnet den Horizont sittlichen Selbstverständnisses und sittlicher Praxis. Es ergibt *in unmittelbarer Anwendung auf die menschliche Natur* oberste materiale Grundsätze, die allen (normalsinnigen) Menschen bekannt und einsichtig sind. Es handelt sich, auf dieser ersten Stufe inhaltlicher Normen, in stoischer Sprache formuliert, um sittliches Gemeingut der Menschen (*communes conceptiones*, vgl. S. theol. I-II, qu. 94 a. 4 co.).

Aus diesen materialen Grundsätzen ergeben sich nächstliegende «Folgerungen». Auf dieser (immer noch hochgenerellen) Stufe kann es bereits gelegentlich vorkommen, daß ein Einzelner (oder eine Gruppe von Menschen) aufgrund schlechter Umgebung und Gewohnheiten nicht in der Lage ist, die naheliegenden Konklusionen aus den sittlichen Grundforderungen zu ziehen, «wie bei den Germanen einst Räuberei nicht als Unrecht galt, obgleich sie ausdrücklich gegen das natürliche Gesetz ist» (ebd.). Die Irrtumsanfälligkeit des Menschen erhöht sich, je konkreter die Situation wird, für die es das «natürlicherweise» Rechte zu bestimmen gilt; und sie vermindert sich bei einem Menschen, je ausgeprägter seine Tugend ist.

Das Naturgesetz beinhaltet höchstgenerelle materiale Vorschriften, die der menschlichen Vernunft evident sind. Für Thomas bringen mit der Natur eines Wesens gegebene spontane Tendenzen eine natürliche und naturgemäße Ordnung zum Ausdruck. Thomas anerkennt beim Menschen eine natürliche Tendenz zum Erkennen ebenso wie einen natürlichen Erfolg dieser natürlichen Tendenz in einem natürlichen Prinzipienwissen (*naturalis conceptio*). Und er kennt und anerkennt natürliche Ausrichtungen des Begehrens (*naturales inclinationes*).

Dies führt uns zur Bestimmung des Inhalts des Naturgesetzes. Das Naturgesetz befolgen heißt für Thomas, mit Vernunft den natürlichen menschlichen Neigungen folgen. Der Mensch ist für ihn, wie jedes geschaffene Wesen, in seinen Vermögen und Tendenzen auf das seiner Natur gemäße Daseinsziel und die seiner Natur entsprechenden Tätigkeiten ausgerichtet. Er besitzt natürliche Neigungen, die dem Guten als Ziel seiner Wesensnatur entsprechen. Diese natürlichen Tendenzen werden von der Vernunft unmittelbar und ohne jede Bildungsvoraussetzung (*naturaliter*) als Ausdruck einer natürlichen Ordnung verstanden. Ihre Ziele machen den Inhalt des natürlichen Gesetzes aus; denn Vernunft erfaßt sie ganz natürlich und spontan als etwas Gutes, das es handelnd zu verfolgen und zu sichern gilt: «Die Ordnung der Vorschriften des natürlichen Gesetzes entspricht der Ordnung der natürlichen Neigungen» (S. theol. I-II, qu. 94 a. 2 co.).

Wir haben also einmal ein Zusammenspiel von natürlicher Neigung und Vernunft: Vernunft erkennt und anerkennt das als gut, worauf wir aufgrund unserer Wesensart immer schon aus sind. Auf der anderen Seite sichern unsere Wesensnatur und die mit ihr gegebenen Neigungen nicht die Realisierung des Ziels: Wir sind den natürlichen Neigungen gegenüber in gewisser Weise frei, wir sind irrtumsfähig, wir sind jedenfalls zum Teil verbildet und verbildbar, ein Hang zur Verkehrung der Ordnung natürlicher Neigungen scheint mit der menschlichen Natur verwoben. Dies macht die Ziele natürlicher Neigungen und ihre Ordnung beim Menschen zu Sollensvorgaben (*praecepta*) seiner Vernunft. Und diese Ziele und Sollensvorgaben konstituieren inhaltlich jene axiologischen und deontologischen Selbstverständlichkeiten, ohne die praktische Argumentation unter Menschen nicht möglich ist.

Den elementarsten Grundtrieb teilt der Mensch mit allen selbständigen Dingen (*substantiae*): das Streben nach Erhaltung seines Seins gemäß seiner Natur. Entsprechend dieser ursprünglichen Neigung gehört zum natürlichen Gesetz alles, was das Leben des Menschen erhält und das Lebensabträgliche verhindert. Den zweiten Grundtrieb teilt der Mensch mit allen Sinnenwesen (*animalia*): die Verbindung des Männlichen mit dem Weiblichen; die Aufzucht der Nachkommenschaft und dergleichen. Auf diese Ziele bezieht sich eine zweite Gruppe naturgesetzlicher Vorschriften (vgl. v. a. S. c. G. III, 122 ff.). Eine dritte natürliche Neigung und mit ihr eine natürliche Hinordnung zum Guten ist dem Menschen aufgrund seiner Vernunftnatur eigentümlich: ein natürliches Streben nach Erkenntnis und ein natürliches Streben nach einem vernünftigen menschlichen Zusammenleben. Das Ziel des Erkenntnistriebs umfaßt das naheliegende Wissen von geringfügig Alltäglichem und alltäglich Wichtigem ebenso wie die Erkenntnis Gottes und der Prinzipien der Weltordnung. Das Ziel des Sozialtriebs umfaßt die wesentlichen Bestimmungen eines sprachlich vermittelten Gemeinschaftslebens.

«Und demgemäß gehören zum natürlichen Gesetz die Dinge, die sich auf das sogeartete Objekt dieser Neigung beziehen: nämlich daß der Mensch die Unwissenheit meidet, daß er die anderen nicht beleidigt, mit denen er sprachlich verkehren und sich verständigen muß, und anderes Derartiges, das sich auf dieses bezieht» (S. theol. I-II, q. 94 a. 2).

5.4.2.3 Das menschliche Gesetz. Das natürliche Gesetz ist allen Menschen «ins Herz geschrieben», aber es wird keineswegs von allen Menschen und keineswegs von einzelnen Menschen immer befolgt. Zudem fehlt für seine Übertretung von Natur in diesem Leben die entsprechende Bestrafung. Manche Menschen können nicht über Ermahnung, sondern nur durch Gewalt und Furcht zur Disziplin gebracht und vom Tun des Schlechten abgehalten werden. Thomas zitiert Aristoteles:

«Deshalb ist es notwendig (geworden) um des Friedens der Menschen und der Tugend willen, daß Gesetze aufgestellt wurden, weil ja, wie der Philosoph in Politik I sagt, der Mensch, wenn er vollendet tugendhaft ist, das beste unter den Sinnenwesen ist, getrennt aber von Gesetz und Gerechtigkeit das schlechteste von allen; weil der Mensch die Waffen des Verstandes zum Vollführen von Begierdetaten und Grausamkeiten hat, die die anderen Sinnenwesen nicht besitzen» (S. theol. I-II, qu. 95 a. 1 co.).

Das positive menschliche Gesetz dient dem Schutze der Guten und der Zügelung der Bösen durch die Anwendung von Gewalt und die Furcht vor Strafe.

Doch menschliches Recht und menschliche Gesetze sind notwendig nicht nur, um schlecht veranlagte und schlecht geratene Menschen zu zügeln, sondern auch, um das hochgenerelle, unbestimmt-allgemeine Naturgesetz auf die gesellschaftlich-geschichtliche Situation eines Volkes hin auszulegen und fortzubestimmen. Dabei gilt für Thomas der Grundsatz, daß menschliches Gesetz nur in der Auslegung und Fortbestimmung des natürlichen Gesetzes seine Vernunftgrundlage besitzt und ein menschliches Gesetz, das dem natürlichen Gesetz widerspricht, kein Gesetz, sondern ein Verderbnis des Gesetzes (*legis corruptio*) darstellt (S. theol. I-II, qu. 95 a. 2 co.).

Das Postulat des Einklangs mit dem natürlichen Gesetz erfüllen Teile des positiven Gesetzes schlicht dadurch, daß sie das aufgrund der Natur der Sache Rechte positiv-gesetzlich fixieren wie etwa das Verbot von Betrug, Diebstahl, Ehebruch, Rufmord oder Mord. (Auf dieser Ebene der jedermann einsichtigen «Folgerungen» (*conclusiones*) aus den Prinzipien des natürlichen Gesetzes setzt Thomas übrigens das Völkerrecht (*ius gentium*) an, vgl. S. theol. I-II, qu. 95 a. 4 co.) Andere Gesetze beziehen ihre Verbindlichkeit nicht aus der Natur der Sache, sondern nur daraus, daß sie Gesetz sind, weil die Sache einer gesetzlichen Regelung bedarf oder sie nahelegt, aber prinzipiell so oder anders geregelt werden kann. (Auf dieser Ebene der auf die Lebensverhältnisse einer bestimmten politischen Gesellschaft bezogenen Fortbestimmung (*particularis determinatio*) setzt Thomas das Bürgerliche Recht (*ius civile*) an, vgl. ebd.).

Dieses positiv Rechtliche im engeren Sinn erfüllt die genannte Bedingung der «Herleitung» vom natürlichen Gesetz, indem es, wie gesagt, das Naturgesetz fortbestimmt bzw. dem Naturgesetz zumindest nicht widerstreitet. Seine Geltung und verbindliche Kraft verdankt es gemeinsamer Übereinkunft bzw. obrigkeitlicher Festsetzung; die Materie als solche ist sittlich-naturgesetzlich indifferent. Doch menschlicher Wille, der auf diese Weise etwas sittlich Neutrales zum Rechten und Gerechten machen kann, kann dies nicht, wenn es sich um etwas handelt, was dem natürlichen Recht (*ius naturale*) widerspricht (vgl. S. theol. II-II, qu. 57 a. 2 ad 2). Im (positiven) menschlichen Gesetz ist also manches geboten, weil es recht, und manches recht, weil es geboten ist. Doch niemals gilt, daß etwas einfach nur deshalb recht ist, weil es eine menschliche Autorität geboten hat (vgl. ebd. ad 3).

Das mit dem natürlichen Recht und Gesetz konforme und gerechte positive Gesetz einer politischen Gemeinschaft verpflichtet den Bürger und Untertanen moralisch. Gerecht sind Gesetze sowohl von ihrem Ziel her, wenn sie dem Gemeinwohl dienen, als auch von ihrem Autor her, wenn sie von der rechtmäßigen Obrigkeit ohne Überschreitung ihrer Machtbefugnisse erlassen sind, als auch von ihrer Form her, wenn sie inhaltlich den einzelnen Gliedern nach wohlbegründeten Verteilungsgesichtspunkten die Belastung für das Gemeinwohl auferlegen und sie an dessen Gütern partizipieren lassen (S. theol. I-II, qu. 96 a. 4 co.). Ungerecht können Gesetze nach einem, nach zwei, aber auch nach allen drei dieser Gesichtspunkte sein. Solche Gesetze verpflichten nicht moralisch, es sei denn aus Gründen der Vermeidung von Ärgernis, Unfrieden und Aufruhr. Ungerecht können menschliche Gesetze für Thomas aber auch sein durch ihren Widerspruch zu einem Gott zustehenden Gut, wenn etwa tyrannische Gesetze Götzendienst anordnen oder anderes gebieten, was gegen das göttliche Gesetz (*lex divina*) verstößt. Solchen Gesetzen, so Thomas, darf man auf keinen Fall gehorchen (ebd.).

Menschliche Gesetze sind bezogen auf das Wohl einer politischen Gemeinschaft. Es geht in ihnen um die Sicherung und Förderung eines allgemeinen Nutzens und die Verhinderung oder Beseitigung eines allgemeinen Schadens. Von hierher begründet Thomas den Gedanken, daß ein menschliches Gesetz sich nicht auf einzelne Fälle, sondern als eine allgemeine Vorschrift «auf vieles zu beziehen hat, sowohl den Personen, als auch den Geschäften, als auch den Zeiten nach» (S. theol. I-II, qu. 96 a. 1 co.). Eine Überregulierung durch eine Unmenge von Gesetzen ist unmenschlich; eine permanente Veränderung menschlicher Gesetze zersetzt ihre Autorität; eine Ausrichtung der Gesetze an der Durchsetzung eines Tugendideals verfehlt die Realität und den Sinn eines menschlichen Gesetzes:

«Das menschliche Gesetz indessen ist für die Menge der Menschen gesetzt, in der der größere Teil aus der Tugend nach unvollkommenen Menschen besteht. Und deshalb werden durch menschliches Gesetz nicht alle Laster verboten, derer sich die Tugendhaften enthalten, sondern nur die gewichtigeren, derer sich der überwiegende Teil der Menge enthalten kann; und hauptsächlich jene, die zum Schaden der anderen ausschlagen, ohne deren Verbot die menschliche Gesellschaft nicht erhalten werden kann, wie (etwa) durch menschliches Gesetz Mord und Diebstahl verboten sind» (S. theol. I-II, qu. 96 a. 2 co.).

Notgedrungen beschränkt sich die Rechtheit eines Gesetzes deshalb auf ein «meistens» (*ut in pluribus*), verlangt also für Sonderfälle die Möglichkeit, Ausnahmen von der Regel zu machen. Hier ist die unbestechliche Klugheit des Richters gefordert, der nach Gesichtspunkten des Rechts und der Billigkeit zu urteilen hat und mitunter den Wortlaut eines Gesetzes sehr weit auslegen muß, um der Intention des Gesetzgebers zu entsprechen und um offenkundiges Unrecht zu vermeiden. Und wenn in Sondersituationen das Wohl der Gemeinschaft auf dem Spiele steht, kann der Inhaber der obersten Gewalt von der Einhaltung bestimmter Gesetze dispensieren, oder gar der Einzelne, wenn die Gefahr keine Zeit zur Einschaltung der Obrigkeit läßt, gegen den Wortlaut eines Gesetzes handeln (vgl. S. theol. I-II, qu. 96 a. 6 co.).

Das menschliche Gesetz ist veränderbar. Was immer menschliche Vernunft festsetzt, ist der Verbesserung fähig, und die menschlichen Lebensverhältnisse wandeln sich. Doch für Thomas haben Gesetzesänderungen grundsätzlich etwas dem öffentlichen Wohl Nachteiliges an sich, weil zur Erfüllung der Gesetze am meisten die

Gewohnheit beiträgt. Häufige Gesetzesänderungen zersetzen das Rechtsbewußtsein der Menschen. Deshalb ist eine Gesetzesänderung nur dann vor der Vernunft gerechtfertigt, wenn durch sie ein sehr großer und ganz offensichtlicher Vorteil für das Gemeinwohl absehbar ist oder eine gravierende Ungerechtigkeit bzw. ein ernsthafter Schaden beseitigt wird (vgl. S. theol. I-II, qu. 97 a. 2 co.).

Thomas betont die wichtige Rolle der Gewohnheit für die Regulierung menschlichen Verhaltens. Menschliches Denken und Wollen bekundet sich nicht nur in Worten, sondern auch und vor allem in Handlungen. Und wenn etwas durch viele Menschen und über lange Zeit geschieht, dann hat es die begründete Vermutung auf seiner Seite, aus einem überlegten Vernunfturteil hervorzugehen: «Demnach besitzt die Gewohnheit die Kraft eines Gesetzes und schafft das Gesetz ab und ist Interpretin der Gesetze» (S. theol. I-II, qu. 97 a. 3 co.). Diese Kraft der Gewohnheit findet ihre Grenze allerdings dort, wo sie dem natürlichen oder dem göttlichen Gesetz widerspricht (ebd. ad 1).

5.4.2.4 Das göttliche Gesetz. Thomas rechtfertigt das Erfordernis eines (positiven) göttlichen Gesetzes (*lex divina*) mit vier Gründen. Der wichtigste und leitende dieser Gründe ist, daß der Mensch für ein Endziel bestimmt ist, zu dessen Realisierung seine natürlichen Kräfte nicht zureichen. Er bedarf eines Gesetzes, das sein Handeln auf dieses übernatürliche Ziel hinordnet. Der zweite Grund ist der, daß insbesondere über Kontingentes und Partikuläres hinsichtlich der menschlichen Akte unter Menschen (für die Vielen, aber auch für die Sachkundigen und Klugen) sehr vieles unsicher und strittig ist. Um diesbezüglich irrtumsfreie Gewißheit zu haben, was *in concreto* und im Blick auf das ewige Heil zu tun und zu lassen ist, ist eine positive göttliche Gesetzgebung nötig. Drittens ist menschliches Gesetz seiner Möglichkeit nach wesentlich auf die Regulierung äußeren Verhaltens begrenzt, während zur Vollkommenheit der Tugend auch die Rechtheit der inneren Akte gehört. Ein göttliches Gesetz muß hinzukommen, um die Ordnung der inneren Akte zu gewährleisten. Schließlich kann menschliches Gesetz nicht alles Schlechte verbieten und unter Strafe stellen, weil dies dem Gemeinwohl abträglich wäre und mit der von Menschen inszenierten Vernichtung alles Schlechten auch viel Gutes zerstört würde. Um der (von der Vernunft geforderten) definitiven Rechtheit willen bedarf es eines göttlichen Gesetzes, das kein Verdienst unbelohnt und kein Vergehen ungestraft sein läßt (vgl. S. theol. I-II, qu. 91 a. 4 co.).

Für Thomas umfaßt das göttliche Gesetz zur Regulierung menschlichen Verhaltens und menschlicher Gesinnung in Richtung auf das Endziel die Weisungen des Alten und das Neuen Testaments sowie deren Interpretation durch die Kirche und ihre Leitung.

Die Funktion des Alten Testaments sieht Thomas (vgl. S. theol. I-II, qu. 98–105) in der Vermittlung und Bewahrung der richtigen Gottesvorstellung und der vorbereitenden Hinführung zu Jesus den Christus. Es erfüllt diese Funktion mit seinen naturgesetzlichen Geboten des Dekalogs, seinen den äußeren Kult betreffenden Zeremonialgesetzen und seinen richterlichen, das israelitische Gemeinschaftsleben betreffenden Gesetzen. Das Gesetz des Neuen Testamentes sieht Thomas in seinem Wesen in etwas Innerem, in der Gnade des Heiligen Geistes, die in der durch den Glauben tätigen Liebe besteht und die (durch die Taufe) den an Christus Glaubenden geschenkt ist, in sekundärer Weise in einem geschriebenen Gesetz, das auf den Empfang dieser Gnade hinordnet und ihren Gebrauch anweist (S. theol. I-II, qu. 106 a. 1 co.). Das Gesetz des Alten Testaments operiert in Thomas' Augen stark disziplinierend mit den Mitteln von Furcht und Strafe, das Neue Gesetz ist für ihn das Gesetz der Liebe, das gegenüber dem Dekalog nicht so sehr inhaltlich Neues, als vielmehr eine neue, den Menschen vollendende Gesinnung mit sich bringt. Das Alte verhält sich zum Neuen Testament wie Pflanze und Frucht (S. theol. I-II, qu. 107 a. 3 co.). Das Wesentliche ist die Frucht; in ihr sind die naturgesetzlichen Normen des Dekalogs enthalten; die alttestamentlichen richterlichen Vorschriften sind durch den gesellschaftlichen Wandel relativiert; die Zeremonialvorschriften sind durch Christus und seine Weisungen abgelöst.

Für Thomas ist es sinnvoll und angebracht, daß das göttliche Wort menschliche Gestalt angenommen hat. Dementsprechend ist es sinnvoll und angebracht, daß die Gnade des Heiligen Geistes vom Fleisch gewordenen Wort auf dem Weg von Äußerlich-Sinnenfälligem zu uns übermittelt wird und daß die innere Gnade, durch die das «Gesetz des Zunders» außer Kraft gesetzt und «das Fleisch» durch einen neuen «Instinkt» dem Geist unterworfen wird, sich in bestimmten äußeren Werken bekunde. Im Sinne von äußeren Werken, die zur Gnade hinführen, sind die Sakramente (Taufe, Eucharistie) zu verstehen, die im Neuen Testament angeordnet sind. Was die äußeren Werke betrifft, die der «Instinkt der Gnade» hervorbringt bzw. meidet, so ist zu unterscheiden zwischen solchen, die notwendigerweise der inneren Gnade entsprechen oder widersprechen, wie die Konfession oder Negation des Glaubens, und solchen, die keine derartige notwendige Beziehung zur Gnade haben. Letztere sind der Überlegung und Urteilskraft des Einzelnen anheimgestellt. In diesem Sinne ist das Gesetz des Evangeliums ein Gesetz der Freiheit (vgl. S. theol. I-II, qu. 108 a. 1 co.). Die Bergpredigt (Matth. 5–7) enthält für Thomas alle Belehrung über ein christliches Leben. In ihr werden nach seiner Überzeugung die inneren Bewegungen des Menschen vollkommen geordnet (vgl. S. theol. I-II, qu. 108 a. 3 co.).

Was die Beziehung zur Welt betrifft, so hebt die Gnade die absolute innere Bindung an die Güter «dieser Welt» auf. Die Freiheit des Gläubigen schließt indessen nicht den Verzicht auf den Gebrauch dieser Güter ein. Die Empfehlungen eines völligen Verzichts auf das Eigentum an äußeren Gütern, auf die «Wonnen des Fleisches» und auf Ehren und Ehrenstellungen sind (nur) Ratschläge des Evangeliums, die für jene gedacht sind, die in Freiheit den erfolgversprechendsten Weg zum Heil einschlagen und ihre Frömmigkeit (*religio*) in dieser Welt auf vollkommenste Weise bekennen möchten. Ist doch in den drei evangelischen Empfehlungen der Armut, der Keuschheit und des Gehorsams, so Thomas, alle Frömmigkeit begründet, die den Status der Vollkommenheit verheißt (*in quibus etiam tribus fundatur omnis religio, quae statum perfectionis profitetur*, S. theol. I-II, qu. 108 a. 4 co.).

5.4.3 Natürliches Gesetz und natürliches Recht. Thomas spricht in verschiedenen Traktaten vom Gesetz und vom Recht. Er unterscheidet sie und bringt sie in Beziehung zueinander. «Gerecht» wird das genannt, worin die Handlung der Gerechtigkeit terminiert, auch wenn man davon absieht, in welcher Einstellung dies vom Handelnden aus geschieht.

Recht ist das in diesem Sinn Gerechte, das Objekt der Gerechtigkeit (*ius est obiectum iustitiae*, S. theol. II-II, qu. 57 a. 1 co.). Und wie bei den Dingen, die durch Kunst hervorgebracht werden, es im Geist des Fachkundigen oder in schriftlicher Form Pläne und Skizzen gibt, die als Maßstab (*regula*) für das Hervorzubringende dienen, so ist das Gesetz der (schriftliche) Maßstab für das Recht. Unter Recht (*ius*) versteht Thomas also nicht, wie wir heute, eine Rechtsnorm bzw. den Inbegriff von Rechtsnormen, sondern das in der Sache Rechte selbst, während ihm das Gesetz nur eine bestimmte Regel des Rechts ist (*et ideo lex non est ipsum ius, proprie loquendo, sed aliqualis ratio iuris,* S. theol. II-II, qu. 57 a. 1 ad 2).

Unter natürlichem Recht ist demnach für Thomas das zu verstehen, was für jemanden das nach den Normen des natürlichen Gesetzes sachlich Rechte ist. Mit dem Gesetz der Selbsterhaltung ist etwa unmittelbar das Recht auf Subsistenzsicherung verbunden. Im Falle extremer Not, so heißt es S. theol. II-II, qu. 32 a. 7 ad 3, sind den Menschen alle Dinge gemeinsam. Deshalb darf jener, der in solcher Notlage ist, fremdes Gut zu seiner Erhaltung an sich nehmen, wenn er keinen findet, der es ihm freiwillig gibt. Was das Recht auf Eigentum betrifft, so kommt für Thomas Gott das ursprüngliche und eigentliche Verfügungsrecht (*principale dominium*) über alle Dinge zu. Doch der Mensch ist Bild Gottes und hat deshalb ein seiner Natur entsprechendes (und Gott verantwortliches) Verfügungsrecht (*dominium*) über alle äußeren Dinge, die in der Schöpfungsordnung unter ihm stehen und die er sinnvoll für seine Lebensführung gebrauchen kann (vgl. S. theol. I-II, qu. 66, a. 1 co. und ad 1–3).

Daß dieses Verfügungsrecht zumindest auch und wesentlich der menschlichen Natur entsprechend in Form von Privateigentum organisiert sein darf, ja muß, begründet Thomas im wesentlichen mit aristotelischen Argumenten:

«Erstens, weil jeder einzelne stärker motiviert ist, für das Sorge zu tragen (*procurare*), was ihm allein, als für das, was allen oder vielen gemeinsam gehört; weil jeder einzelne, die Mühe scheuend, dem anderen überläßt, was das Gemeinsame betrifft, wie es der Fall ist in der Menge der Dienerschaft. Zweitens, weil die menschlichen Angelegenheiten geordneter behandelt werden, wenn einzelne die spezielle Verantwortung zur Besorgung von irgend etwas beherrschen; es würde Verwirrung eintreten, wenn ein Beliebiger unterschiedslos die Verantwortung über Beliebiges innehätte. Drittens, weil dadurch der Zustand unter den Menschen friedlich gehalten wird, wenn jeder einzelne mit seiner Sache zufrieden ist. Deshalb sehen wir, daß unter denen, die etwas gemeinsam und ungeteilt besitzen, häufiger Streit entsteht» (S. theol. II-II, qu. 66 a. 2 co.).

Auf den Einwand, den Thomas mit einem Zitat aus Isidors Etymologien vorbringt, daß der Gemeinbesitz aller und die eine Freiheit aller natürlichen Rechtes sei (*communis omnium possessio, et omnium una libertas, est de iure naturali*), antwortet er mit einer Unterscheidung im Sprachgebrauch: Man sage einmal, etwas sei natürlichen Rechtes, weil zu ihm die Natur selbst ausrichte und geneigt mache, wie etwa, daß man anderen kein Unrecht zufügen dürfe. Man sage andererseits, etwas sei natürlichen Rechtes, weil die Natur nicht das Gegenteil veranlaßt, es auch nicht gegeben, aber menschliche Kunst es hinzuerfunden hat, wie etwa die Kleidung. Und im zweiten Sinne seien Privatbesitz und Knechtschaft natürlichen Rechts, «weil selbstverständlich die Abgrenzung der Besitztümer und die Knechtschaft nicht von der Natur eingeführt sind, sondern durch die Vernunft der Menschen, zum Nutzen des menschlichen Lebens» (S. theol. I-II, qu. 94 a. 5 ad 3).

Thomas rechtfertigt also auch die Institution der Knechtschaft bzw. der Sklaverei (vgl. S. theol. I-II, qu. 105 a. 4), und er tut dies, indem er die aristotelischen Bestimmungen des «Sklaven von Natur» (Pol. I, 5) als Straffolge der Ursünde interpretiert (*quia servitus est in poenam peccati inducta*), nach der einige Menschen mit solchen Eigenschaften geboren werden, daß sie zur Knechtschaft prädisponiert sind (S. theol. II-II, qu. 189 a. 6 ad 2; S. theol. I, qu. 92 a. 1 ad 2), und zwar dahingehend, daß es für die Knechte nützlich ist, von Weiseren geleitet zu werden, und für die Herren, daß ihnen von den Knechten geholfen wird (S. theol. II-II, qu. 57 a. 3 ad 2). Thomas ist also noch weit davon entfernt, ein natürliches Recht zu formulieren, nach dem ein Mensch nicht Besitz eines anderen sein kann. Gleichwohl sieht er den Sklaven genauso wie den Herrn zum ewigen Heil bestimmt; und nicht nur dies: Thomas betont, daß die Menschen in den Dingen, die zur inneren Bewegung des Willens gehören, durch kein Herr-Knecht-Verhältnis zu gehorchen gehalten sind, und in den Dingen, die zur Erhaltung des Leibes und zur Erzeugung der Nachkommenschaft gehören, von Natur alle gleich sind. Deshalb seien weder die Sklaven gehalten, den Herrn, noch die Kinder den Eltern in Dingen der Eheschließung oder der Entscheidung für die Jungfräulichkeit oder anderem dergleichen zu folgen (vgl. S. theol. II-II, qu. 104, a. 5 co.), ganz abgesehen davon, daß der Herr vom Knecht nichts verlangen kann, was dem göttlichen Gesetz widerspricht, und der Knecht genauso wie der Herr letztlich seinem Gewissen verpflichtet bleibt.

5.5 Politische Gemeinschaft

Menschliches Leben und Handeln vollzieht sich nicht isoliert, sondern in Zusammenhängen, in die mehrere Menschen involviert sind, und nach Regeln, die viele Menschen teilen. Sittliches Verhalten, das als solches bezogen ist auf Regulierungsformen wie Sitte, Moral und Recht, versteht sich als Realisierung oder Verletzung einer Ordnung gesellschaftlichen bzw. gemeinschaftlichen Lebens von Menschen. Der Mensch ist von Natur auf ein Leben in Gemeinschaft hingeordnet in dem zweifachen Sinn, daß er sowohl zum bloßen Überleben als auch zum guten menschlichen Leben der Gemeinschaft mit anderen Menschen bedarf. Diesen Gedanken teilt Thomas mit der platonischen, der aristotelischen, der stoischen ebenso wie der biblischen Tradition. Aristoteles und Cicero haben seine Vorstellungen von Staat und Gesellschaft am nachhaltigsten geprägt. Seine eigenständige Leistung besteht hier darin, das gemeinsame Traditionsgut im Blick auf mittelalterliche Lebensverhältnisse fortzuschreiben.

5.5.1 Der Mensch wird zum Menschen im Vollsinn des Wortes nur in einer Sprach- und Lebensgemeinschaft mit Menschen. Dieser Kerngedanke leitet alle Überlegungen der Aristotelischen Ethik und Politik, der Thomas sich in besonderer Weise verpflichtet weiß. Zur Erhaltung des Lebens, zur Befriedigung elementarer Bedürfnisse ebenso wie zur Entwicklung und Entfaltung geistiger und sittlicher Anlagen bedürfen die Menschen der Zuwendung und gegenseitigen Unterstützung, des Zusammenspiels und des Austausches untereinander. Menschsein heißt immer Mitmensch sein.

Die Sozialität des Menschen besitzt ihre biologische Basis im Unterschied der Geschlechter, in der Verbindung des Männlichen und Weiblichen zur Zeugung und Aufzucht der Nachkommenschaft, im Unterschied der Anlagen und Kräfte der Menschen zu gegenseitiger Unterstützung im Beschaffen und Sichern des alltäglich Lebensnotwendigen. Der Mensch ist von Natur ungleich mehr als jedes andere Tier ein Mängelwesen, dessen Mängel nur in Gesellschaft behebbar sind (vgl. De reg. princ. I, 1). Im Blick darauf setzt Thomas einen Naturtrieb an, der den Menschen die Nähe des Menschen suchen und selbst dem fremden Artgenossen, der in Not ist, Hilfe zukommen läßt.

Die Sozialität des Menschen besitzt ihre genuin menschliche Verankerung in der Sprache. Sprache als Mittel des Ausdrucks, der Information und der Verständigung ist Produkt, Mittel und Medium von Gemeinschaftlichkeit. Die Möglichkeiten der Sprache kompensieren die Mängel naturaler Ausstattung (vgl. De reg. princ. I, 1). In ihr konstituiert und tradiert sich menschliches Können und menschlicher Geist. In ihr als Gemeinsamem, vielen auf gleiche Weise Zugänglichem wird Wahrheit und Rechtheit erfaßt und vermittelt, kommen die gemeinsamen und Gemeinschaft stiftenden Anschauungen von wahr und falsch, nützlich und schädlich, recht und unrecht, schön und häßlich zum Ausdruck. Ein Mißbrauch der Sprache greift die Grundlagen menschlicher Gesellschaft an. Wahrhaftigkeit (*veracitas*) ist eine Tugend, die mit der Tugend der Gerechtigkeit in engster Verbindung steht.

«Menschen können nicht miteinander zusammenleben, wenn sie sich nicht gegenseitig glauben in Situationen, in denen sie sich gegenseitig die Wahrheit kundtun. Und so erfüllt die Tugend der Wahrheit in gewisser Weise den Begriff des Geschuldeten» (S. theol. II-II, qu. 109 a. 3 ad 1).

5.5.2 Der Mensch ist von Natur ein Gemeinschaftswesen, das die ihm eigene zureichende Ordnung nur in der politisch organisierten Gesellschaft bzw. Gemeinschaft (*societas* bzw. *communitas civilis* bzw. *civitas*) findet. Sie erst ist vollkommene menschliche Gemeinschaft (S. theol. I-II, qu. 90 a. 2 co.: *perfecta communitas civitas est*) in dem Sinne, als sie und erst sie den zureichenden Rahmen bietet für die Entfaltung der positiven Möglichkeiten des menschlichen Lebens. So gesehen ist das Gut der politischen Gemeinschaft das vorzüglichste menschliche Gut (*bonum reipublicae est praecipuum inter bona humana*, S. theol. II-II, qu. 124 a. 5 ad 3). Diese politische Gemeinschaftsordnung ist ein Werk der menschlichen Vernunft, und ein um so gelungeneres Werk der Vernunft, je mehr es die natürlichen Anlagen und Tendenzen des Menschen aufnimmt und über Sitten, Gesetze und gesetzliche Institutionen zur Entfaltung und Vollendung führt bzw. gelangen läßt (vgl. In I Pol. I, 1).

Zum Überleben ebenso wie zum angenehmen und sittlich guten menschlichen Leben hält Thomas (im Anschluß an Platon und Aristoteles) eine arbeitsteilig organisierte Gesellschaftsordnung für erforderlich. Und er sieht in den unterschiedlichen Talenten und Neigungen der Menschen den natürlichen (und gottgewollten) Anhalt für diese Ordnung.

«Weil nämlich vieles erforderlich ist für das menschliche Leben, zu dessen Beschaffung ein einzelner Mensch für sich nicht genügt, ist es notwendig, daß durch Verschiedene Verschiedenes geschehe, daß zum Beispiel manche Ackerbauern sind, manche Viehhirten, manche Baumeister und so anderes mehr; und weil das Leben der Menschen nicht nur der körperlichen Dinge bedarf, sondern noch mehr der geistlichen, ist es notwendig, daß einige für die geistlichen Dinge frei sind zur Verbesserung der anderen; sie müssen von der Sorge um die zeitlichen Dinge freigestellt sein. Diese Aufteilung aber verschiedener Funktionen auf verschiedene Personen erfolgt durch göttliche Vorsehung, gemäß dem Umstand, daß manche mehr zu dieser als zu anderen Funktionen geneigt sind» (S. c. G. III, 134).

Thomas sieht die Menschen in ihrem Wesen als gleich und ungleich in einem. Sie sind gleich als Kinder Gottes und in ihrer Berufung zur Gemeinschaft mit Gott; sie sind ungleich in ihrer Eignung für bestimmte soziale Funktionen. Die Verschiedenheit ist Garant einer für alle fruchtbaren Ergänzung ebenso wie der Schönheit der Ordnung im ganzen. Thomas folgt hier einem Augustinuswort aus *De civitate Dei XIX*: «Ordnung ist eine Gliederung gleicher und ungleicher Dinge, die jedem seinen Ort zuweist» (S. theol. I, qu. 96 a. 3 sed contra). Das Zitat steht im Zusammenhang der Frage, ob die Ungleichheit unter den Menschen eine Folge der Sünde ist. Thomas antwortet, daß die Menschen im paradiesischen Zustand weder in ihren körperlichen noch in ihren geistigen Kräften gleich waren, da die körperliche Beschaffenheit von der Art der Nahrung, des Klimas und der Lage der Gestirne und die geistige vom freien Gebrauch der Willens- und Erkenntniskräfte abhänge (ebd. co.). Ähnlich ist für Thomas (im Unterschied zu Augustinus) auch dies, daß es unter Menschen Herrschaft, Über- und Unterordnung, Herrschende und Untergebene geben muß, keine Folge der Sünde, sondern Folge allein des Umstands, daß eine Gemeinschaft von Menschen aus vielen ungleichen Subjekten besteht, deren Einzelwillen der Koordinierung bedürfen. Herrschaft von Menschen über Menschen ist über zwei wesentliche Gründe gerechtfertigt:

«Erstens (...) wäre ein gesellschaftliches Leben vieler nicht möglich, wenn nicht irgend jemand den Vorsitz führte, der seine Absicht aufs Gemeinwohl richtete; denn viele richten von sich aus ihre Absichten auf vieles, einer aber auf eines (...) Zweitens wäre es unpassend, wenn ein Mensch, der einen anderen an Wissen und Gerechtigkeit überragt, dies nicht zum Nutzen der anderen (sc. in Form von Herrschaft) vollziehen würde» (S. theol. I, qu. 96 a. 4 co.; vgl. De reg. princ. I, 1).

Herrschaft von Menschen über Menschen wird also begründet durch die Notwendigkeit der Koordination von Einzelwillen zur Lösung nur gemeinschaftlich lösbarer Aufgaben und durch die Überlegenheit des oder der Herrschenden im Wissen und im Charakter.

Der wesentliche Faktor einer politischen Gemeinschaft ist das (menschliche) Gesetz. Die Gesetze einer politisch organisierten Gemeinschaft zielen, wenn es sich denn um veritable Gesetze handelt, auf das Gemeinwohl. Die Gesetzgebung und mit ihr die Hinordnung des Verhaltens der Menschen auf das Gemeinwohl ist entweder Sache der ganzen Volksmenge oder Sache dessen, der die Stelle der ganzen Volksmenge vertritt und als öffentliche Person die Sorge und Verantwortung für die Volksmenge trägt (*condere legem vel pertinet ad totam multitudinem, vel pertinet ad personam publicam quae totius multitudinis curam habet,* S. theol. I-II, qu. 90 a. 3 co.). Thomas spricht im ersten Fall von einer «freien Volksmenge» (*si enim sit libera multitudo, quae possit sibi legem facere,* S. theol. I-II, qu. 97 a. 3 ad 3); er kennt also den Gedanken der Volkssouveränität. Gleichwohl neigt er, wohl im Blick auf die gegebenen Verhältnisse seiner Zeit, nicht einer (radikal-)demokratischen, sondern einer monarchischen Herrschaftsform zu. Dabei ist für ihn nicht das Entscheidende, wer zur Gesetzgebung befugt ist, sondern dies, daß die Gesetze dem Gemeinwohl dienen.

5.5.3 Thomas folgt Aristoteles in der Unterscheidung der natürlichen, d. h. der Natur des Menschen entsprechenden Gemeinschaften des Hauswesens, des Dorfes bzw. der Gemeinde und der Bürgerschaft. Im Unterschied zu Aristoteles kennt und anerkennt er zwar, der mittelalterlichen politischen Ordnung entsprechend, noch jenseits der (politisch organisierten Stadt-)Bürgerschaft (*civitas*) die Institutionen der Provinz, des Königtums und des Reiches (vgl. etwa De malo qu. 1 a. 1; S. theol. II-II, qu. 40 a. 1 co.). Im Zentrum seines Interesses aber stehen das Hauswesen und die berufsständisch gegliederte, wirtschaftlich, kulturell und rechtlich und auch militärisch soweit möglich autarke politische Gemeinschaft der Stadt. An der *civitas*, und nur an ihr, entwickelt er seine Vorstellungen von politisch organisierter Gesellschaft.

Wie bei Aristoteles entsprechen die verschiedenen Gemeinschaften verschiedenen Zielen des Menschen, die in ihnen und durch sie verwirklicht werden: die alltägliche Beschaffung des Lebensnotwendigen (durch Arbeit und Tausch), die Erzeugung und Aufzucht der Kinder, die gegenseitige Unterstützung in Aufgaben und Situationen, deren Bewältigung die Ressourcen des einzelnen Hauswesens übersteigen, die Sicherung der Gemeinschaft gegen äußere Feinde und die Bereitstellung aller Güter, die zu einem genuin menschlichen Leben gehören. Doch anders als bei Aristoteles entsprechen den verschiedenen Arten und Stufen von Gemeinschaft nicht verschiedene «naturgemäße» Formen von Herrschaft. Für Thomas liefert vielmehr das Hauswesen mit seinen Gemeinschafts- und Herrschaftsbeziehungen von Mann und Frau, Eltern und Kindern, Herrn und Bediensteten das Paradigma für alle Über- und Unterordnungsverhältnisse. So hält er es denn auch für im allgemeinen besser und zweckmäßiger, wenn eine politische Gemeinschaft auf königliche Weise von einem Menschen geleitet wird statt von mehreren (vgl. De reg. princ. I, 1 u. 2). Thomas' Vorstellungen von guter Herrschaft haben zweifellos patriarchalische Züge.

Ohnehin erhalten beim Christen Thomas die Gemeinschaft des Hauswesens und die Institution der Ehe ein gegenüber Aristoteles stärkeres sittliches Gewicht. Thomas unterscheidet die naturale von der genuin menschlichen und diese von der christlichen Dimension der Ehe. Auf naturaler Ebene ist der Zweck der Erzeugung und Aufzucht der Nachkommenschaft und des sich gegenseitig stützenden häuslichen Lebens anzusetzen, auf genuin menschlicher Ebene der Zweck der Verwirklichung der Treue (*fides*), auf christlicher Ebene die Heilsgabe des Sakramentes (vgl. In IV Sent. d. 26 qu. 1 a 1 co.; d. 27 qu. 1 a. 2a co.; d. 31 qu. 1 a. 2: *bona matrimonii: fides, proles, et sacramentum*). Das Ziel der Erzeugung, Aufzucht und Erziehung der Kinder, das des reziproken Sexualgenusses, das des häuslichen Friedens und das der Verwirklichung der (rechtlich-moralischen) Treue erfordern ihre monogame Form und ihre lebenslängliche Dauer (vgl. S. c. G. III, 122, 123, 124).

Treue (*fides*) ist für Thomas die Form ehelicher Freundschaft, die die aristotelischen Aspekte der Lust-, der Nutzen- und der Tugendfreundschaft umfaßt. Sie verpflichtet sowohl auf ein leibliches als auch auf ein geistiges Einssein und Sichergänzen, wobei das seelisch geistige Einssein noch wichtiger ist als das leibliche (vgl. In IV Sent. d. 41 qu. 1 a. 1a co.; d. 42 qu. 1 a. 1 sed contra 2 und co.: *coniunctio animarum est principalior quam coniunctio corporum*).

Thomas unterscheidet privates und öffentliches Wohl. Das Hauswesen ist der Ort privaten Wohls, die politische Gemeinschaft Ort des öffentlichen Wohls. Und das private und öffentliche Wohl ist zu verstehen in seiner Beziehung zu zeitlichen Gütern des Lebens (*temporalia*). Das Geschäftsleben und der Handel, an dem Thomas weniger auszusetzen hat als Platon und Aristoteles (vgl. dazu ausführlicher Finnis, 1998, 200–210), gehört wesentlich in die Sphäre der Besorgung privaten Wohls. Das Wohl der politisch organisierten Gemeinschaft ist gegenüber dem des Einzelnen vorrangig. Doch das Wohl der politischen Gemeinschaft besteht in nichts anderem als dem Wohl der gesamten Volksmenge. Das öffentliche Wohl hat zur Basis die Sicherung der Lebensgrundlagen, und zu ihrem Kern die Sicherung des Friedens nach innen und außen und die Sicherung von Recht und Gerechtigkeit im Verhältnis der Glieder der Gemeinschaft untereinander. Thomas bestimmt denn auch den Begriff des Gemeinwohls in der Regel mit den Begriffen des Friedens (*pax*) und der Gerechtigkeit (*iustitia*) (vgl. etwa S. theol. I-II, qu. 96 a. 3 co.).

Das staatliche Gesetz hat die Aufgabe, die durch das Gesetz in ihrem Verhalten regulierten Menschen, notfalls auch mit dem Einsatz von Zwang, zur Tugend zu führen (vgl. S. theol. I-II, qu. 90 a. 3 ad 2). Tugend ist hier allerdings zu verstehen nur als Tugend der Gerechtigkeit, die das äußere Verhalten des Menschen zur politischen Gemeinschaft und zu einzelnen seiner Mitglieder betrifft. Das staatliche Gesetz ist nicht für die umfassende Tugend des Menschen zuständig; es kann und darf nicht die Rolle eines göttlichen Gesetzes übernehmen.

«Es ist aber ein anderer Modus der Gemeinschaft, zu dem das menschliche Gesetz hinordnet, als zu dem das göttliche Gesetz hinordnet. Denn das menschliche Gesetz ordnet zur Bürgergesellschaft hin (*ad communitatem civilem*), die das Verhältnis der Menschen zueinander ausmacht. Menschen aber werden in ihrem Verhältnis zueinander durch äußere Akte geordnet, durch die Menschen miteinander Gemeinschaft pflegen (*communicant*). Diese Art von Gemeinschaft aber fällt in den Begriff der Gerechtigkeit, der im besonderen für die menschliche Gemeinschaft leitend ist. Und deshalb schreibt das menschliche Gesetz nur Akte der Gerechtigkeit vor; und wenn es Akte anderer Tugenden vorschreibt, so nur, insofern sie das Merkmal der Gerechtigkeit annehmen» (S. theol. I-II, qu. 100 a. 2 co.).

5.5.4 Die «öffentliche Person», die die Verantwortung für die Volksmenge trägt und mit der Sorge für das Gemeinwohl betraut ist, besitzt «die Macht(befugnis) des Schwertes». Sie, und sie allein, kann und muß unter Umständen Gewaltmittel einsetzen, um den Frieden zu sichern und die Gerechtigkeit zu wahren.

«Da (...) den Fürsten die Sorge um das Gemeinwesen (*res publica*) anvertraut ist, ist es ihre Aufgabe, das Gemeinwesen der ihnen untergebenen Bürgerschaft oder des Königreichs oder der Provinz zu schützen. Und wie sie es legitimerweise mit dem materiellen Schwert gegen innere Störungen verteidigen, indem sie die Übeltäter bestrafen ..., so ist es auch ihre Aufgabe, das Gemeinwesen mit dem Kriegsschwert vor äußeren Feinden zu schützen» (S. theol. II-II, qu. 40 a. 1 co.).

Die «Macht(befugnis) des Schwertes» bezieht sich also auf die Bestrafung sich verfehlender Bürger und die Bekämpfung der äußeren Feinde.

Thomas kennt und anerkennt die von Cicero philosophisch begründete und von Augustinus ins Christentum übernommene Rechtsfigur des gerechten Krieges (vgl. Beestermöller 1990).[10] Nach ihr müssen drei wesentliche Bedingungen erfüllt sein, damit ein Krieg als ein gerechter gelten kann: Daß ein Krieg nicht von Privatpersonen, sondern nur aufgrund der Entscheidung und im Namen der «öffentlichen Person», des Fürsten, zu führen ist (*auctoritas principis*). Daß es um eine gerechte Sache geht (*causa iusta*) derart, daß jene, gegen die mit materiellen Waffen gekämpft wird, die Bekämpfung verdienen, sei es, daß der gegnerische Volksstamm oder «Staat» (*gens vel civitas*) zu bestrafen ist, weil er Übeltaten seiner eigenen Leute zu bestrafen unterläßt, oder weil er nicht zurückerstattet, was durch Unrecht von seiner Seite aus entwendet wurde. Drittens, daß der Krieg in rechter Absicht geführt wird (*intentio recta*), nämlich um etwas Gutes zu befördern oder ein Übel zu verhindern, mit dem Ziel der Friedenssicherung, um die Schlechten in Schranken zu legen und die Guten aufzurichten (S. theol. II-II, qu. 40 a. 1 co.).

Zur Erhaltung und Förderung von Frieden und Eintracht und um der Gerechtigkeit willen ist es erforderlich, daß die Guten belohnt und die Schlechten bestraft werden. Thomas hält es ganz generell für vernünftig und der göttlichen Providenz entsprechend, daß jene, die auf Erden der natürlichen und vernünftigen Ordnung gemäß anderen vorstehen, über diese eine Strafbefugnis besitzen (vgl. S. c. G. III, 146). Die Strafbefugnis der Obrigkeit der politischen Gemeinschaft (und nur sie) geht für Thomas so weit, daß sie es gestattet, unter Umständen einen Verbrecher mit dem Tode zu bestrafen. Das Gemeinwohl hat Vorrang vor dem partikularen Gut; man könne, ja müsse deshalb gegebenenfalls ein partikulares Gut entfernen, um das *bonum commune* zu erhalten (ebd.). Thomas bemüht das Organismusmodell des Staates: Wie der Arzt eventuell ein Glied des Leibes entfernen muß, um den Leib im Ganzen zu retten, so muß der Staat gegebenenfalls einen einzelnen Menschen töten, wenn dieser «der Gemeinschaft gefährlich und verderblich ist wegen eines bestimmten Vergehens» (S. theol. II-II, qu. 64 a 2 co.; vgl. ebd. a. 3 co.). Die Bedingung für den Vollzug der Todesstrafe ist demnach, daß aus ihm den Guten keine Gefahr, sondern vielmehr Schutz und Heil erwächst (*quando vero ex occisione malorum non imminet periculum bonis, sed magis tutela et salus, tunc licite possunt mali occidi*, S. theol. II-II, qu. 64 a. 2 ad 1).

Nicht nur der Staat, auch der einzelne besitzt ein Recht auf Gewaltanwendung zur Verteidigung in Situationen, in denen die Macht der Obrigkeit ihn nicht vor einem Angriff auf sein Leben und das Leben seiner Nächsten zu schützen vermag. Dabei mag die gewaltsame Verteidigung auch den Tod des Angreifers zur Folge haben. Thomas begründet diesen Gedanken mit dem sogenannten «Prinzip des doppelten Effektes». Ein Akt mag zwei Effekte haben, von denen nur der eine als Ziel intendiert ist und als solcher die moralische Qualität des Aktes bestimmt, während der zweite als unvermeidlich nur «in Kauf genommen» wird. Und so könne aus einem Akt der Verteidigung des eigenen Lebens sich der Tod des Angreifers ergeben, ohne daß dies den Akt zu einem sittlich unerlaubten machen würde. Allerdings dürfe man nur so viel an Gewalt anwenden, als die Situation zur Abwehr des Angriffs erfordert (vgl. S. theol. II-II, qu. 64 a. 7).

Von besonderer Bedeutung sind Thomas' Gedanken zur Frage nach der Erlaubtheit oder gar Gebotenheit politisch motivierter Gegengewalt gegen den Mißbrauch staatlicher Gewalt. Er verhandelt sie unter dem Titel der Tyrannenmacht (*potestas tyrannica*) bzw. des rebellischen Aufruhrs (*seditio*) in S. theol. II-II, qu. 42 a. 1 und 2. Eine politisch organisierte Vielheit von Menschen bildet nach ihm eine spezifische Vereinigung aufgrund der Übereinstimmung im Recht (*coetus iuris consensu*) und durch den Verband gemeinschaftlichen Wohls und Nutzens (*utilitatis communione sociatus*). Rebellischer Aufruhr zerstört die Einheit und Eintracht des Rechts und des gemeinsamen Nutzens, richtet sich entsprechend gegen die Prinzipien der Gerechtigkeit und des Gemeinwohls und ist dementsprechend als ein schweres Vergehen zu betrachten. Aber, und dies ist bei Thomas der entscheidende Gedanke, rebellischer Aufruhr kann nicht nur von einem Teil des Volkes ausgehen, sondern auch von der Obrigkeit oder einem ihrer Teile; diese erfüllt dann den Begriff despotischer Tyrannei. Eine gewaltsame Auflehnung gegen sie, falls keine Hilfe von höherer Instanz erwartet werden kann, ist kein rebellischer Aufruhr, es sei denn, die Tyrannenherrschaft wird so ungeordnet angegriffen, daß dadurch noch mehr Unrecht und Leid entsteht als durch deren weiteres Bestehen (ebd. a. 2 ad 3).

In der Schrift *De regimine principum* formuliert Thomas in Kapitel I, 6 die Bedingungen gerechtfertigten gewaltsamen Widerstandes zwar zurückhaltender, aber genauer als in der *Summa theologiae*: Die Tyrannis muß ein unerträgliches Maß erreicht haben (*intolerabilis excessus tyrannidis*), und das Vorgehen gegen die grausame Bedrückung darf nicht nach privaten Erwägungen [Entscheidungen einzelner], sondern muß mit öffentlicher Autorität erfolgen (*non privata praesumptione aliquorum, sed auctoritate publica procedendum*). Wie die letztere Bedingung erfüllt sein kann, hängt von der spezifischen Gesellschafts- und Herrschaftsordnung einer politischen Gemeinschaft ab; jedenfalls muß der gewaltsame Versuch einer Beseitigung der Tyrannis von Autoritäten getragen sein, die formell oder informell mit guten Gründen für sich beanspruchen können, im öffentlichen Interesse zu handeln.

5.5.5 Thomas versteht sich in erster Linie als Christ und Glied der christlichen Kirche. Die christliche Kirche seiner Zeit erhebt gegenüber dem Gläubigen einen durchdringenden Anspruch auf die Ordnung seines Lebens. Das Leben von Thomas' Familie ist vom Konflikt zwischen Papsttum und Kaiser um die Verhältnisbestimmung von geistlicher und weltlicher Herrschaft, von *sacerdotium* und *regnum* betroffen. Die ungemein folgenreiche Leistung des Thomas im Blick auf das Verhältnis von geistlicher und weltlicher Macht besteht nun gerade darin, über die Rezeption des antiken philosophischen Verständnisses des Politischen und über neutestamentliche Hinweise dem Gedanken der Abgrenzung der geistlichen von der weltlichen Sphäre das theoretische Fundament zu liefern.

Bereits im Sentenzenkommentar (In II Sent. d. 44 qu. 2 a. 3 ex ad 4) findet sich der programmatische Satz:

«Zum vierten ist zu sagen, daß beide, die geistliche und die weltliche Gewalt (*spiritualis potestas, saecularis potestas*), von der göttlichen Gewalt stammen; und deshalb ist die weltliche Gewalt in der Hinsicht unter der geistlichen, in der sie ihr von Gott unterstellt ist, nämlich in den Dingen, die zum Heil der Seele (*salus animae*) gehören; und deshalb muß man in diesen Dingen der geistlichen Gewalt mehr gehorchen als der weltlichen. In den Dingen aber, die zum bürgerlichen Wohl (*ad bonum civile*) gehören, muß man mehr der weltlichen Gewalt als der geistlichen gehorchen, nach jenem Wort bei Matthäus (22, 21): ‹Gebt dem Kaiser, was des Kaisers ist.›» Den weltlichen Fürsten ist nach Gesichtspunkten der Vernunft die Aufgabe zugewiesen, das menschliche Gesetz nach Maßgabe des natürlichen Gesetzes so zu bestimmen und fortzubestimmen, daß es zum öffentlichen Wohl und Nutzen in den zeitlichen Dingen ausschlägt. Die kirchlichen Prälaten haben die Aufgabe, den Gläubigen jene Vorschriften zu geben, die zum gemeinsamen Nutzen der Gläubigen in den geistlichen Gütern gehören (vgl. S. theol. II-II, qu. 147 a. 3 co.).

Grundsätzlich gilt, daß die Kirche für die Verwaltung der übernatürlichen Heilsgaben, die kirchliche Obrigkeit für die Zurüstung des Gläubigen für das Jenseits und die weltliche Obrigkeit für die rechte Ordnung des Verhaltens der Menschen untereinander bezüglich der irdischen und zeitlichen Dinge zuständig sind. Gleichwohl weiß Thomas natürlich, daß sich die Sphären nicht in allem abgrenzen lassen, sondern in manchen Punkten des öffentlich relevanten Verhaltens auch überschneiden. Und er weiß um die mögliche Konfliktträchtigkeit dieser Überschneidungen und die Notwendigkeit, zwischen weltlichen und kirchlichen Machtansprüchen zum Ausgleich zu kommen. Von besonderer Brisanz ist das Verhältnis dort, wo nach Thomas das natürliche Gesetz für die politische Gemeinschaft religiöse Verpflichtungen auferlegt (vgl. Kap. 5.6), die Leitung der christlichen Kirche aber ein Privileg in der Interpretation religiöser Verpflichtungen ihrer Gläubigen für sich beansprucht.

Klar ist für Thomas, daß ein christlicher Herrscher eines christlichen Volkes in Angelegenheiten der *religio* dem Primat des Papstes untersteht (vgl. De reg. princ. I, 14). Klar ist für Thomas auch, daß ein nichtchristlicher Herrscher eines nichtchristlichen Volkes das natürliche Gesetz der Gottesverehrung im Dienst der Tugend des Volkes durch Zeremonialvorschriften fortbestimmen kann (vgl. S. theol. I-II, qu. 99 a. 3). Diese sind vor der Vernunft gerechtfertigt, insofern sie der Tugend dienen und nicht zum Götzendienst verleiten bzw. diesen anordnen; und Götzendienst besteht in der göttlichen Verehrung von etwas, das nicht göttlich ist (vgl. S. c. G. III, 120). Anders sehen die Dinge für Thomas aus, wenn es um die Frage geht, ob Ungläubige eine Herrschaftsbefugnis über Gläubige besitzen (S. theol. II-II, qu. 10 a. 10) und ob ein Fürst, der vom Glauben abfällt, auch seine Herrschaftsbefugnis über seine Untertanen verliert (S. theol. II-II, qu. 12 a. 2).

Bei der Herrschaftsbefugnis von Ungläubigen über Gläubige ist zu unterscheiden, ob die Herrschaft nach natürlichem oder menschlichem Recht besteht, ehe ein Volk (zum erheblichen Teil) gläubig wird. Eine solche Herrschaft ist (entsprechend dem *ius gentium*) in ihrer Legitimität vom Gläubigwerden des Volkes unberührt. Im Falle einer neu zu errichtenden politischen Herrschaft könne die Kirche es allerdings nicht dulden, so Thomas, daß Ungläubige in die Herrschaft und die herrschaftlichen Ämter gegenüber den Gläubigen gelangen (S. theol. II-II, qu. 10 a. 10 co.). Und wenn ein christlicher Herrscher vom (wahren) Glauben abfällt, verfällt er nach kanonischem Recht der Exkommunikation und verliert damit die Herrschaftsbefugnis über die Gläubigen, weil er eine eminente Korruptionsgefahr für den Glauben seiner Untertanen darstellen und Streit im Volk säen würde (S. theol. II-II, qu. 12 a. 2 co.).

Zusammenfassend läßt sich sagen: Thomas plädierte in keiner Weise für eine Priesterherrschaft auch im staatlichen, und das heißt profanen Bereich. Er argumentierte vielmehr mit plausiblen Gesichtspunkten für eine Trennung der Zuständigkeiten in irdischen und jenseitigen Dingen und hat damit für die Entwicklung des politischen Selbstverständnisses im lateinischen Westen Entscheidendes geleistet. Er plädierte allerdings auch – und darin ist er ein Mann der Kirche seiner Zeit im Dienst des Papstes – für das Geltendmachen politischer Ansprüche der Kirche im Blick auf religiöse und sittliche Belange mit Mitteln des kanonischen Rechts. Soweit es die Texte und die Gesamtlinie seiner Gedanken erkennen lassen, empfiehlt er keine direkte Inanspruchnahme weltlicher Macht durch die Leitung der Kirche.

5.6 Über Frömmigkeit, Heiligkeit und Götzendienst

Wir haben soeben (vorwegnehmend) davon gesprochen, daß nach Thomas nicht nur das göttliche, sondern bereits das natürliche Gesetz dem Menschen (dem Einzelnen ebenso wie der Gemeinschaft) religiöse Verpflichtungen auferlegt. Es geht hier um die Frage, was der Mensch nach Gesichtspunkten der Vernunft Gott zu geben schuldet oder Gott darbringen kann; zur Debatte steht die Thematik von Frömmigkeit und Heiligkeit und das Verhältnis von beidem.

Das Thema «Heiligkeit» (*sanctitas*) taucht bei Thomas in der *Summa theologiae* in einer einzigen kleinen geschlossenen Abhandlung auf: im Artikel 8 der Quaestio 81 der Secunda Secundae. Dieser Artikel behandelt die Frage: *Utrum religio sit idem sanctitati* – ob Frömmigkeit dasselbe ist wie Heiligkeit. Was Heiligkeit sei, wird im Rahmen der Frage nach dem Wesen der Frömmigkeit behandelt, der die gesamte in 8 Artikel gegliederte Quaestio 81 der II-IIae gewidmet ist.

Frömmigkeit (*religio*), so Thomas, ist eine Tugend, und zwar eine Tugend, die der Tugend der Gerechtigkeit angegliedert ist (vgl. II-II, qu. 80). Sie richtet uns allein auf Gott aus und disponiert zu Akten, die Gott in besonderer und ausschließlicher Weise geschuldet sind: zu Akten des Opfers, der Anbetung und dergleichen (qu. 81 a. 1 ad 1). Bei der Tugend der Frömmigkeit gehe es darum, Gott die schuldige Ehre bzw. Verehrung zu geben: *Bonum autem ad quod ordinatur religio est exhibere Deo debitum honorem* (qu. 81 a. 4 co.) bzw. *debitum cultum* (qu. 81. a. 5 co.).

Die Ehre und Verehrung, die wir Gott erweisen, bieten wir nicht seinetwegen dar – Gott genügt sich selbst, er bedarf nichts; Gottes Glanz ist durch uns nicht zu erhöhen, er ist in sich selbst des Glanzes und Ruhmes voll (*in seipso est gloria plenus* qu. 81 a 7 co.) –, die Verehrung Gottes geschieht unseretwegen: Weil durch die Verehrung Gottes unser Geist sich ihm (in Freiheit) unterwirft und mit ihm verbindet und in eben dieser Form der unterwürfig-freien Verbindung mit Gott seine Vollendung erreicht.

Doch diese freie Unterwerfung und diese in der freien Unterwerfung sich vollendende Verbindung unseres Geistes mit Gott vollzieht sich nicht auf nur geistig-geistliche Weise. Der Mensch bedarf, so Thomas, für den mentalen Akt seiner Verbindung mit Gott der Handreichung der Sinnendinge (*mens autem humana indiget ad hoc quod coniugatur Deo, sensibilium manductione*), und dies deswegen, weil wir das uns in diesem Leben Verborgene, das Unsichtbare (nur) durch das Verständnis des sinnenfällig Geschaffenen erfassen. Deshalb ist es erforderlich, bei der Verehrung Gottes irgend etwas Körperliches einzusetzen, damit durch das Körperliche, das über die Sinne raum-zeitlich Faßbare, als bestimmtes Zeichen, der Geist des Menschen zu den geistlichen Akten entfacht wird, durch die er mit Gott verbunden wird (qu. 81 a. 7 co).

Wichtig ist für Thomas also dies: Unser Leib, bestimmte Haltungen, Bewegungen und Äußerungen, äußere Dinge, Räume und Zeiten werden (aus Weltlichem herausgenommen und abgehoben und) Gott dargeboten, nicht weil Gott ihrer bedürfte. Sie werden ihm dargeboten als bestimmte Zeichen innerer und geistlicher Werke, die für sich selbst Gott wohlgefällig sind und die Gott annimmt. Für Gott ist als Geschenk nur Geistiges adäquat; Körperliches, Raum-Zeitliches kann nur als Zeichen für Geistiges fungieren. Deshalb, so Thomas, sagt Augustinus in *De civitate Dei X*: Die sichtbare Weihegabe ist Zeichen der unsichtbaren, d. h. ein heiliges Zeichen (*sacrificium visibile invisibilis sacrificii sacramentum, idest sacrum signum, est*, qu. 81 a 7 ad 2).

Der wahren, über Sinnenfälliges vermittelten Verehrung Gottes kontrastiert der Götzendienst (*idolatria*). Götzendienst, so Thomas, ist wahnhaft und lächerlich. Sein Wesen besteht darin, daß er das Zeichen für die Sache selbst nimmt. Im Götzendienst bringt der Mensch etwas Sinnenfällig-Körperliches, was zum Menschen gehört, dem Götzen dar, nicht als Zeichen, das ihn, den Menschen zu irgendwelchen geistlichen Akten aufruft und anregt, sondern als etwas, das dem Götzen für sich genommen angenehm und annehmbar ist (qu. 81 a. 7 ad 3).

Dies alles nun dient Thomas zur Einleitung und Vorbereitung der Diskussion und Beantwortung der Frage: Ist Frömmigkeit dasselbe wie Heiligkeit? (qu. 81 a. 8). Thomas sucht eine Klärung und Beantwortung der Frage zunächst über semantische und etymologische Überlegungen hinsichtlich des lateinischen und griechischen Sprachgebrauchs. Der Name «Heiligkeit», so Thomas, bedeute ein Zweifaches:

Zum einen Reinheit (*munditia*); dieser Bedeutung entspreche das griechische Wort; denn *hagios* besage *sine terra, ohne Schmutz* (nach Origenes, In Lev. Migne, PG 12, 530 D). Zum anderen Festigkeit, Stärke (*firmitas*). Deshalb wurden bei den Alten heilig (*sacra*) die Dinge genannt, die durch Gesetze bekräftigt waren, um nicht verletzt zu werden. Deshalb wird von etwas gesagt, es sei unverbrüchlich gemacht (*sancitum*), weil es durch das Gesetz bekräftigt ist.

Doch, so Thomas, es kann sich auch im Lateinischen dieses Wort *sanctus* auf Reinheit beziehen. Denn der Heilige wird verstanden als jemand, der durch Blut benetzt ist (*sanguine tinctus*); dies deshalb, weil von alters jene, die gereinigt werden wollten, durch das Blut des Opfertieres benetzt wurden, wie Isidor von Sevilla im X. Buch seiner *Etymologiae* erklärt (Migne, PL 82, 393 A).

Und beide Bedeutungen kommen darin überein, daß Heiligkeit den Dingen eignet (*attribuitur*), die zum Gottesdienst verwandt werden und zum Einsatz kommen. So sagt man nicht nur von Menschen, sondern auch vom Tempel und den Geräten und anderem Derartigen, sie seien geheiligt (*sanctificari dicuntur*), deshalb, weil sie auf den Gottesdienst ausgerichtet sind (*cultui divino applicantur*). Denn Reinheit ist erforderlich dafür, daß der Geist auf Gott ausgerichtet und mit ihm verbunden ist (*quod mens Deo applicetur*). Und – so die für Thomas selbstverständliche Voraussetzung – der menschliche Geist ist verunreinigt dadurch, daß er in die niederen, die weltlichen Dinge eingetaucht ist. Wie jede beliebige Sache durch Vermischung mit einer geringerwertigen verunreinigt wird, wie etwa Silber durch Vermischung mit Blei, so auch der menschliche Geist, wenn er sich mit sinnenfälligen Dingen beschäftigt und an ihnen hängt. Er muß deshalb von den niederen, den geschaffenen sinnenfälligen Dingen abgezogen, er muß gereinigt werden, um mit der höchsten «Sache», mit Gott, verbunden werden zu können.

Ziehen wir Bilanz: «Heilig» ist ein Prädikat, das in erster Linie Gott zukommt: Gott ist der bzw. das Heilige schlechthin. Dies ist zu selbstverständlich, als daß es Thomas hier überhaupt erwähnt. Heilig ist zum zweiten die Eigenschaft eines geschaffenen Geistwesens, insofern es auf die ihm zukommende freie, unterwürfige, vollendete Weise mit Gott verbunden ist. Heilig (geheiligt und heiligend) sind schließlich äußere, raum-zeitliche sinnenfällige Gegenstände, Personen, Rede- und Handlungsweisen, insofern sie für den speziellen Gottesdienst ausgesondert sind und als erregende sinnenfällige Zeichen für die innere Ausrichtung und Erhebung des menschlichen Geistes zu Gott fungieren.

Thomas thematisiert Heiligkeit (*sanctitas*) in der Quaestio 81 in Abgrenzung zur Frömmigkeit (*religio*). Heiligkeit, so Thomas, ist die tugendhafte, d. h. zur festen Disposition gewordene Einstellung des Menschen, durch die der Geist des Menschen sich selbst und all seine Akte völlig auf Gott ausrichtet. Sie unterscheidet sich von der Frömmigkeit nicht dem Wesen, sondern allein dem Gesichtspunkt nach. Denn Frömmigkeit wird die Tugend danach genannt, daß sie Gott den geschuldeten Dienst leistet in den Dingen, die *speziell* zur Gottesverehrung gehören, wie in Gebet, Opfern, Weihegaben und ähnlichem. Heiligkeit aber wird die Tugend genannt danach, daß der Mensch nicht nur dies, sondern auch die Werke der anderen Tugenden auf Gott bezieht oder danach, daß er sich durch bestimmte gute Werke für die Gottesverehrung rüstet.

Mit seiner Bestimmung von Frömmigkeit und Heiligkeit antwortet Thomas auf innerchristliche, vor allem von Petrus Abaelard (* 1079, † 1142) angestoßene mittelalterliche Tendenzen, die, wohl im Anschluß an eine platonische Tradition (des Dialogs *Euthyphron*), einer radikalen Moralisierung und Entsakralisierung dessen das Wort redeten, was als fromm und heilig zu gelten habe.[11]

Thomas teilt mit Abaelard und Platon das moralische Verständnis dessen, was als fromm zu bezeichnen ist; aber für ihn hat die Frömmigkeit des Menschen als eines Sinnen- und Vernunftwesens einen wesentlichen Bezug zu sinnenfälligen äußeren Gegenständen und Handlungsweisen, die als heilig (geheiligt und heiligend) gelten und die Funktion notwendiger vermittelnder Zeichen und Ausdrucksmittel für die Ausrichtung des Menschen auf Gott haben.

Diese Ausrichtung des Menschen auf Gott hat für Thomas eine private und eine öffentliche Seite. Zudem berühren und überschneiden sich in ihr natürliches, menschliches und göttliches Gesetz. Der Bezug des Frommen zum Heiligen ist für Thomas ebenso unverzichtbar wie, jedenfalls in einer überwiegend nichtchristlichen politischen Gemeinschaft, problembeladen.

6. Von Natur und Übernatur

Den ersten Artikel der ersten Quaestio der *Summa theologiae* widmet Thomas der Frage, ob der Mensch neben den philosophischen Disziplinen, die mit natürlicher Vernunft bestritten werden, noch eine andere Lehre braucht. In Frage steht das Erfordernis einer *sacra doctrina*, die sich auf übernatürliche göttliche Offenbarung stützt und in übernatürlich-religiösem Glauben für wahr gehalten wird. Thomas beantwortet diese Frage mit Ja, weil der Mensch auf Gott als ein Ziel hingeordnet ist, das das Begreifen durch die Vernunft übersteigt, das aber auch hinsichtlich dessen, was von ihm mit natürlicher Vernunft erfaßbar ist, der unterstützenden Hilfe durch die Offenbarung bedarf. Thomas zieht eine Grenze zwischen natürlichem Wissen, Meinen und Glauben und religiösem Glauben; er zieht eine Grenze zwischen natürlicher Wissenschaft und Offenbarungstheologie; er zieht eine Grenze zwischen (unvollkommenem) irdischem Glück und vollkommener Seligkeit. Über die Art dieser Grenzziehung und ihre Bedeutung soll im folgenden die Rede sein.

6.1 Zum Begriff des Glaubens

Thomas von Aquin handelt in der Quaestio 14 seiner *Quaestiones disputatae de veritate* und in der Pars IIa-IIae, qu. 1–16 der *Summa Theologiae* ausführlich vom Glauben. Er nähert sich seiner definitionsartigen Bestimmung über eine augustinische Formel: *credere est cum assensione cogitare*, «Glauben heißt mit Zustimmung denken» (De verit. qu. 14 a. 1; vgl. Augustinus, *De praedestinatione sanctorum* cap. 2, 5, Migne PL 44, 963). Das *cogitare* umfaßt unspezifisch die grundlegenden Verstandesleistungen der Begriffs- und der Satzbildung; mit der *assensio* ist die den Glauben einschließende kognitive Einstellung des Subjekts zum Inhalt der Sätze angesprochen.

Glauben heißt für Thomas ganz elementar: von etwas überzeugt sein, etwas für wahr halten. Wahr zu sein ist eine Eigenschaft von Aussagen. Sie zu bilden, zu verstehen, ihr Wahr- oder Falschsein festzustellen und zu behaupten kann nur ein Wesen, das über Verstand verfügt, das Sätze bilden kann. Glauben ist deshalb als Disposition und Akt des Geistes wesentlich dem intuitiv und diskursiv operierenden, bejahenden und verneinenden Intellekt, nicht dem Gefühl oder Streben zuzurechnen. Gleichwohl ist Glauben eine besondere Art des «Fürwahrhaltens». Wir halten etwas für wahr aus unterschiedlichen Beweggründen und auf verschiedene Weise. Es gibt Dinge, die halten wir für wahr, weil der Sachverhalt, unmittelbar oder über argumentative Schritte vermittelt, «zwingend» einleuchtet. Es gibt aber auch Dinge, die halten wir für wahr und überzeugend nicht aufgrund eigener «zwingender» Einsicht, sondern weil wir es in der einen oder anderen Hinsicht gut, angemessen und nützlich finden, sie für wahr zu halten. Dann ist es nicht das dem Verstand eigene Objekt, nämlich der einleuchtende Sachverhalt, sondern eine dem Verstand äußere Instanz, der Wille, der den Verstand zu einer Überzeugung bringt.

Auch die Weise des «Fürwahrhaltens» fällt verschieden aus. Thomas unterscheidet die Einstellungen des Zweifelns, des Meinens und des festen Überzeugtseins. Das Zweifeln (*dubitare*) ist charakterisiert als Fluktuieren des Geistes zwischen den Teilen einer Kontradiktion, wenn ihm Gründe für eine Entscheidung fehlen oder gleichgewichtig für oder gegen die Teile zu sprechen scheinen. Der Zustand des Meinens (*opinari*) ist gegeben, wenn der Verstand zwar der einen Seite einer Alternative zuneigt, aber zugleich noch (mehr oder weniger explizit) befürchtet, das Gegenteil könne wahr sein. Beide Dispositionen unterscheiden sich vom völligen Überzeugtsein von etwas (*totaliter adhaerere alicui rei*). Dieses kann nun verschieden bedingt sein: Einmal durch intuitive Einsicht, wenn der Sachverhalt unmittelbar einleuchtet, etwa im Fall von Sätzen, deren Wahrheit allein anhand der Bedeutung der in ihnen verwendeten Termini ersichtlich ist. Thomas spricht hier vom Einsehen (*intelligere*). Zum anderen kann die feste Überzeugung über Vermittlungsschritte aus «diskursivem» Erkennen aufgrund etwa eines schlüssigen Beweises resultieren; dies ist der Zustand des Wissens (*scire*). Schließlich kann sie vom Willen abhängen, der den Verstand, ohne daß der Sachverhalt intuitiv oder diskursiv erkannt ist, dazu motiviert, etwas fest für wahr zu halten im Blick auf Gesichtspunkte des zielhaft Guten, des Nützlichen und des Schicklichen. Und genau dies ist die Einstellung des Glaubens.

Im diskursiv vermittelten Wissen bewirkt der Gang der Gedanken die Zustimmung; in ihm ist die Zustimmung der natürliche, vollendende Abschluß des forschenden und argumentierenden Gangs der Gedanken. Solche Verhältnisse sind im Glauben nicht gegeben. Der Glaube hat als Einstellung des Verstandes etwas Unvollkommenes und Vorläufiges an sich. Der Verstand ist hier nicht an dem ihm eigenen Ziel der Erkenntnis des Sachverhalts angelangt.

Warum aber, so muß man sich fragen, ist Glauben für Thomas gleichwohl ein festes Überzeugtsein und vom bloßen Meinen oder gar Zweifeln wesentlich verschieden? Der entscheidende Unterschied findet sich in der Legitimationsquelle des Glaubens. Diese liegt nicht in der Vernunft des Glaubenden selbst, sondern in der auf die (überzeugende) Autorität anderer bezogenen Struktur des Glaubens. In der Einstellung des Glaubens transzendiert der Einzelne die eigene Vernunft und Urteilskraft. Glauben beinhaltet für Thomas, anders als Zweifeln und Meinen, eine dreistellige Relation: Jemand glaubt *jemandem* etwas (*Et ista est dispositio credentis, ut cum aliquis credit dictis alicuius hominis, quia videtur decens et utile*, De verit. qu. 14. a. 1 co.). Man glaubt etwas, weil jemand (anderer) es behauptet, weil er uns aufgrund bestimmter Eigenschaften für die Wahrheit des Gesagten bürgt und weil uns das Gesagte zu glauben gut, passend und nützlich erscheint. Die Beziehung zu einer externen personalen Autorität ist der Einstellung des Glaubens ebenso wesentlich wie die Beziehung zum für uns Guten, Passenden und Nützlichen.

Diese Einstellung des Glaubens ist dem einzelnen in seiner praktischen Alltagsorientierung in vielfacher Hinsicht unentbehrlich und selbstverständlich. Sie ist in einer theistischen Offenbarungsreligion zentral. Sie ist dagegen einem philosophischen Selbst- und Weltverhältnis, wie es durch die sokratische Tradition etabliert wurde, fremd. Beansprucht und verlangt dieses doch, alle Geltungsansprüche durch eigene Vernunft zu prüfen und zu beurteilen und sie nur dort ohne Vorbehalt, ohne skeptische Reserve, mit überzeugter Sicherheit zu erheben und zu befolgen, wo sie in eigener vernünftiger Einsicht verankert sind.

Der Alltagsglaube und der religiöse Glaube sind dreistellig, der philosophische Glaube ist zweistellig. Im Falle des religiösen Glaubens ist es für Thomas, in gewisser Weise über menschliche Autoritäten vermittelt, letztlich die Autorität Gottes, die den Glaubenden dazu bringt, etwas für wahr zu halten, was sich seiner Einsicht (noch) entzieht. Darin liegt auch der Grund, warum die Zustimmung des religiösen Glaubens für Thomas subjektiv fester und gewisser sein kann als die Zustimmung aufgrund natürlicher Einsicht und Erkenntnis, obgleich das Geglaubte an objektiver Evidenz weit hinter dem Eingesehenen und Bewiesenen zurückbleibt. Denn die *prima veritas,* d. h. Gott bzw. das sich den Menschen eröffnende göttliche Wort ist es, das im Glaubenden die Zustimmung des Glaubens bewirkt; und dieses ist eine weit stärkere Ursache für die Festlegung unserer Einstellung als das Licht unserer natürlichen Vernunft (*certitudo duo potest importare: scilicet firmitatem adhaesionis; et quantum ad hoc fides est certior omni intellectu et scientia, quia prima veritas, quae causat fidei assensum, est fortior causa quam lumen rationis, quod causat assensum intellectus vel scientiae. Importat etiam evidentiam eius cui assentitur; et sic fides non habet certitudinem, sed scientia et intellectus,* De verit. qu. 14 a. 1 ad 7).

Zwischenmenschliches Glauben ist vom religiösen Glauben zu unterscheiden. Thomas geht den entscheidenden Schritt zum Verständnis der Struktur des *religiösen* Glaubens über eine Erläuterung einer Formel des Hebräerbriefs (XI, 1): *fides est substantia rerum sperendarum, argumentum non apparentium,* «der Glaube ist die Substanz der Dinge, die es zu hoffen gilt, das Überzeugungsmittel für Dinge, die uns nicht vor Augen liegen». Was ist mit dieser Formel gemeint? Im religiösen Glauben ist das Überzeugtsein von einem Willen motiviert, der auf ein übernatürliches Lebensziel ausgerichtet ist: die *visio beatifica*, die ewige Erkenntnis- und Liebesgemeinschaft des Menschen mit Gott. Das Gute, auf das der religiöse Glaube bezogen ist, ist das Endziel des menschlichen Lebens. Dieses Ziel ist nicht das Ziel der Philosophen, ein mit menschlichen Kräften erkennbares und realisierbares Glück. Die Realisierung des im religiösen Glauben erstrebten Ziels übersteigt die Kräfte des Menschen, es sprengt den Rahmen seines Erkennens und sinnvoll-realistischen Strebens. Es ist uns allein, wie Thomas erklärt, durch die göttliche Großzügigkeit zugesagt (*aliud est bonum hominis naturae humanae proportionem excedens, quia ad ipsum obtinendum vires naturales non sufficiunt, nec ad cogitandum vel desiderandum; sed ex sola divina liberalitate homini repromittitur*, De verit. qu. 14 a. 2 co.).

Es vermag aber auch allein unserem Verlangen zu entsprechen.

Damit dieses Ziel, die *plena dei cognitio*, überhaupt unser natürliches Streben (als realistisches Ziel) ansprechen, unsere natürlichen Kräfte mobilisieren und auf sich ziehen kann, bedarf es einer anfanghaften Vorwegnahme, eines «Vorkostens» oder, mit einem anderen Bild des Thomas gesprochen, einer samenhaften Präsenz dieses Ziels in uns. Und diese kognitive Vorwegnahme, diese samen- bzw. keimartige Präsenz des übernatürlichen Ziels in diesem Leben ist der (religiöse) Glaube (als *substantia rerum sperendarum*, gemeint ist: als «Vorschein» der Dinge, die wir hoffen dürfen). Wir erfassen in ihm, wenngleich nur anfanghaft und in Bildern und Gleichnissen, die heilsgeschichtlichen und endzeitlichen Dinge, die unser natürliches Erkennen übersteigen, *ex infuso lumine* (De verit. qu. 14 a. 2 co.), d. h. in einem Licht, das gnadenhaft geschenkt ist und die Aufklärungskraft unseres natürlichen Verstandes hinter sich läßt. Das Licht dieser Aufklärung durch den (religiösen) Glauben ist von anderer Art als das Licht der natürlichen Vernunft. Und es bezieht sich auf Sachverhalte anderer Art als letztere. Und wir sind im Licht des Glaubens vom Bestehen der übernatürlich-heilsgeschichtlichen Sachverhalte überzeugt; «Unsere Vernunft stimmt jemandem in diesen Dingen zu, weil sie von Gott zugesagt sind; im Glaubenden wird also durch die Autorität des (bezeugenden und zusprechenden) Anderen die Zustimmung bewirkt» (*ratio assentit alicui ex hoc quod est a deo dictum; et sic ex auctoritate dicentis efficitur assensus in credente,* De verit. qu. 14 a. 2 ad 9).

Religiöser Glaube ist für Thomas zweifellos eine Kenntnis von Sachverhalten, die wir von uns aus nicht erkennen könnten, die aber zu kennen und fest für wahr zu halten nötig ist, um an ein übernatürliches Ziel zu gelangen. Doch damit ist nicht alles, ja wohl noch nicht alles Wesentliche gesagt. Denn im Vordergrund der Glaubenseinstellung steht für Thomas das skepsisfreie, das vorbehaltlose Vertrauen auf eine Person oder auf Personen und ihr Wort.

«Wer glaubt, stimmt dem Wort von jemandem zu. Deshalb ist offensichtlich das Wichtigste und gleichsam das Ziel in jeder Gläubigkeit jener, dessen Wort man zustimmt. An zweiter Stelle aber stehen die Dinge, durch deren Fürwahrhalten jemand jemandem zustimmen will» (S. theol. II-II, qu. 11 a. 1 co.).

Religiöser Glaube ist für Thomas wesentlich die vertrauensvoll bejahende Antwort des Menschen gegenüber einem sich selbst eröffnenden und ihm das endgültige Heil anbietenden und zusagenden Gott. Und christlicher Glaube hat für ihn seine personale Struktur wesentlich in der anerkennenden Beziehung des Gläubigen zur Person Jesu Christi, zur vermittelnden Personengemeinschaft der Kirche und zum autoritativen Wort Gottes in der Hl. Schrift (*sic ergo qui recte fidem Christianam habet, sua voluntate assentit Christo in his qui vere ad eius doctrinam pertinent*, ebd.).

Die entscheidende Frage an dieses religiöse Glaubenskonzept ist natürlich, auf welche Weise sich Gott dem Menschen personal eröffnet, wie der Mensch sicher sein kann, daß er der Autorität Gottes und nicht bloß der bestimmter Menschen vertraut. Die übliche, im Geiste des Thomas formulierte Antwort lautet: «Die Offenbarung Gottes gelangt zum Glaubenden entweder unmittelbar, wie an Moses, die Propheten und die Apostel, oder mittelbar durch Zeugen, die von Gott durch Wunder und übernatürliche Eigenschaften, wie es die einzigartigen Kennzeichen der wahren Kirche sind, als glaubwürdig bezeugt werden.»[12] Diese Auskunft scheint unbefriedigend zu sein. Wenn der religiöse Glaube der veritable Anfang, ein echtes Vorkosten der *visio beatifica* sein soll, dann möchte man annehmen, daß die personale Selbsteröffnung Gottes jedem Glaubenden gegenüber in irgendeiner Weise auch unmittelbar erfolgen muß. Menschliche Zeugenschaft und Zeugnisse ebenso wie Wunder sind allemal ambivalent und unsicher. Ihnen gegenüber ist eine gewisse Skepsis, jedenfalls ein Restvorbehalt angebracht. In der Tat wird die europäische Aufklärung, zum Teil zumindest, genau diese Forderung erheben: Wenn schon (heilsnotwendiger) Glauben aufgrund von Zeugenschaft, dann sollte, ja müßte die Autorität Gottes für alle unmittelbar das zu Glaubende bezeugen. Darauf gibt Thomas vorweg zur Antwort:

«Wie allerdings geschaffenes Sein von sich aus nichtig und Mängeln ausgesetzt ist, wenn es nicht vom ungeschaffenen Sein gehalten wird, so ist alle geschaffene Wahrheit Mängeln ausgesetzt, wenn sie nicht durch die ungeschaffene Wahrheit im Wahren gehalten wird. So würde es weder unfehlbar zur Wahrheit führen, dem Zeugnis eines Menschen noch dem eines Engels zuzustimmen, wenn nicht in ihnen ein Zeugnis des sprechenden Gottes gesehen wird» (De verit. qu. 14 a. 8 co.).

Menschen zeugen für Gott, aber Menschenzeugnis (das der Apostel, der Hl. Schrift und der Kirche) wird im Akt des Glaubens als Gottes Wort betrachtet und muß als solches betrachtet werden. Thomas äußert sich im Fidestraktat nicht eingehender über die Eigenart dieses Zeugnisses und die logische Struktur dieses «als Zeugnis des sprechenden Gottes ansehen (*considerare*)»; er schweigt sich darüber aus, wie der Gläubige im Wort der Hl. Schrift und im Wort der die Schrift verkündenden und auslegenden Kirche Gott selbst als Autor dieses Wortes erfahren, ihn identifizieren und seiner Autorität vertrauen kann.

Hier nun hilft die Differenzierungs- und Interpretationsleistung des spanischen Spätscholastikers und Thomasinterpreten Francisco Suárez etwas weiter.[13] Er bedient sich zur Klärung und Beantwortung der Frage, wie Gott im (menschlichen) Wort der Schrift und der Kirche selbst als Autor dieses Wortes erfahren werden kann, dem Sinn nach einer Unterscheidung des Thomas zwischen einer *revelatio ex parte objecti* und einer *revelatio ex parte potentiae*:[14] Etwas kann offenbar werden dadurch, daß es sich selbst unverhüllt zeigt, oder dadurch, daß jemandem die Augen geöffnet werden, derart, daß er im menschlichen und menschlich erscheinenden Zeugnis Gott sich bekunden sieht. In nachapostolischer Zeit würden die Menschen über Gott durch Menschen und menschliche, wenn auch vom Hl. Geist inspirierte Zeugnisse belehrt: durch die Hl. Schrift, die Gemeinschaft und die Leitung der Kirche.[15] Es sei nicht notwendig, daß eine für den Akt des Glaubens hinreichende Vorlage des Glaubensinhalts von Gott unmittelbar erfolge. Notwendig sei allerdings, daß die göttliche Kraft in ihr unmittelbar und auf besondere Weise dazwischentrete,[16] und zwar in Form einer besonderen Gnadenhilfe, die «das Herz» des Hörenden (und Lesenden) derart öffne,[17] daß es in dem, was von Menschen verkündet wird, etwas evidentermaßen Glaubwürdiges sieht, etwas, was von Gott selbst gesagt wird.[18]

Dabei soll etwas als Wort Gottes evident werden, ohne daß Gott selbst sich direkt enthüllt. Suárez betont im Sinne des Thomas: Nur dem, dem Gott unmittelbar «das Herz» öffnet, ist das von Menschen Bezeugte und Verkündete als Wort Gottes evident. Nur ein gnadenhaft geöffnetes Herz vermag in dem, was andere Menschen gesagt haben und sagen, ein *testimonium loquentis dei* zu sehen. Gleichwohl liefere sein auf übernatürliche Weise wahrnehmungs-

und urteilsfähig gemachtes «Herz» dem einzelnen noch keinen hinreichend zuverlässigen Kanon der Glaubenswahrheit. Es bedürfe der Stütze und des Halts äußerer kanonischer Instanzen, die dem Gläubigen auf autoritative Weise eine sichere Orientierung seines Urteils bieten.

Nach Suárez gibt es – und er versteht sich hier als korrekter Thomasinterpret – in nachprophetischer und nachapostolischer Zeit keine unmittelbar-personale Begegnung zwischen Gott und Mensch in diesem Leben. Diese eindeutige und ausschließliche Betonung der *revelatio ex parte potentiae*, in der der Mensch auf übernatürlich gnadenhafte Weise befähigt wird, in einem menschlichen Wort und Zeugnis Gottes Wort und Zeugnis, nicht aber Gott selbst unmittelbar zu erfahren, ist bedeutsam. Sie weist einerseits eine rein natürliche Begründung der religiösen Glaubenseinstellung zurück. Sie schiebt andererseits jedem schwärmerischen Anspruch von einzelnen oder Gruppen auf eine unmittelbare übernatürliche Gottbegegnung in diesem Leben einen Riegel vor. Sie bindet schließlich das subjektiv gnadenhaft erleuchtete Herz des einzelnen Gläubigen an ein objektives, historisch bestimmtes und umgrenztes, von einer Gemeinschaft getragenes autoritatives menschliches Zeugnis, das als *regula fidei*, als Kanon gläubiger Urteilskraft fungiert: Gemeint sind jene nichtsubjektiven kanonischen Instanzen, durch die die wesentlichen, d. h. die heilsnotwendigen Glaubensinhalte jenen, die nicht unmittelbare Adressaten einer göttlichen Wortoffenbarung sind, unfehlbar erfaßbar werden sollen; beim Jesuiten (und Thomasinterpreten) Suárez die Hl. Schrift, die Universalkirche, die Tradition, das allgemeine Konzil, der Papst.[19]

Was hat es mit diesen objektiven kanonischen Instanzen näherhin auf sich? Suárez weiß sich mit Thomas und der Tradition einig, daß die Verfassung, Sammlung und Anerkennung (eines Corpus) von Texten als menschliches Zeugnis göttlicher Offenbarung die Anerkennung der in ihnen enthaltenen wesentlichen Botschaft voraussetzt. Die Anerkennung einer Liste von Texten als kanonisch basiert auf dem Vorhandensein der autoritativen Geltung einer Glaubenslehre, deren gemeinsame, kontinuierliche und authentische Annahme eine (kontinuierliche) Gemeinschaft von Gläubigen stiftet. Dieses verbindende und verbindliche inhaltliche Glaubensgut fungiert sachlich und zeitlich als ursprüngliche *regula fidei*. Doch auch dieses Glaubensgut kann seine Rolle als inhaltlicher Kanon nur erfüllen auf der Basis seiner theoretischen und praktischen Anerkennung durch die Glaubensgemeinschaft. Die authentisch gelebte und als solche erfahrene Gemeinschaft der Gläubigen im Glauben bildet die personale Autoritätsbasis des religiösen Glaubens des einzelnen; und sie bildet die unverzichtbare Stütze der religiösen, die Affektivität beherrschenden Hoffnung des einzelnen.

Ein Kanon als geschlossene Liste heiliger Texte, aber auch die übrigen formalen kanonischen Instanzen sollen Kontinuität und Identität einer derart gegründeten Gemeinschaft sichern: durch Bewahrung der Botschaft vor Vergessen, vor Verfälschung, vor Verkürzung sowie vor Überfrachtung oder Verfremdung durch Unwesentliches und Nicht-Authentisches. Sind die Grenzen der Hl. Schriften einmal etabliert, kann das Corpus nun seinerseits die Rolle einer *regula fidei* spielen, nämlich Status und Funktion einer Hl. Schrift als Kanon, durch den christliches Lehren, Bezeugen und Leben angewiesen, geregelt und überprüft wird.

Die Funktion eines äußeren Kanons des Glaubens für den einzelnen ist an die Gegebenheit einer authentischen Gemeinschaft der Gläubigen im Glauben gebunden. Das überzeugend erfahrene Leben in dieser Gemeinschaft läßt seine die Urteilskraft des einzelnen entlastende, orientierende und bindende Rolle sinnvoll erscheinen. Die Auflösung, die Nichterfahrbarkeit oder die nur noch scheinhafte Präsenz einer solchen Gemeinschaft setzt im einzelnen die Kritik an der Kanonik des Offenbarungsglaubens frei.

6.2 Natur und Übernatur: Die Rezeption des Rabbi Moyses

Thomas ist, wie wir gesehen haben, in vielfacher Weise von der philosophischen Tradition des Neuplatonismus geprägt. Neuplatonisches Gedankengut spielte auch in der islamischen Philosophie eine bedeutende Rolle. Die neuplatonische Färbung des islamischen und des islamisch-jüdischen Aristotelismus erleichterte dessen Integration in ein christliches Weltbild.

Gleichwohl verlief diese Integration des neuplatonisch gefärbten Aristotelismus in das Christentum nicht zuletzt durch Thomas von Aquin anders als in der (mittelalterlichen) Philosophie des Islam und des Judentums. Der entscheidende Differenzpunkt war, daß

Thomas (im Unterschied zu bedeutenden Vertretern der islamischen und jüdischen Philosophie) von seinen christlichen Prämissen her eine klare Grenzziehung vornahm zwischen Vernunft und religiösem Glauben, zwischen Natur und Übernatur. Diese Grenzziehung hat ihre Auswirkungen bis in das kulturelle Selbstverständnis differierender Großkulturen der Gegenwart. Im Werk von Moses Maimonides (Rabbi Moyses) verbinden sich islamische und jüdische Philosophie. Seine kritische Rezeption durch Thomas von Aquin soll hier deshalb als Beispiel dienen für die Art und Weise, wie Thomas gegenüber dieser Form eines neuplatonisch gefärbten Aristotelismus die Differenz von Natur und Übernatur zur Geltung brachte.

6.2.1 Moses Maimonides (*1135, †1204) genießt zu seinen Lebzeiten den ausgezeichneten Ruf eines rabbinischen Gesetzesgelehrten. Er dient auch Thomas von Aquin als Autorität, wenn es diesem, wie etwa in seinem Lex-Traktat der *Summa theologiae*, um das Verständnis der jüdischen Gesetzesreligion geht (S. Theol. I-II, qu. 91–108, insbesondere qu. 98–105). Seine große Wirkung auf die Formierung der hochmittelalterlichen Gedankenwelt des lateinischen Westens stützt sich allerdings nicht auf die *Mishneh Torah*, sondern auf das andere seiner beiden Hauptwerke, den *More Nebuchim*, den *Führer der Unschlüssigen*, ein Werk, dessen disziplinäre Einordnung in die Philosophie oder die Theologie nach wie vor Schwierigkeiten bereitet.[20] Nun ist diese Unsicherheit nicht singulär, sondern betrifft die Einordnung nahezu aller großen Köpfe des Hochmittelalters, die sich selbst als Theologen betrachten und die pagane Philosophie der Antike für die theoretische Formulierung ihres religiös geprägten Weltbildes in Anspruch nehmen. Die entscheidende Frage ist, welche Rolle die Philosophie bei diesem Unternehmen spielt. Bei Maimonides, so meine These, besteht (ähnlich wie bei islamischen Denkern) das für uns Merkwürdige gerade darin, daß sie das meiste seines jüdischen Glaubens in Philosophie auflöst und auflösen kann, ohne letztlich unorthodox zu sein, während aus christlicher Perspektive zwischen Glaubenswahrheit und philosophischer Erkenntnis eine präzise Grenze besteht und bestehen muß, soll der Boden des wahren Glaubens nicht verlassen werden.

Als ernsthaftes Problem wurde die Rolle der Philosophie allerdings im Rahmen aller drei großen Offenbarungsreligionen empfunden, als im Hochmittelalter über die Begegnung mit der Kultur und Wissenschaft des Islam die Rezeption der avanciertesten Philosophie anstand: des Werks des Aristoteles, seiner antiken Kommentatoren und seiner Fortbildung durch arabischsprachige Denker. Im Unterschied zum antiken (Neu-)Platonismus ließ sich die aristotelische Philosophie nur schwer in das Weltbild der drei großen Offenbarungsreligionen integrieren.

Papst Gregor IX. verbot 1131 das Studium der naturwissenschaftlichen Werke des Aristoteles, weil sie mit Kerndogmen des biblischen Christentums unvereinbar schienen: mit dem Schöpfungsgedanken, der Lehre von der individuellen göttlichen Providenz, der Wunder, der übernatürlichen Offenbarung.[21] 1233 versuchten südfranzösische Rabbiner (vergeblich) die Verbrennung von Moses Maimonides' *Führer der Unschlüssigen* bei der von den Dominikanern wahrgenommenen Inquisition zu erwirken, weil seine Art der Aristotelesrezeption ihrer Überzeugung nach gegen den biblischen Glauben verstoße.[22] Das Christentum teilte mit dem Judentum das Schicksal der Herausforderung durch die aristotelische Philosophie; und die von Beginn virulent gewordenen Schwierigkeiten des Islam mit den Aristotelikern in seinen Reihen waren notorisch; sie erreichten mit dem Lebenswerk des Averroes ihren Höhepunkt.

Moses Maimonides, in islamischen Ländern lebend, begegnet dieser Herausforderung früher als die christlichen Denker. Er schätzt, wie unter Logikern, Naturforschern und Ärzten seiner Zeit üblich, das aristotelische Œuvre als Gipfel profaner Philosophie und Wissenschaft. Albertus Magnus und Thomas von Aquin werden diese Ansicht teilen und sich durch päpstliche Verbote nicht in ihrer Forschung und Rezeption beeinträchtigen lassen. Durch sie vor allem findet die lateinische Scholastik im Werk des Moses Maimonides ein Paradigma kritischer Aufnahme des Aristotelismus auf der Basis eines zum Teil gemeinsamen biblischen Glaubens.

Albertus Magnus und Thomas von Aquin lesen den *Führer der Unschlüssigen* in lateinischer Übersetzung.[23] Albert hat das Werk in den vierziger Jahren in Paris studiert. Über ihn lernt Thomas es kennen. Der lateinische Titel lautet in den Handschriften: *Dux neutrorum vel dubiorum.* Um die Jahrhundertmitte ist der Text in Paris und Oxford den Gelehrten allgemein zugänglich.[24]

Im *Führer der Unschlüssigen* stellt Maimonides sich die Aufgabe, «demjenigen eine Anleitung zu geben, welcher der Religion kundig und mit dem Gesetze vertraut ist, der an die Wahrheit der Tora glaubt und in seinem Glauben und Charakter untadelig ist, der aber Philosophie studiert hat und ihre Probleme kennt, und den die menschliche Vernunft angezogen hat, um ihn in ihrem Bereiche wohnen zu lassen».[25] Maimonides möchte also mit seinem Werk den Torah-Glauben mit der Philosophie – gemeint ist die von der arabischen Kultur getragene aristotelische Philosophie – in ein passendes Verhältnis setzen. Und das Ergebnis dieses Verhältnisaufbaus soll so sein, daß der durch sein Werk Angeleitete sowohl im Torah-Glauben als auch im Bereich der menschlichen Vernunft zu leben (und richtig zu leben) vermag.

Thomas von Aquin hat die Beschäftigung mit dem neu zugänglichen aristotelischen Œuvre zu einer präzisen Abgrenzung und Verhältnisbestimmung von religiösem Glauben und profanem Wissen, von Philosophie und Offenbarungstheologie motiviert. Wie seine hierfür einschlägigen Texte belegen, war der *Führer der Unschlüssigen* des Rabbi Moyses dabei für ihn ein wichtiger Bezugstext. Er hat ihn genau studiert und seine Gedanken und Argumente zum Teil übernommen, aber stets in einen wissens- und glaubenstheoretischen Rahmen integriert, der sich von dem des Rabbi wesentlich unterscheidet. Thomas nämlich zieht eine eindeutige Grenze zwischen Natur und Übernatur, zwischen Wissen und Offenbarungsglauben, zwischen dem diesseitigen *status viae* und dem jenseitigen *status perfectionis* des Menschen.

Maimonides dagegen zieht zwar eine präzise Grenze zwischen dem transzendenten Gott und seinem uns zugänglichen Werk, aber er unterscheidet in Gottes Werk und seinem Verhältnis zu seinem Werk nicht zwischen Natur und Übernatur, zwischen Natur und Gnade, und hebt den für alle notwendigen und verbindlichen Glauben für die wenigen Fähigen, Tüchtigen und Berufenen nach dem Modell der aristotelischen Theoria weitgehend in Wissen auf. Diese These soll im folgenden anhand von Vergleichsthemen, die das Verhältnis von Glauben und Wissen betreffen, beispielhaft erläutert und begründet werden.

6.2.2 Die christliche Religion ist von ihrer Frühzeit an stark mit heils- und unheilsgeschichtlichen Dogmen befaßt, die schrittweise in philosophischer Sprache ausformuliert werden. Ihre Mitte bildet, an diesen gemeinschaftsstiftenden Dogmen orientiert, das sakramentale Leben mit seinen Symbolen. Die jüdische Religion ist, ähnlich dem Islam, weit weniger an offenbarungstheologischen Glaubenswahrheiten ausgerichtet. Ihre Mitte bildet der praktische Gehorsam gegenüber dem mosaischen Gesetz.[26] So gesehen dürfte nicht überraschen, daß die Verhältnisbestimmung von Glauben und Wissen bei einem jüdischen (und analog bei den islamischen) und einem christlichen Denker des Mittelalters merklich differiert. Gleichwohl ergibt sich für das mittelalterliche Judentum in einer islamischen und christlichen Umwelt das Bedürfnis nach einer Vergewisserung der eigenen theologisch-religiösen Verbindlichkeiten. Dieses Bedürfnis wird um so drängender, als sich, unter dem Einfluß des Aristotelismus, in der intellektuellen Elite gewisse Verunsicherungen und Lösungstendenzen von der überlieferten Religion abzeichnen.

Maimonides stellt sich diesem Bedürfnis. Er ist von der Wahrheit der ererbten Religion überzeugt. Sie allein bietet ihm den Weg zum Heil. Die Wahrheit der Religion ist in einer Heiligen Schrift formuliert, die die Sprache des einfachen Volkes spricht. Am Glauben der Sprache des Volkes kann der philosophisch Gebildete in Zweifel geraten, verwirrt und irre werden. Um dieser Gefahr zu begegnen, will Maimonides dem Philosophierenden den Weg zeigen, wie man die Hl. Schrift mit Hilfe wissenschaftlich-philosophischen, am Aristotelismus orientierten Denkens, auf dem Weg der Ersetzung von Bildern durch Wesensbegriffe, allererst adäquat zu verstehen vermag. Bei dieser von philosophisch-wissenschaftlichem Wissen getragenen Interpretation leitet ihn allerdings eine Kanonik, die für ihn die Zugehörigkeit zur Glaubensgemeinschaft definiert und die für ihn auch im Falle einer Differenz niemals zugunsten einer aristotelischen Lehre zu verlassen ist. In seinem Mischnakommentar formuliert Maimonides 13 verbindliche Glaubenslehren der jüdischen Religion, die auch im *Führer der Unschlüssigen* leitend sind und nicht in Frage gestellt werden, vielmehr hier zum Teil ihre adäquate philosophische Interpretation erfahren. Es sind dies:[27] die Existenz des Weltschöpfers, die Einzigkeit Gottes, seine Unkörperlichkeit und Ewigkeit; die Verehrungs-, Dienst- und Gehorsamsverpflichtung des Menschen; die Möglichkeit und Wirklichkeit von Prophetie; die herausragende Stellung des Moses; die Torah als von Gott gegebenes, von Moses übermitteltes, unaufhebbares Gesetz; Gottes Kenntnis der Taten jedes Menschen, ihre Belohnung und Bestrafung; das Kommen des Messias und die Auferstehung der Toten.

Gerade diese eindeutige Verpflichtung des Moses Maimonides auf seinen Glauben (im Unterschied zur weit weniger eindeutigen diesbezüglichen Haltung des Averroes) und die Gemeinsamkeit elementarer Glaubensüberzeugungen machen ihn für Albert und Thomas in gewisser Hinsicht zum Vorbild.

6.2.3 Im Kapitel I, 34 des *Führers der Unschlüssigen* gibt Maimonides fünf Gründe, «die es verbieten, den Unterricht mit der Metaphysik zu beginnen und die Laien über das aufzuklären und ihnen das zu zeigen, worauf man sie eigentlich aufmerksam machen müßte» (FU 98 f.). Am Beginn und für alle zum Glauben und Heil Erwählten muß eine für alle verständliche Offenbarung und Überlieferung stehen. Wäre dem nicht so, so würden die meisten Menschen sterben, ohne zu wissen, ob es für die Welt einen Gott gibt oder nicht, ob ihm die Herrschaft zuzusprechen ist oder nicht (vgl. FU 103) und wie sie sich entsprechend zu verhalten haben. Diese Offenbarung und Überlieferung, die der Hl. Schrift, erfolgt in der Sprache von Kindern und Laien, enthält indessen eine Tiefendimension, die nur für Auserwählte, und auch für sie erst nach entsprechend geordneter Vorbereitung des Charakters und des Geistes, verstehbar wird. Die fünf Gründe rechtfertigen die Notwendigkeit eines allgemeinen Volksglaubens, die Notwendigkeit eines geordneten Bildungsgangs zum «esoterischen» (d. h. der Verständnismöglichkeit weniger vorbehaltenen) Gehalt des «wahren Glaubens» und die Notwendigkeit einer an der Fassungskraft der Menschen ausgerichteten Aufklärung. Maimonides beschließt das Kapitel im Blick auf die Interpretation des Glaubensguts mit Mitteln aristotelischer Philosophie mit dem Satz:

«Aus all diesen Gründen eignen sich diese Dinge ausschließlich für einzelne Auserwählte, nicht aber für die große Menge, und deshalb müssen sie dem Anfänger vorenthalten und der dazu nicht Geeignete gehindert werden, wie man kleinen Kindern untersagt, schwere Speisen zu essen oder schwere Lasten zu tragen» (FU 108).

Das anschließende Kapitel I, 35 handelt dann von einer adressatenbezogenen wohldosierten und graduierten Aufklärungspflicht der Verstehenden gegenüber dem einfachen Volk.

Thomas von Aquin benützt die Argumente des Kapitels I, 34 des

Dux neutrorum sämtlich für ein eigenes Argumentationsziel: Er möchte mit ihnen, wie das 1. Buch der *Summa contra Gentiles* in zwei prägnanten Kapiteln erklärt, zum einen begründen, warum die Wahrheit von göttlichen Dingen, die prinzipiell der natürlichen Vernunft zugänglich sind, den Menschen gleichwohl passenderweise (*convenienter*) zu glauben vorgelegt werden (S. c. G. I, 4). Er möchte mit ihnen aber auch begründen, warum dem Menschen passenderweise Wahrheiten zum Glauben vorgelegt werden, die mit natürlicher Vernunft nicht erforschbar sind (S. c. G. I, 5). Die beiden Kapitel I, 4 und I, 5 der *Summa contra Gentiles* stehen beispielhaft für die Art, in der Thomas Gedanken des Maimonides aufnimmt und in ein von dessen Auffassung wesentlich verschiedenes Gesamtkonzept integriert.[28]

Thomas unterscheidet in dem, was wir von Gott bekennen, einen zweifachen Wahrheitsmodus (S. c. G. I, 3). Einiges von Gott, so Thomas, das wahr ist, übersteigt jede Fähigkeit der menschlichen Vernunft; anderes ist wahr, zu dem auch die natürliche Vernunft gelangen kann. Zu ersterem gehören die strikten Glaubensgeheimnisse (etwa der Trinität oder der Inkarnation oder der Auferstehung des Fleisches). Zu letzterem gehören Erkenntnisse, etwa daß Gott ist und daß er einer ist. Daß die strikten Glaubensgeheimnisse einer besonderen Offenbarung bedürfen, um dem Menschen in diesem Leben zur Kenntnis zu gelangen, versteht sich von selbst. Daß Gott dem Menschen solche Wahrheiten auf übernatürliche Weise als etwas im Glauben zu Ergreifendes geoffenbart hat, hat mit dem Ziel des Menschen zu tun. Der Mensch, so Thomas, ist durch die Gnade Gottes auf ein übernatürliches Ziel ausgerichtet, auf eine von Gott frei gewährte ewige Erkenntnis- und Liebesgemeinschaft mit ihm. Dieses Ziel ist vom Menschen mit seinen natürlichen Kräften weder erkennbar noch erstrebbar und realisierbar. Um nach diesem Ziel sinnvollerweise streben und entsprechend handeln zu können, muß der Mensch es vorwegnehmen können, wenn es dabei auch noch so unklar und rätselhaft bleibt. Dies wird ihm, was sein Endziel betrifft, durch die übernatürliche Offenbarung ermöglicht.

«Da nun die Menschen durch die göttliche Vorsehung auf ein höheres Gut hingeordnet sind, als es die menschliche Gebrechlichkeit im gegenwärtigen Leben erfahren kann ... mußte der Geist zu etwas Höherem aufgerufen werden, als unsere Vernunft im gegenwärtigen Leben erreichen kann, damit er so lerne, nach etwas zu verlangen und sich strebend auf etwas hin auszurichten, was über den ganzen Stand des gegenwärtigen Lebens hinausgeht» (S. c. G. I, 5).

Warum aber, so Thomas, werden dem Menschen durch übernatürliche Offenbarung nicht nur strikte Glaubensgeheimnisse, sondern auch Sachverhalte zu glauben vorgelegt, die der natürlichen Vernunft zugänglich sind? Vor allem für die Beantwortung dieser Frage nimmt Thomas die Autorität von Maimonides in Anspruch, in den *Quaestiones disputatae de veritate* XIV, 10 in explizitem Verweis, in der *Summa contra Gentiles* I, 4 dann nicht mehr mit Nennung seines Namens. Ich zitiere zunächst den Passus von *de veritate*:

«(Auch was sich von Gott demonstrativ aufweisen läßt,) müssen wir gleichwohl anfangs glauben, aus 5 Gründen, die Rabbi Moyses aufstellt. Der eine ist die Tiefe und Feinheit dieser Erkenntnisgegenstände, die von den Sinnen sehr weit entfernt liegen; darum ist der Mensch nicht dazu geeignet, sie anfangs vollkommen zu erkennen. Der zweite Grund ist die Schwäche des menschlichen Verstandes in seinem Beginn. Der dritte ist die große Zahl von Tatsachen, die für den Beweis jener Wahrheiten im voraus benötigt werden und deren Kenntnis der Mensch nur in sehr langer Zeit (hinzu)erwerben kann. Der vierte ist die Indisponiertheit zum beweisenden Erkennen, die manchen wegen der Insuffizienz ihrer Körperverfassung eigen ist. Die fünfte ist die Notwendigkeit von (der Gotteserkenntnis abhaltenden) Beschäftigungen zur Beschaffung der lebensnotwendigen Dinge. Aus all diesen Gründen geht hervor, daß zu dem, was man notwendig von Gott erkennen muß, wenn man es nur auf dem Weg des Beweises erreichen könnte, nur sehr wenige gelangen würden, und auch die erst nach langer Zeit. Deshalb ist den Menschen offenbar auf heilsame Weise der Weg des Glaubens geboten, durch den für alle zu jeder beliebigen Zeit ein leichter Weg zum Heil offensteht.»[29]

Der entsprechende Text der *Summa contra Gentiles* ist vollständiger, ausführlicher, systematisch prägnanter und für das Verständnis des Textes von *De veritate* von einigem Erklärungswert. Er notiert drei Nachteile für das Heil der Menschen, die sich ergäben, wenn Wahrheiten über Göttliches, die prinzipiell der natürlichen Vernunft zugänglich sind, allein der Vernunft zu erforschen überlassen blieben. Der eine ist, daß nur wenige Menschen eine Gotteserkenntnis besäßen, teils weil viele aufgrund ihrer physischen Verfassung dazu nicht in der Lage wären, teils weil die Sorge um das Lebensnotwendige sie von der Muße spekulativer Forschung abhielte, teils weil sie nicht bereit seien, aus Liebe zum Wissen die große Anstrengung des Studiums auf sich zu nehmen. Der zweite Nachteil ist, daß die Wenigen zu dieser Erkenntnis kaum anders denn erst nach langer Zeit gelangten: wegen der Tiefe der Wahrheit, die einen langen Weg der Einübung des Geistes erfordert, wegen der sinnlichen Affektbestimmtheit der Jugendphase, die für derartige Erkenntnis ungeeignet ist. Der dritte Nachteil ist, daß wegen der Schwäche und Irrtumsanfälligkeit der menschlichen Vernunft selbst unter den Weisen vieles zweifelhaft und mit Falschem vermischt bliebe, was durch die Offenbarung nun leicht, zweifels- und irrtumsfrei dargelegt ist.

In dieser Allgemeinheit und Schärfe fehlt der letzte Gedanke bei Maimonides; und bei Thomas findet sich signifikanterweise nichts, was im Sinne von Weisungen für einen geordneten Bildungsgang zu elitärem Wissen verstanden werden könnte; und es findet sich bei ihm auch nichts, was als Weisung zur dosierten Aufklärung der Kinder und Laien zu gelten hätte.

Thomas verwendet vielmehr die (bei Maimonides nicht vorhandene) Unterscheidung von Offenbarungswahrheit und Vernunftwahrheit, um zu betonen, daß der menschliche Geist zum Heil des Menschen zu etwas Höherem aufgerufen werden mußte, als unsere Vernunft in diesem Leben je zu erreichen vermag (S. c. G. I, 5). Er hält dies gerade für ein Privileg der christlichen Religion, die einzigartig geistliche und ewige Güter in Aussicht stelle, während das Alte Gesetz, das für seine Befolgung zeitliche Güter versprach, nur Weniges vorstellte, was die Erforschung der menschlichen Vernunft übersteigt (S. c. G. I, 5). Und ganz wesentlich ist ihm der Gedanke, daß durch die Offenbarung übernatürlicher Wahrheiten, die mit natürlicher Vernunft prinzipiell nicht erfaßbar sind, der Tendenz zur Überheblichkeit des menschlichen Geistes heilsamer Abbruch widerfährt.

«Ein weiterer Nutzen besteht in der Unterdrückung der Vermessenheit (*praesumptionis repressio*), die die Mutter des Irrtums ist. Es gibt nämlich Menschen, die sich so viel auf ihr Ingenium einbilden, daß sie die gesamte göttliche Natur mit ihrem Intellekt vermessen zu können sich rühmen, in der Überzeugung, das Ganze sei wahr, was ihnen scheint, und falsch, was ihnen nicht scheint. Damit also von dieser Überheblichkeit der menschliche Geist befreit zur bescheidenen Erforschung der Wahrheit gelange, war es notwendig, daß dem Menschen etwas von göttlicher Seite vorgelegt wird, was gänzlich seinen Intellekt übersteigt» (S. c. G. I, 5).

6.2.4 Maimonides versteht den Menschen im Sinne der Hl. Schrift als Ebenbild Gottes. Ebenbild Gottes ist er ihm durch seinen Verstand. Entsprechend sieht er das Ziel des menschlichen Lebens in der vollendeten Erkenntnis Gottes. Das mosaische Gesetz dient dem Erreichen dieses Ziels; es hat eine zweifache (unentbehrliche) Funktion für die Vervollkommnung des Menschen. Die erste besteht in der individuellen und gemeinschaftlichen Sicherung von sozial relevanten Verhaltensweisen, die eine geordnete Befriedigung der leiblichen Bedürfnisse ermöglichen. Diese erste Vervollkommnung ist, wie sich zeigt, Voraussetzung einer zweiten – und diese wiederum ist Voraussetzung des ewigen Lebens.

Maimonides ordnet die Zeit des Messias der ersten Funktion zu. Gedacht ist an eine irdische Wiederherstellung des Reiches Israel, in dem die politische und gesellschaftliche Ordnung eine optimale Erfüllung des Gesetzes ermöglicht und damit die Basis bietet für Tätigkeiten zur Vervollkommnung der Seele. Diese besteht zunächst in gläubig-autoritätsbestimmter Annahme der Überlieferung, dann im wissenschaftlichen Erwerb und kontemplativen Vollzug der Gotteserkenntnis, von Maimonides ganz so gedacht, wie Aristoteles in seiner *Nikomachischen Ethik* die höchste dem Menschen mögliche Lebensform der Theoria skizziert. Sie fällt für Maimonides in eins mit der Verwirklichung des wahren Glaubens. Der wahre Glaube ist die auf die Erkenntnis Gottes zentrierte optimale Aktualisierung des menschlichen Geistes. Und diese Aktualisierung des Geistes bildet den Grund seiner Unsterblichkeit, indem Gott den ewigen Bund der Seele und ihre Seligkeit sichert in dem Maße, in dem sie ihn auf Erden erkannt und geliebt hat. Dies besagt: Die vollkommene Gottesverehrung ist ohne metaphysische Gotteserkenntnis nicht möglich (FU III, 51 S. 345). Es ist die philosophische Theoria, die den Menschen vollendet und deretwegen er eines ewigen Fortbestandes würdig ist (FU III, 54 S. 365):

«Seine letzte Vollkommenheit aber ist, daß er in Wirklichkeit denke und daß er die Vernunft wirklich besitze, nämlich daß er alles wisse, was dem Menschen seiner letzten Vollkommenheit gemäß von den seienden Dingen zu wissen möglich ist, und es ist klar, daß diese letzte Vollkommenheit nicht in Handlungen oder Charaktereigenschaften, sondern nur in Kenntnissen besteht, und zwar führt zu diesen das Studium, und sie sind ein notwendiges Ergebnis der Forschung. Es ist aber auch klar, daß diese letzte erhabene Vollkommenheit nur nach der Erlangung der ersten Vollkommenheit erreichbar ist (...). Aber nach Erreichung der ersten Vollkommenheit ist es ihm möglich, zur letzten, die ohne Zweifel die höhere ist, zu gelangen, da diese und nichts anderes die Ursache des ewigen Lebens ist» (FU III, 27 S. 174 f.).

Zwei Punkte sind es, die hier besondere Beachtung verdienen: einmal die Bestimmung des wahren Glaubens und zum anderen die Bestimmung des wahren Glaubens als «Ursache des ewigen Lebens».

Maimonides kennt Stufen des Glaubens, jenen Glauben, der etwas für wahr hält und es als verbindlich für sein Handeln nimmt, weil es so überliefert ist, und jenen , der etwas für wahr hält, weil es bewiesen und unwiderlegbar oder wohlbegründet ist. Nur der letztere ist «wahrer Glaube»:

«Wenn nun mit diesem Glauben die Gewißheit verbunden ist, daß das Gegenteil des Geglaubten in keiner Weise möglich ist, wenn im Denken kein Raum zur Widerlegung dieses Glaubens vorhanden ist und man sich die Möglichkeit des Gegenteils nicht vorstellen kann, dann ist es ein wahrer Glaube» (FU I, 50 S. 154).

Nun sind Gewißheit und Unwiderlegbarkeit auch Bestimmungen des religiösen Glaubens, wie Thomas von Aquin ihn verstehen wird (De verit. qu. 14; S. theol. II-II, qu. 1–16). Doch Maimonides geht entschieden weiter. Wahrer Glaube ist für ihn durch Forschung erwiesener Glaube. Er unterscheidet unter den Gläubigen einmal

«die große Mehrzahl der Gesetzesgläubigen, nämlich der Unwissenden, die die Gebote ausüben»; ferner «die Talmudkundigen, die zwar auf dem Wege der Überlieferung die wahren Glaubenslehren angenommen und die praktische Gottesverehrung erlernt haben, aber mit dem Studium der Grundlehren des Gesetzes nicht bekannt sind und überhaupt nicht danach fragen, ob man die Wahrheit einer Glaubenslehre auch erweisen kann»; dann «diejenigen, die sich darauf eingelassen haben, über die Grundlehren des Glaubens nachzudenken»; und schließlich jenen, der «dahin gelangt ist, den Beweis für alles das zu kennen, wofür es einen Beweis gibt, und der hinsichtlich der göttlichen Dinge das Wesen von allem kennt, dessen Wesen zu erkennen möglich ist, und der der Erkenntnis des wahren Wesens desjenigen nahegekommen ist, bei dem es möglich ist, der Erkenntnis seines wahren Wesens nahezukommen» (FU III, 51 S. 342 f.).

Der Erwerb dieser höchsten Stufe des Glaubens führt über die Logik und mathematischen Wissenschaften, die Naturwissenschaft, die Metaphysik bis hin zur Stufe der Prophetie. Der wahre Prophet ist schließlich derjenige, der «nach seiner Vervollkommnung sein ganzes Denken auf das Göttliche richtet, ganz Gott ergeben ist, sein Denken von allem anderen abkehrt und alle Tätigkeiten seiner Vernunft hinsichtlich der existierenden Dinge darein setzt, aus ihnen die Erkenntnis Gottes abzuleiten und zu erkennen, in welcher Weise die Weltregierung Gottes möglich sein kann» (ebd. S. 343).

Maimonides beschließt den *Führer der Unschlüssigen* mit einem Gleichnis von der königlichen Stadt und dem Königshof (FU III, 51 S. 340 ff.), das die eschatologischen Perspektiven der verschiedenen Stufen des Glaubens bekundet: Die Ungläubigen befinden sich außerhalb der Stadt. Die Menge der Gläubigen ist zwar in der Stadt; aber sie hat den Königshof noch gar nicht zu Gesicht bekommen. Die Talmudkundigen sind bis zum königlichen Palast gelangt. Diejenigen, die über die Glaubenslehren nachdenken, befinden sich im Vorhof bzw. in den Vorräumen, und nur die Wissenden sind bereits beim König. «Anteil an der kommenden Welt» bzw. «ewiges Leben» werden die Gläubigen nach Maßgabe ihrer Gotteserkenntnis haben.

Alle praktisch Gläubigen werden in messianischer Zeit wieder von den Toten auferstehen.[30] Sie erhalten eine Chance zur Reflexion und Kontemplation und damit zum Glück ewigen Lebens, während jene, die sich praktisch von Gott trennen und nicht um die Erkenntnis Gottes bemühen, den Tieren gleich dem Tod überantwortet sind (FU III, 51 S. 352). Der «Anteil an der kommenden Welt» wird dem Gläubigen gewährt nach dem Maß seiner in dieser Welt erworbenen Gotteserkenntnis. «Der Bestand der Seele bis in Ewigkeit ist (...) im Bestande des Schöpfers (...) begründet, der die Ursache für ihren Bestand ist, entsprechend dem, wie sie ihn erfaßt hat (...), und das vollkommene Übel und die große Rache bestehen darin, daß die Seele ausgerottet wird und zugrunde geht und nicht lebendig und beständig bleibt.»[31]

Thomas von Aquin teilt hier mit dem Rabbi Moyses zentrale Gedanken; gleichwohl ist es wichtig, die Differenzen zu sehen. Wie für Maimonides besteht auch für Thomas die Auszeichnung des Menschen in der Gottebenbildlichkeit. Wie dieser bestimmt er das Endziel des Menschen als *visio beatifica,* als erfüllende Verbindung mit Gott in Erkenntnis und Liebe, allerdings nicht nur, wie Maimonides, als Verbindung der vom Leib befreiten Geistseele, sondern des ganzen «verklärten» Menschen mit Gott.

Wie der Prolog zur pars prima secundae der *Summa theologiae* eindrucksvoll belegt, will Thomas allerdings mit der Gottebenbildlichkeit des Menschen nicht nur seinen Intellekt, sondern auch die Freiheit seines Willens und die Selbstverantwortlichkeit seines Tuns hervorgehoben wissen.[32] Entsprechend spielt für ihn, jedenfalls in dieser Welt, nicht die Vervollkommnung des Intellekts die fraglos dominante Rolle, wenn es darum geht, wer sich des «Anteils an der kommenden Welt» würdig erweist.

Diesem Unterschied entspricht die Differenz im Begriff des Glaubens. Zwar betont Thomas, wie wir sahen, in expliziter Übernahme von Argumenten des Rabbi Moyses, daß es angebracht ist, wenn auch natürliche Vernunftwahrheiten geoffenbart werden. Konsens besteht auch darüber, daß mit Mitteln der Logik, Wissenschaft und Philosophie Glaubenswahrheiten verständlicher gemacht und gegen Angriffe verteidigt werden können. Einig ist man sich nicht zuletzt darin, daß der Akt des Glaubens ein Akt des Intellekts ist dahingehend, daß man sich im Glauben einen Sachverhalt vorstellt und ihn als wahr annimmt. Worin Thomas jedoch Maimonides nicht zu folgen vermag, ist die weitgehende Aufhebung des wahren Glaubens in metaphysisches bzw. prophetisches Wissen. Im Glauben, so Thomas, kommt der Verstand nicht an das ihm eigene Ziel der Einsicht. Man glaubt jemandem etwas, weil man ihm vertraut und weil man es für gut hält, ihm zu glauben, was er sagt. Aber man glaubt etwas und kann es nur glauben, insofern man es nicht weiß; es ist nicht möglich, daß ein und dasselbe von ein und demselben gewußt und geglaubt wird. Glauben und Wissen beziehen sich bei derselben Person unter den gleichen Umständen auf Verschiedenes (S. theol. II-II, qu. 1 a. 5 co.).[33] Und der Kernbestand des religiösen Glaubens geht auf Erden niemals in Wissen auf.

Ein teils nur in Nuancen bemerkbarer, gleichwohl signifikanter Unterschied bekundet sich auch in der Auffassung und Wertung diesseitiger *contemplatio* und der Verhältnisbestimmung von aktivem und kontemplativem Leben. Wie Maimonides betont auch Thomas die sittlichen Voraussetzungen, die eine Konzentration auf das Studium und die Betrachtung der göttlichen Dinge erst freisetzen. Wie für diesen führt auch für Thomas der Weg zur Erkenntnis Gottes nur über die Betrachtung seiner Wirkungen. Doch Thomas unterscheidet bezüglich der Wirkungen Gottes zwischen Natur und Übernatur, und er unterscheidet zwischen einem natürlichen erkennenden Zugriff und einer Form der Betrachtung aus der Perspektive und in der Einstellung des religiösen Glaubens.

Wie für Maimonides besteht für Thomas die letzte und vollendete Stufe der Erkenntnis in der Betrachtung der göttlichen Wahrheit selbst. Maimonides spricht sie (auf Erden) der Prophetie, in Vollendung der Person des Moses, zu und erklärt sie in Anlehnung an die islamisch-aristotelische Intellekttheorie seiner Zeit, in Begriffen des Einflusses des tätigen auf den passiven Intellekt (vgl. FU III, 51 S. 345; 349; 352). Was ihr Inhalt ist, wird nicht ganz klar. Die Kennzeichnung ihrer Höhe als Zuwendung des gesamten Denkens auf das erste der intelligiblen Dinge entspricht ganz offensichtlich dem aristotelischen Konzept von Theoria (FU III, 51 S. 345), allerdings eingeschränkt durch Wendungen, die auch die prinzipielle Unerkennbarkeit des Wesens Gottes für den Menschen betonen, jedenfalls solange seine Seele im Leibe ist. Die Kenntnis der Himmel, ihrer Zahl und Beschaffenheit, die Kenntnis dessen, was darinnen ist, das Wissen, was die Engel sind, wie die Welt erschaffen wurde, wie ihre Teile zweckmäßig aufeinander hingeordnet sind, was die Seele ist, wie sie im Leib entstanden ist und ob sie sich von ihm trennen kann, und wie, wodurch und wozu dies geschehe – dies alles sind Dinge, die Maimonides eindeutig zu den Vorstudien rechnet (FU I, 34 S. 100). Die Endstufe wird gekennzeichnet als Gottesliebe «mittels der Erkenntnis des ganzen Seienden, wie es ist, und der Betrachtung der göttlichen Weisheit in ihm»(FU III, 28 S. 177). Gedacht ist an eine Vollkommenheit des Menschen, in der er «alle Tätigkeiten seiner Vernunft hinsichtlich der existierenden Dinge darein setzt, aus ihnen die Erkenntnis Gottes abzuleiten und zu erkennen, in welcher Weise die Weltregierung Gottes möglich sein kann» (FU III, 51 S. 343). Maimonides bleibt auch auf der Höhe der auf Gott zentrierten Theoria auf der Ebene der Natur und der Erkenntnis Gottes (nur) über sein erkennbares Werk.

Thomas ist dagegen geneigt, ausgehend von den für ihn heilsrelevanten übernatürlichen Glaubenswahrheiten, die Vollendung des von der aristotelischen Theoria Angezielten ganz ins Jenseits zu verlegen. Diese letzte Stufe der Betrachtung der göttlichen Wahrheit selbst ist in diesem Leben nicht auf natürlich-wissenschaftliche Weise, sondern nur als anfanghafter Vorschein im Glauben und auf indirekte, gebrochene Weise in Bildern, Gleichnissen und Rätseln möglich:

«Jetzt aber kommt uns die Betrachtung der göttlichen Wahrheit unvollkommen zu, nämlich ‹durch den Spiegel und im Rätsel›: Deshalb wird uns durch sie eine Art Anfang der Seligkeit zuteil, der hier beginnt, um in Zukunft vollendet zu sein. Deshalb setzt auch der Philosoph, im 10. Buch der Ethik, das äußerste Glück des Menschen in die Betrachtung des besten Erkennbaren» (S. theol. II-II, qu. 180 a. 4 co.).[34]

Bei Thomas bleiben, in welch kindlich-laienhafter oder abstrakt philosophischer Sprache auch immer formuliert und verständlich gemacht, die strikten Glaubenswahrheiten, weil übernatürlich, in diesem Leben weitgehend «Bilder, Gleichnisse und Rätsel», während für Maimonides und seine Glaubenswahrheiten derjenige, der «den Glauben an diese Wahrheiten nach den Methoden des wahren Glaubens besitzt, (...) diese Dinge, die ihm bisher Gleichnisse und Bilder waren, nach ihrem wahren Sinne vorstellen und ihre wahre Wesenheit verstehen» kann (FU I, 33 S. 98). Maimonides empfiehlt deshalb auch ganz ungebrochen den für die Theoria Geeigneten die kontemplative Lebensform, die sich am besten in Isolation von den Geschäften des praktischen Alltags realisieren lasse:

«Es ist also einleuchtend, daß das Endziel darin besteht, sich, wenn man Gott erkannt hat, ihm zu widmen und das vernünftige Denken stets auf die Sehnsucht nach ihm zu richten. Dies wird aber zumeist durch Einsamkeit und Zurückgezogenheit erreicht, und deshalb soll sich jeder Fromme meist einsam und zurückgezogen halten und sich anderen Menschen nur im notwendigen Bedarfsfall zugesellen» (FU III, 51 S. 345).

Auch Thomas betont mit Aristoteles grundsätzlich die Vorzüge der theoretischen gegenüber der praktischen Lebensform. Gleichwohl räumt er die Möglichkeit ein, «daß etwas für sich genommen hervorragender ist, was dennoch in bestimmtem Kontext von einem anderen übertroffen wird» (S. theol. II-II, qu. 182 a. 1 co.), nämlich das theoretische vom praktischen Leben. «In gewisser Hinsicht jedoch und je nach Sachlage ist das tätige Leben wegen der Notwendigkeit des gegenwärtigen Lebens vorzuziehen» (ebd.).

Thomas will, im Sinne einer Verbindung von *vita contemplativa* und *vita activa*, den Freiraum der «heiligen Muße» in einem aktiven Leben gewahrt wissen. Unter dieser Bedingung, wenn jemanden die Notwendigkeit der Liebe zum äußeren Wirken in der Welt zwingt, gilt sogar der Satz: «Wenn jemand vom beschaulichen Leben weggerufen wird zum tätigen, dann erfolgt dies nicht im Sinne einer Verminderung, sondern einer Vermehrung» (S. theol. II-II, qu. 182 a. 1 ad 3).

6.2.5. «Die Tora spricht in der Sprache der Menschen» (FU I, 26 S. 74). Maimonides zitiert diesen Spruch der Rabbiner häufig. Er will ihn im Sinne einer allegorischen Interpretation der Hl. Schrift, im Sinne der Ersetzung der Bilder durch Wesensbegriffe verstanden wissen.

Dieser Devise folgend, deutet er den ersten Schöpfungsbericht (1 Moses 1) im Sinne der philosophisch-wissenschaftlichen Lehre von den vier Elementen (FU II, 30) und die Ezechiel-Vision (Ezechiel, Kap 1) von den vier geflügelten Wesen, dem Wagen und seiner Bewegung im Sinne der aristotelisch-ptolemäischen Theorie des Sphärengefüges (FU III, 1–7). Was die Hl. Schrift in der Sprache der Menschen über die Natur der Schöpfung sagt, ist nichts anderes als die Lehre der avanciertesten philosophisch-wissenschaftlichen Kosmologie.

Analoges gilt für ethische Fragen und Gedanken der Vorsehung. Die biblische Geschichte Hiobs, gleichgültig ob historisch oder nicht, habe Gleichnischarakter. Sie beziehe sich auf das Wissen Gottes und seine Vorsehung, auf das Unglück und Leiden eines Rechtschaffenen und den wahren Glauben (FU III, 22 S. 129 ff.). Bemerkenswert an dieser Geschichte sei, «daß die Hl. Schrift Ijob (zunächst, M. F.) keinerlei Wissenschaft zuschreibt. Sie sagt nicht, er sei ein verständiger oder weiser oder ein denkender Mensch gewesen, sondern schildert ihn mit vorzüglichen Charakterzügen und rechtschaffener Handlungsweise. Denn, wäre er weise gewesen, so hätte er (...) über seine Lage nicht im Ungewissen sein können» (FU III, 22 S. 133). Hiob klage, solange sein Glaube der der Überlieferung sei und dem der großen Menge der Gesetzesgläubigen gleiche (ebd. 143). Der Mangel an Einsicht sei der Grund seines Unglücks.[35] Sobald er Weisheit erlange bzw. ihm eine prophetische Offenbarung zuteil werde (FU III, 22 S. 149), deren Inhalt identisch sei mit der Meinung des Aristoteles (ebd. S. 146), und wahrhaft Gott erkenne, verstumme seine Klage und müsse er bekennen, daß nicht Gesundheit, Reichtum und Kindersegen das Ziel des Daseins sind, sondern «daß das wahre Glück, welches die Gotteserkenntnis ist, ohne Zweifel für jeden vorbehalten ist, und daß keine von allen diesen Bedrängnissen dieses Glück dem Menschen zerstören kann» (ebd. S. 143). In der Tat, ganz so hat zwar nicht Aristoteles, aber so haben Philosophen des Hellenismus und des Neuplatonismus gesprochen.

Philosophie und Prophetie rücken hier in erstaunliche Nähe. Moses verkörpert für Maimonides die höchste Form von Weisheit und Prophetie. Was Prophetie in Wahrheit ist, decke sich nicht mit der Ansicht der unwissenden Menge, sondern weitgehend mit der Ansicht der Philosophen (FU II, 32 S. 220 ff.). Prophetie, so Maimonides, ist eine gewisse Vollkommenheit der menschlichen Natur, die die Macht Gottes zur prophetischen Schau, Rede und Tat gelangen läßt, soweit sie dies nicht verhindert (ebd. S. 223 ff.). Diese Vollkommenheit kann nicht bei allen Einzelwesen der menschlichen Species vorkommen (ebd. S. 222), sondern nur bei Individuen, deren Einbildungskraft und Charakter exzellent, und die unter diesen Voraussetzungen zu den höchsten Vernunfterkenntnissen gelangt sind. Sie gipfeln in der dem Menschen möglichen Erkenntnis Gottes. «Diese wird aber durch die Metaphysik erreicht, zu der man jedoch nur mittels der Naturwissenschaft gelangt, die ihr benachbart ist ...» (FU, Einleitung S. 9). Zum Propheten wird man also nur, wenn man in Naturwissenschaft und Metaphysik gebildet ist. Die wissenschaftlich-philosophische Ausbildung ist zwar nicht zureichende, sehr wohl aber notwendige Voraussetzung der Prophetie.

Was Prophetie ihrem Wesen nach ist, lasse sich in Begriffen der

Physik und Seelenlehre erklären. Das körperliche Organ, das als Träger der Einbildungskraft fungiert, müsse die denkbar beste Mischung im denkbar besten Maß mit den denkbar besten Säften besitzen (FU II, 36 S. 239). Ähnliches gilt für die physische Disposition des Charakters. Der göttliche Geist, so Maimonides im Anschluß an islamische Aristoteliker, breitet sich über die Intelligenzen (als die bewegenden Prinzipien) der Himmelssphären bis zur zehnten und letzten Sphäre, der des Mondes, aus. Die Intelligenz der Mondsphäre ist der tätige Verstand, der den sublunaren Bereich bestimmt. Der Prophet, so Maimonides, ist derjenige, in dessen möglichem Geist das Einströmen des tätigen Intellekts zur umfassendsten Wirkung gelangt. Er erfaßt nicht nur Göttliches wie der Gelehrte, sondern vermag es auch der Menge in ihrer Sprache situationsgerecht mitzuteilen. Voraussetzung sei neben optimaler physischer Prädisposition eine harte Bildung des Charakters und des Geistes. In der Charakterbildung stehen Mut und Askese im Vordergrund. Ein Mensch wird nur dann zum Propheten,

«wenn sein Verlangen ganz auf die Erkenntnis dieses Seienden und seiner Ursachen geht, seine Gedanken immer auf erhabene Dinge hinzielen und sein Augenmerk auf die Erkenntnis Gottes, auf die Betrachtung seiner Werke und dessen, was man von ihm glauben muß, gerichtet sind und er zu denjenigen gehört, deren Denken und Verlangen nach den tierischen Dingen bereits überwunden ist, nämlich das Verlangen nach Ergötzung an Speise und Trank und Beischlaf und insbesondere der Tastsinn, von dem Aristoteles in seiner Ethik ausdrücklich sagt, daß dieser für uns eine Schande ist» (FU II, 36 S. 243).

Thomas von Aquins Abhandlungen über Prophetie, die Quaestio XII der *Quaestiones disputatae de veritate* und die Quaestiones 171–174 der IIa-IIae der *Summa theologiae,* bezeugen eine intime Kenntnis der Maimonideischen Lehre. Ebenso deutlich ist allerdings auch das Bemühen um inhaltliche Abgrenzung und Distanz. Für Thomas ist wahre Prophetie eine besondere Gnadengabe; er will sie von Fähigkeiten und Akten natürlicher Vollkommenheit des Menschen streng unterschieden wissen. Die Prophetie, so Thomas, gehört zu einer Erkenntnis, die jenseits des Bereichs natürlicher Vernunft liegt (S. theol. II-II, qu. 171 a. 2 co.). Ihr Ursprung ist nicht das natürliche Licht des tätigen Verstandes, durch das wir die Prinzipien aller Dinge erfassen, die wir auf natürliche Weise verstehen, sondern ein übernatürliches Licht, das den Propheten nicht habituell, sondern in einer episodischen Widerfahrnis erleuchtet.[36] Inhalt der Prophetie ist das, was unserer Erkenntnis fern ist, insbesondere *contingentia futura,* deren Wahrheit im Zeitrahmen noch nicht festliegt (S. theol. II – II, qu. 171 a. 3 co.; vgl. qu. 171, a. 6 ad 1) und aus zeitgebundener menschlicher Erklärungs- und Prognoseperspektive nicht vorweggenommen werden können. Ausgangspunkt der Sachverhalte, die der Prophet erfaßt, ist demnach nicht Geschaffenes, sondern Gott selbst.

Die prophetische Schau ist indessen im allgemeinen nicht die Schau des göttlichen Wesens selbst; und der Prophet sieht nicht in der Schau des göttlichen Wesens das, was er sieht, so wie das die Seligen im Himmel tun (S. theol. II-II, qu. 171 a. 4 co.). Er sieht es über unkörperliche, intelligible Bilder, die ihn zum Göttlichen führen, wie in einem Spiegel (S. theol. II-II, qu. 173 a. 1 co.). Seine Erkenntnis ist deshalb noch unvollkommen.

Eine alles überragende Ausnahme stelle allerdings die Prophetie des Moses dar; sie wiederhole sich beim Apostel Paulus; und dies angemessenerweise, weil Moses der erste Lehrer der Juden und Paulus der erste Lehrer der Heiden gewesen sei (S. theol. II-II, qu. 175 a. 3 ad 1). Die Ausnahmestellung sei darin begründet, daß Moses und Paulus ihre Schau nicht auf natürlich-menschliche Weise, sondern in einer Entrückung hatten (*in raptu,* S. theol. II-II, qu. 174 a. 4 co.).[37] In einer Entrückung, so Thomas, liegt der Grund der Bewegung des menschlichen Geistes ganz außerhalb; sie erfolgt, so gesehen, gewaltsam (S. theol. II-II, qu. 175 a. 1 co.); und das Ziel einer Entrückung liegt außerhalb der Natur des Bewegten (ebd.). Ausgeschaltet wird das, wodurch der Mensch in diesem Leben sich der Wirklichkeit des Erfaßten versichert, nämlich die Wahrnehmung und Empfindung der Sinne. In der Entrückung wird also jemand durch den göttlichen Geist unter Ausschaltung seiner bestehenden Bindung an die Leiblichkeit zu Übernatürlichem erhoben (S. theol. II-II, qu. 175 a. 5 co.). Was er hier erfaßt, geht über die Fassungskraft der menschlichen Natur hinaus (ebd. ad 2). Er schaut Gott selbst, von Angesicht zu Angesicht; er schaut Gott selbst, nicht im natürlichen Verstandeslicht, sondern im Glorienlicht, allerdings nicht kraft einer dauerhaft verliehenen Form, wie die Heiligen im Himmel, sondern episodisch, aufgrund einer vorübergehenden Widerfahrnis (*passio*, S. theol. II-II, qu. 175 a. 3 ad 2), in der der Akt des Glaubens, durch den wir in diesem Leben Übernatürliches vergegenwärtigen, von einem Akt übernatürlichen Wissens überholt wird (S. theol. II-II, qu. 175 a. 3 ad 3). So gesehen ist auch das in Entrückung Geschaute von der Art, daß es sich nicht systematisch verorten läßt.

Die Vision des Moses repräsentiert für Maimonides die Vollendung der menschlichen Natur, für Thomas einen episodisch-gnadenhaften Einbruch der Übernatur. Wie sehr sich Thomas hier von Maimonides distanziert, mag ein entsprechender Passus bei diesem belegen:

«Es gibt aber nun Leute, denen der Blitz einmal nach dem anderen mit geringer Unterbrechung aufleuchtet, so daß sie fast in einem beständigen ununterbrochenen Lichte weilen und ihnen die Nacht zum Tage wird. Dies ist die Stufe des größten der Propheten, zu dem Gott sprach: ‹Du aber bleibe hier bei mir› (Deut. 5, 33)» (FU, Einleitung S. 7).

Maimonides differenziert nicht zwischen einer Natur- und Gnadenordnung; für ihn ist alle menschliche Erkenntnis durch das Licht des aktiven Intellekts vermittelt. Für Thomas ist zur Gnadengabe der Prophetie keinerlei natürliche Eignung erforderlich. Der spekulative Akt der Wissenschaft ist davon völlig verschieden; er erfolgt aus natürlichem Grund und setzt eine entsprechende Disposition voraus (S. theol. II-II, qu. 172 a. 3 ad 1). Was die Prophetie betrifft, so könne Gott zugleich mit der geistigen Wirkung auch die passende Disposition herbeiführen, wie sie nach der Naturordnung erforderlich wäre. Prophetie ist für Thomas konsequenterweise auch ohne Liebe, ohne den Stand der Gnade und infolgedessen ohne Güte des Charakters möglich (S. theol. II-II, qu. 172 a. 4 co.). Nur darin gibt Thomas Maimonides explizit recht: Wenn jemand den (sinnlichen) Leidenschaften ausgeliefert und in äußere weltliche Geschäfte verstrickt ist, so hindert dies die Prophetie, da sie die höchste Erhebung des Geistes zur Betrachtung von Geistlichem (*summa spiritualitas mentis*) erfordert (ebd.; vgl. De verit. qu. 12 a. 5), weshalb Propheten eine Art einsames Leben führen.

Maimonides kennt keine Unterscheidung zwischen Natur und Übernatur, zwischen Natur und Gnade. Er läßt den Glauben in prophetischem bzw. philosophischem Wissen gipfeln. Dies ist es, was ihn entscheidend von Thomas trennt.[38] Für Thomas muß dem Menschen die freie Selbstmitteilung übernatürlicher Gnade Gottes zu Hilfe kommen, damit er in diesem Leben die göttliche Wirklichkeit anfanghaft, in Bildern, Gleichnissen und Rätseln, vorwegnehmen und im anderen Leben im Anblick von Gottes Wesen erkennen kann. Thomas unterscheidet genau zwischen natürlichem Wissen, religiösem Glauben und jenseitiger beseligender Gotteserkenntnis. Religiöser Glaube gipfelt für ihn nicht in philosophischer Erkenntnis. Die heilsrelevante Rolle der Philosophie wird von ihm gegenüber der Auffassung von Maimonides entscheidend herabgestuft. Philosophie hat gegenüber dem Glauben nur eine dienende Funktion, den Glauben auf natürliche Weise vorbereitend und verteidigend. Sie ist zum Heil, gar zum Gipfel des Heils nicht unbedingt erforderlich. Im Glauben an Jesus, den Christus, so Thomas, ist das schlichteste Gemüt eines alten Weibleins dem größten paganen Philosophen überlegen.[39]

Den Gipfel der Wissenschaft kann in diesem Leben nur die Glaubenswissenschaft, die *sacra doctrina*, beanspruchen. Sie geht im Unterschied zur Philosophie von den übernatürlichen Wahrheiten aus, die Gott von sich selbst außerhalb der Naturordnung dem Menschen in der Sprache der Menschen mitgeteilt hat. Sie versucht, diese der natürlichen Vernunft unzugänglichen, heilsrelevanten Wahrheiten soweit möglich nach der Methodik strenger analysierender, definierender und deduzierender aristotelischer Wissenschaft zu durchdringen und zu ordnen. Der Weise ist demnach nicht der Philosoph, der auf natürlich Erkennbares bezogen ist, sondern der Meister der *sacra doctrina*. Doch diesen Titel kann auch er nur beanspruchen, wenn seine Disziplin der Entwicklung und Stärkung des Glaubens des Volkes dient.[40]

Thomas hat Sinn für Übernatürlich-Gnadenhaftes, aber keinen Sinn für eine sich von den «Vielen» abgrenzende Geisteselite. Er hat zugegebenermaßen viel vom Rabbi Moyses gelernt. Er zitiert ihn freilich nur in seinen früheren Werken, und zwar (auch) positiv, beim Namen. Später, in seinen beiden Summen, sind die Gedanken des Rabbi nach wie vor präsent; aber die Distanz wird deutlicher und schärfer in den Texten, in denen es um das Verhältnis von Glauben und Wissen geht. Der Rabbi schien Thomas da wohl zu nahe am Averroismus zu sein, dessen Intellektlehre (oder das, was er dafür hielt) er in späten Jahren explizit und heftig bekämpft hat.[41]

6.3 Über das Ziel des Menschen

Thomas von Aquins Lehre vom Ziel des Menschen ist in gewisser Weise Gegenstand auf Dauer gestellter kontroverser akademischer Diskussion. Der Schwerpunkt theologischer Kontroversen liegt in der Frage, ob und in welchem Maß Thomas neben bzw. im Rahmen seiner christlich-heilsgeschichtlichen Theologie «des Menschen auf dem Weg zu Gott» auch eine Theorie des natürlichen Glücks des Menschen in dieser Welt kennt und anerkennt (vgl. Schockenhoff, 1987). Die philosophische Diskussion konzentriert sich auf die Frage, ob der Theologe Thomas die Ethik des Aristoteles konsequent zu Ende gedacht bzw. organisch weitergeführt, oder sie derart transformiert hat, daß das Ergebnis in seiner Substanz nicht eigentlich mehr aristotelisch zu nennen ist (vgl. Kleber, 1988).

Ich beschränke mich im folgenden auf die Darlegung von Gesichtspunkten, die relevant sind für die Beantwortung der zweiten Frage; dies freilich in der Überzeugung, daß sie auch einen Weg weisen für die Erörterung der ersten. Sie hat zum Ergebnis den Gedanken, daß Thomas' Lehre vom Endziel strukturell größere Nähe zu einem platonisch-neuplatonischen als zum aristotelischen Glückskonzept aufweist, und zum zweiten, daß sie ganz in den Horizont eines christlichen Welt- und Daseinsverständnisses hineinkomponiert ist. Wir haben es schwerpunktmäßig mit einem theologischen Konzept des Endziels zu tun, dem die philosophischen Argumente nachgeordnet sind.

6.3.1 Vollkommenes und unvollkommenes Glück. Ausgangs- und wichtigster Bezugspunkt der Diskussion ist Thomas' Unterscheidung zwischen einem unvollkommenen Glück (*beatitudo imperfecta*) und einem vollkommenen Glück (*beatitudo perfecta*) des Menschen.

«Bei den Menschen», so heißt es S. theol. I-II, qu. 3 a. 4 ad 4, «besteht im Status dieses Lebens die äußerste Vollendung in einer Aktivität, durch die der Mensch mit Gott verbunden wird; doch dieses Tätigsein kann weder kontinuierlich sein, noch ist es infolgedessen ein einziges Tun, da es durch Unterbrechung sich vervielfältigt. Und daher kann der Mensch in diesem Leben nicht in den Besitz vollendeten Glücks gelangen. Deshalb nennt der Philosoph im 1. Buch der Ethik, die Glückseligkeit des Menschen in diesem Leben thematisierend, diese unvollendet, indem er eine vielfältige Argumentation mit der Wendung beschließt: ‹glückselig aber nennen wir sie als Menschen›. Doch uns ist von Gott eine vollkommene Glückseligkeit in Aussicht gestellt, wenn wir sein werden ‹wie die Engel im Himmel›, wie es bei Matthäus 22 (30) heißt. Was jenes vollkommene Glück betrifft (...), so ist der menschliche Geist in diesem Status in einer einzigen, kontinuierlichen und immerwährenden Tätigkeit mit Gott verbunden. Doch im gegenwärtigen Leben sind wir von der Vollkommenheit des Glücks so weit entfernt, wie wir der Einheit und Kontinuität einer solchen Tätigkeit ermangeln. Es besteht aber eine gewisse Teilhabe an der Glückseligkeit; und diese ist um so größer, je mehr die Tätigkeit kontinuierlich und eine ist. Deshalb ist auch im aktiven Leben, das sich mit vielem befaßt, weniger vom Merkmal der Glückseligkeit anzutreffen als im kontemplativen Leben, das sich einem zuwendet, nämlich der Betrachtung der Wahrheit.»

Dieser Passus bekundet, daß Thomas seine Vorstellung vom vollkommenen Glück anhand eines Abschnitts aus dem 1. Buch der *Nikomachischen Ethik* gebildet hat.[42] Aristoteles verhandelt in NE I, 10 und 11 das Problem, inwiefern die Wechselfälle des Schicksals das gute Leben eines Menschen beeinträchtigen oder zerbrechen können. Seine Diskussion ist beherrscht vom Gedanken eines durch Übung und Unterweisung erwerbbaren Kerns menschlichen Glücks, der im Besitz und Vollzug charakterlicher und verstandesmäßiger Exzellenz besteht. Dieser wird überboten von einem Zustand des Gesegnetseins, der gekennzeichnet ist durch eine lebenslange Fülle von Gütern des Schicksals, die dem Dasein des geistig und sittlich Großartigen Erfolg und Glanz verleihen. Aristoteles weiß, daß derart vollendetes Glück der Gunst wechselnder Umstände ausgeliefert ist; aber er weiß auch um die Bedrängnis der von uns zu leistenden Substanz des guten Lebens durch große Schicksalsschläge, die jeden im Laufe seines Lebens treffen können. In diesen Zusammenhang stellt Aristoteles Solons Paradox, daß man jemanden nur glücklich nennen kann, wenn er sein Leben bereits beendet hat.

Zwei Sätze der nachfolgenden Diskussion haben Thomas' Aristotelesinterpretation nachhaltig bestimmt: einmal die von Aristoteles gestellte Frage: «Wenn wir dieses auch einmal so akzeptieren, ist er denn dann auch glücklich, wenn er gestorben ist?» (NE 1100 a 11); und zum zweiten der Satz, mit dem er seine Diskussion der Wirkung des Schicksals auf das Gut des Menschen beschließt: «Jene großartigen Menschen, mit denen es auch das Schicksal dauernd gut meint, sind gesegnet und selig, aber selig als Menschen« (NE 1101 a 20f.). Thomas versteht, dies belegt sein ausführlicher Kommentar zum Abschnitt, die Wendung: *makarioŭs d'anthrōpoŭs – beatos ut homines* so, als resümiere sie die aristotelische Meinung, daß dem Menschen in diesem Leben nur ein defizientes, gebrochenes, vom Schicksal stets verunsichertes und vom sicheren Tod überschattetes, eben ein unvollkommenes Glück möglich sei. Der Begriff des wahren Glücks, so Thomas, impliziert dagegen sichere Beständigkeit und ewige Dauer (*continuitas et perpetuitas,* Sent. Libr. Ethic. I, 10, n. 12; vgl. S. theol. I-II, qu. 45 a. 4). Wer sich vom Schicksal gefährdet und dem Tod entgegenlebend wisse, könne nicht im vollen Sinn des Wortes glücklich sein. Auch wer in diesem Leben gesegnet (*makarios*) zu nennen ist, erfülle nicht die Bedingungen vollkommenen Glücks. «Doch weil dieses offensichtlich nicht an die oben festgelegten Bedingungen des Glücks heranreicht, fügt er (sc. Aristoteles) hinzu, daß wir solche glücklich nennen als Menschen, die in diesem der Veränderlichkeit unterworfenen Leben vollkommenes Glück nicht haben können» (Sent. Libr. Ethic. I, 16, n. 16).

Dies klingt durchaus plausibel. Doch in der Sache nimmt Thomas' Interpretation an seiner Vorlage eine kaum merkliche Veränderung vor. Während Aristoteles von einer vollendeten Gestalt des Lebens unter Bedingungen des Menschseins spricht, vom Vollkommenen im Bereich des Veränderlichen, liest Thomas ihn so, als habe er seiner Feststellung Ausdruck verliehen, daß unter Bedingungen des Menschseins kein Glück im Vollsinn des Wortes möglich sei. Solons Dilemma stellt für Thomas denn auch nicht ein Problem dar, das lediglich die Frage betrifft, wann es hinreichend klar und erkennbar ist, daß das Leben eines Menschen glücklich zu nennen sei. Für ihn wirft Solon auch die Frage auf, ob der Mensch überhaupt in diesem Leben sein Ziel erreichen kann (vgl. Sent. Libr. Ethic. I, 15, n. 1).

Gleichwohl versteht er Aristoteles nicht als Platoniker. Er weiß und betont, daß dieser vom Glück *dieses* Lebens handelt, daß er eine Unterscheidung trifft zwischen dem Wesen des Glücks und einem Glück, das zusätzlich zu diesem noch dauerhaft von Gütern des Schicksals überfließt und daß zum Optimum eines guten Lebens auch noch ein «schöner», d.h. ein vernünftiger Tod gehört (vgl.

Sent. Libr. Ethic. I, 16, n. 14 u. 15). Er realisiert auch, daß Aristoteles nicht den Verstorbenen Glück zuspricht, da Glück seinem Wesen nach in einer bestimmten Art von Tätigkeit besteht. Hier läßt Thomas jedoch sofort den Hinweis folgen, daß die Aussage des Philosophen sich auf die irdische Existenz beschränkt und er zur Frage eines möglichen Glücks nach diesem Leben schweigt (Sent. Libr. Ethic. I, 15, n. 4). Thomas nimmt also sehr wohl zur Kenntnis, daß Aristoteles' Ethik die Frage individueller menschlicher Unsterblichkeit und eines Ziels nach diesem Leben schlicht übergeht (so bereits In IV Sent. d. 49 qu. 1 a. 1 d co.).

Aber diese Ethik spricht noch am Ende vom Glück der Götter und verleiht damit den Merkmalen vollkommenen Glücks vernünftiger Wesen einen klaren Ausdruck. Tatsächlich ist der Vergleich des höchsten menschlichen Guts mit der Aktivität göttlicher Seligkeit in der Aristotelischen Ethik von hohem systematischem Gewicht. An ihr bildet Thomas seine Unterscheidung vom unvollkommenen und vollkommenen Glück des Menschen, an ihr findet sein Begriff der *beatitudo* die inhaltliche Orientierung. Glück ist eine Sache des Geistes, Glück besteht in unbehinderter Aktivität, in kontinuierlicher, ewiger Kontemplation, in beseligendem Erfassen der göttlichen Wirklichkeit, ja Gott selbst ist im eigentlichen Sinn das Glück (ebenso wie die Wahrheit).

Und in der Tat nimmt sich das Glück des Menschen im Vergleich zum Glück des Gottes auch bei Aristoteles bescheiden und unvollkommen aus. Zwar läßt das Leben der Theoria den Menschen an göttlicher Tätigkeit partizipieren, macht ihn, im Rahmen des Menschlichen, gottähnlich, selig wie die Götter (vgl. NE X, 7, 1177 a 11–18; 1177 b 29–1178 a 7; X, 8, 1178 b 20–23); doch göttliches Glück besteht in einem ewigen unbehinderten Akt der (Selbst-) Kontemplation, während die Aktivität des menschlichen Geistes der Bedürftigkeit, Veränderlichkeit und Begrenztheit allen Lebens auf Erden unterworfen bleibt. Die Unterscheidung zwischen dem Glück der Götter, das man vollkommen, und dem Glück des Menschen, das man unvollkommen nennen mag, hat also ihre klare Textbasis in Aristoteles' Ethik. Und es ist nicht im geringsten abwegig, die Wendung «glücklich, aber als Menschen» vom Vergleich mit dem Glück des Gottes her als Hinweis auf die Defizienz menschlichen Glücks zu verstehen (vgl. In IV Sent. d. 49 qu. 1 a. 1 d co.).

Gleichwohl bleibt auch für den Aquinaten unübersehbar, daß

Aristoteles' Ethik dem Menschen keinerlei Hoffnung macht auf einen Zustand unbehinderter, ununterbrochener und unbegrenzter Kontemplation in einem anderen Leben; und genau von dieser Perspektive lebt Thomas' Lehre vom Endziel.

Der Begriff eines vollkommenen Glücks des Menschen im Sinn eines jenseitigen Endziels ist platonisch-neuplatonischer und christlicher Herkunft; er verändert den Aristotelismus in seiner Substanz. Denn von ihm her wird das Ziel des Menschen unter Bedingungen des Menschseins zur Vorbereitung und zum bescheidenen Vorspiel, und das heißt für Thomas (zur bloßen) Teilhabe dessen, was den (erlösten) Menschen nach seinem Tod an Gutem erwartet (vgl. In IV Sent. d. 49 qu. 1 a. 1 sol. 4).

Tatsächlich macht eine genauere Lektüre der Quaestio 1 der Distinctio 49 des Sentenzenkommentars deutlich, daß Thomas sich der fundamentalen Differenz zu Aristoteles von Anfang an klar bewußt war. Er erklärt hier die Position des Aristoteles explizit für unvernünftig (*sed ista etiam positio non videtur esse rationabilis*) und macht auf den entscheidenden Gesichtspunkt aufmerksam: Glück ist das Gute einer Vernunftnatur. Wer vernunftfähig ist nicht lediglich durch Teilhabe (*per participationem*), sondern seinem Wesen nach (*per essentiam*), für den muß man annehmen, daß er einmal zum wahren Glück gelangen kann. Und alle Philosophen, die von der menschlichen Seele sagten, sie sei als Form des Leibes ihrem Wesen nach Geist (*intellectus per essentiam*), hätten sie als unsterblich in Ansatz gebracht und damit die Möglichkeit eines wahren Glücks des Menschen in einem anderen Leben zugegeben (In IV Sent. d. 49 qu. 1 a. 1 d co.).

Thomas behauptet nun – an unserer eingangs herangezogenen Stelle wie zumeist im Anschluß an markante Stellen der Hl. Schrift –, daß der Mensch in einen Zustand ewiger Vollendung gelangen kann durch die endgültige Vereinigung mit Gott (vgl. S. theol. I-II, qu. 5 a. 4 ad 1); er werde Gottes Wesen erfassen in unmittelbarer Betrachtung von Angesicht zu Angesicht; in dieser Verbindung seines Geistes mit dem Quell allen Seins werde er von aller menschlichen Unvollkommenheit befreit und, im unendlichen Genuß unbehinderter Aktivität, sich ganz in Gott vertiefen (und dabei auch ganz bei sich selbst sein) (vgl. S. theol. I-II, qu. 3 a. 8; qu. 5 a. 3). Nun mag man solches von neuplatonischer Philosophie her denken. Doch Thomas sprengt den Rahmen der Philosophie; er sprengt insbesondere den von Aristoteles gezogenen Rahmen einer praktischen Philosophie, indem er den Menschen auf ein Endziel verweist, das weder durch natürliche Kräfte erkennbar noch durch eigenes Tun erreichbar ist. Gott in seinem Wesen zu schauen, darin seine Vollendung und sein Glück zu finden, übersteigt nach seinen eigenen Worten die Natur jeden Geschöpfes, bedarf der geschenkhaften Selbstmitteilung Gottes. Ja, der Versuch, das endgültige Glück aus eigener Kraft und eigenem Recht zu erlangen und zu genießen, kennzeichnet auf der Seite des Geschaffenen für Thomas gerade den Kern der Sünde (vgl. S. theol. I, qu. 63 a. 3 co.).

Wie stark diese theologische Vorstellung bereits seine Aristotelesinterpretation prägt, zeigt sich am Kommentar zu jener Stelle, an der Aristoteles sich auf die Ursachen menschlichen Glücks bezieht. Der Philosoph stellt bekanntlich drei mögliche Lösungen des Problems zur Diskussion: Glück ist ein Geschenk der Götter, ein Ergebnis menschlichen Bemühens oder ein Resultat günstigen Schicksals (NE I, 9, 1099b 7–10).

Die Antwort, die Aristoteles selbst gibt, ist so, daß sie der Selbständigkeit des Menschen den Rang des Göttlichen zuspricht:

«Wenn es denn überhaupt ein Geschenk der Götter an die Menschen gibt, dann ist es vernünftig anzunehmen, daß auch das Glück gottgegeben sei, und zwar am meisten (gottgegeben) unter den menschlichen Dingen, insofern es das beste ist. Doch dies zu untersuchen ist wohl einer anderen Art von Untersuchung angemessener. Klar ist indessen: Auch wenn es nicht gottgeschickt ist, sondern durch Tugend und eine Art von Studium oder Einübung entsteht, gehört es zu den göttlichsten Dingen. Denn der Lohn und das Ziel menschlicher Exzellenz ist offensichtlich vom Besten in der Welt und etwas Göttliches und Seliges» (NE l, 9, 1099b 11-17).

Aristoteles möchte offensichtlich die theologische Fragestellung und Antwort aus dem Bereich der praktischen Philosophie ganz ausgeklammert wissen. Dieser ist beschränkt auf unsere Lebenswelt und die Dinge, die wir durch unser vernünftiges Tun erreichen können. Unmißverständlich stellt er indessen klar, daß menschliches Glück, insoweit es sich eigener Leistung verdankt, das Prädikat des Göttlichen verdient.

Auch wenn man bedenkt, daß der Christ Thomas bei seiner Sicht der Dinge nicht vom Wirken Gottes absehen kann und möchte, überrascht doch die Selbstverständlichkeit, mit der er Aristoteles' zurückhaltende, weitgehend im Hypothetischen spielende Abwägung gängiger Meinungen in die von ihm gewünschte Richtung deutet.

«Zunächst», so lautet sein Kommentar zur Stelle, «zeigt er (sc. Aristoteles), daß es am meisten der Vernunft entspricht, wenn das Glück der göttlichen Ursache entspringt; sodann zeigt er, daß es erträglich ist, wenn das Glück aus menschlicher Ursache entsteht (...); und drittens zeigt er, daß es unangebracht ist, wenn es sich dem Zufall verdankt» (Sent. Libr. Ethic. I, 14, n. 3).

Thomas löst die von Aristoteles ins Auge gefaßte Möglichkeit einer Konkurrenz der Ursachen des Glücks dadurch auf, daß er den Gedanken des Zufalls verwirft und das menschliche Wirken dem göttlichen unterordnet. Der Mensch wird in Thomas' Interpretation zum bescheidenen Mitarbeiter eines Glücks, das ihm erst- und hauptursächlich als Geschenk Gottes und Lohn für ein tugendhaftes Leben zuteil wird (ebd. I, 14, n. 5). Thomas ist mit der augustinisch geprägten christlichen Tradition der Meinung, daß allein die christliche Heilsbotschaft und die ihr verpflichtete Theologie in der Lage ist, dem Menschen dieses sein Endziel zu zeigen und ihm den Weg dorthin zu weisen (vgl. In I Sent. Prologus qu. 1 a. 1 co.). Der philosophische Glücksbegriff, wie Aristoteles ihn beispielhaft entfaltet, verweist für den Aquinanten in seiner Defizienz auf etwas anderes, Höheres, das die Philosophie von sich aus nicht zureichend zu fassen vermag; wohl aber der Glaube. So kommt es – wir sahen es bereits in der Abgrenzung zu Moses Maimonides –, daß durch den christlichen Glauben auch das schlichteste Gemüt eine höhere Erkenntnis von Gott und dem menschlichen Heil besitzt als alle Philosophie vor der Ankunft und außerhalb der Botschaft Christi (*nullus philosophorum ante adventum Christi cum toto conatu suo potuit tantum scire de deo, et de necessariis ad vitam aeternam, quantum post adventum Christi scit una vetula per fidem*, Credo, prol.).[43]

6.3.2 Vom natürlichen Verlangen. Thomas ist, wir betonten es bereits, nie nur und primär Philosoph gewesen; er ist zuvörderst gläubiger Theologe und überzeugter Christ; und er hat nie behauptet, auf philosophischem Weg zu dieser Position gelangt zu sein. Was er versucht, ist zum einen, Philosophie in ihrer modernsten und überzeugendsten Gestalt in sein vom Glauben bestimmtes Weltbild zu integrieren, und zum anderen, die christliche Botschaft in der ihm vorliegenden theologischen Form mit Mitteln dieser Philosophie manifester und der natürlichen Vernunft plausibler zu machen.

Der Prolog zum III. Teil der *Summa theologiae* erkärt unzweideutig, was dies prinzipiell für das Thema des Endziels besagt: «Unser Retter Jesus Christus (...) hat uns an sich selbst den Weg der Wahrheit aufgezeigt, durch den wir über die Auferstehung zur Glückseligkeit des unsterblichen Lebens gelangen können.»

Den Kern von Thomas' Glückseligkeitslehre bildet also die Botschaft vom Heilshandeln Gottes in Christus. Christus ist dem Menschen Retter, Wegweiser, Mittler zum Heil und nichts und niemand sonst. Als solcher gibt er eine Antwort auf Fragen und Probleme menschlichen Heils, die die natürliche Philosophie auch in ihrer aktuellsten, der aristotelischen Gestalt nicht zu lösen vermag. Thomas ist demgemäß mit Nachdruck darum bemüht, bei aller Nähe zu Aristoteles gerade das Ungenügen von dessen Philosophie (und damit der Philosophie überhaupt) darzutun.

Die Nähe sieht er bestätigt durch den Umstand, daß die biblische Lehre vom endgültigen Heil und die aristotelische Lehre vom Glück sich inhaltlich treffen. Die wenigen, aber gewichtigen Hinweise der Hl. Schrift (vgl. etwa Mt. 5, 8; 18, 10; 22, 30; Joh. 17, 3; 1 Joh. 3, 2; 1 Kor. 13, 12f.), die den Zustand der Seligen in Begriffen der Schau und des Erkennens Gottes beschreiben, erlauben ihm, bereits im Sentenzenkommentar das endgültige Heil des Menschen weitgehend nach dem aristotelischen Modell des Glücks bedürfnisenthobener Theoria zu denken: Der Vollendungszustand ist Aktivität (*operatio*); er besteht in unbehinderter Aktivität der höchsten menschlichen Fähigkeit, des Geistes (*intellectus*), er ist Aktualisierung des edelsten Habitus (der *caritas* bzw. *sapientia*), er hat das würdigste Seiende zum Gegenstand, nämlich Gott, und er enthält, als ergänzenden Aspekt, die reinste Form des Vergnügens (vgl. In II Sent. d. 38 qu. 1 a. 2 co.; In III Sent. d. 35 qu. 1 a. 2 c co.; In I Sent. d. 1 a. 1 co.).

Die Trennungslinie zu Aristoteles sieht Thomas, wie gezeigt, von Anfang an in dem Umstand, daß der Philosoph dieses höchste Gut des Menschen und den Weg seiner Realisierung nur im Rahmen und in den Grenzen der menschlichen Natur in dieser Welt reflektiert (vgl. In IV Sent d. 49 qu. 1 a. 1 d co.). Er gelangt damit zu einer Bestimmung des Endziels des Menschen, das man nicht eigentlich als Glück, sondern nur als eine gewisse Teilhabe am Glück bezeichnen kann: als etwas Anfanghaftes, Fragmentarisches, Unfertiges, das dem seiner Geistnatur entsprechenden Verlangen des Menschen nicht genügt. Wäre das aristotelische Glück des Menschen das letzte Wort, dann zielte das natürliche Verlangen der menschlichen Vernunftnatur ins Leere; und dies kann nicht sein: «Man muß also ansetzen, daß er irgendwann zur wahren Glückseligkeit gelangen kann, und nicht nur zu irgendeiner Teilhabe am Glück» (In IV Sent. d. 49 qu. 1 a 1 d co.).

Ins Zentrum der Auseinandersetzung mit Aristoteles rückt denn auch für Thomas die Analyse menschlichen Glücksverlangens und der enttäuschenden Erfahrungen, die wir mit ihm in diesem Leben machen. An ihrem Ende steht das ganz unaristotelische anthropologische Bild vom pilgernden Menschen (*homo viator*), der in diesem Leben und mit eigenen Kräften nicht ans Ziel gelangt.

Den Ausgang nimmt die Analyse vom Begriff eines natürlichen Verlangens (*appetitus naturalis* bzw. *desiderium naturale*), das ontologisch gesehen bei jedem Seienden auf das seiner Natur entsprechende äußerste Seinkönnen zielt (vgl. In IV Sent. d. 49 qu. 1 a. 2 a co.). Das natürliche Verlangen des Menschen ist geistgeprägt. Thomas übernimmt von Aristoteles als wesentliches Merkmal des Geistes den Ausgriff auf Totalität, die intentionale Offenheit für alles, was ist: Wo Geist ist, dort ist, in welch unausdrücklicher und unbestimmt-allgemeiner Form auch immer, ein Begriff der Wirklichkeit im ganzen und der Fülle des Seins (vgl. S. theol. I, qu. 14 a. 11 co.). Wo Geist im Werden und in Bewegung ist, dort besteht entsprechend das Verlangen, «die Vollkommenheit des ganzen Universums» in sich aufzunehmen (vgl. De verit. qu. 11, a. 1). Dieses Verlangen drückt sich beim Menschen aus in einer Begierde nach Wissen, die Seiendes im ganzen und aus seinem letzten Grund verstehen möchte, und in einem Begehren, am Sein und seiner Fülle auf universale, d. h. nichtbegrenzte Weise teilzuhaben.

Geistige Naturen, so Thomas, sind deshalb unmittelbar auf den Ursprung des Seins ausgerichtet (vgl. S. theol. II-II, qu. 2 a. 3 co.):

«Von Natur aus ist in allen Menschen das Verlangen, die Ursachen dessen zu erkennen, was sie sehen: Deshalb begannen die Menschen aus Verwunderung über das, was sie sahen, sich aber nicht erklären konnten, zuerst zu philosophieren; nachdem sie die Ursache fanden, gaben sie Ruhe. Doch die Forschung steht nicht still, bis man zur ersten Ursache gelangt; und nur dann (so Aristoteles Met. I, 3) glauben wir vollkommen zu wissen, wenn wir die erste Ursache erkennen. Es verlangt also der Mensch von Natur im Sinn eines Endziels, die erste Ursache zu erkennen. Die erste Ursache von allem aber ist Gott. Es ist also Letztziel des Menschen, Gott zu erkennen» (S. c. G. III, 25).

Und weiter:

«Das Letztziel des Menschen aber, und jeder geistigen Substanz wird ‹*felicitas*› oder ‹*beatitudo*› genannt: Denn dies ist es, wonach jede geistige Substanz als dem letzten Ziel und nur um seiner selbst willen verlangt. Letzte Seligkeit und Glückseligkeit jeder geistigen Substanz ist es also, Gott zu erkennen» (ebd.).

Die *Summa contra Gentiles* und ähnlich auch die *Summa theologiae* (vgl. I-II, qu. 3 a. 8 co.) gehen aus vom Verlangen nach Erkenntnis; im Sentenzenkommentar und im Kommentar zur *Nikomachischen Ethik* orientiert sich die Analyse des *desiderium naturale* am Verlangen zu sein.

«Zum Glück nämlich ist erforderlich Kontinuität und ewige Dauer (...), dies nämlich ersehnt von Natur ein Streben, das Geist besitzt, insofern es nämlich nicht nur das Sein im Jetzt erfaßt, wie der Sinn, sondern das Sein schlechthin; da aber zu sein etwas ist, was für sich erstrebenswert ist, folgt daraus dies: Wie das Tier, das über den Sinn sein Sein in der Gegenwart erfaßt, jetzt zu sein begehrt, so verlangt auch der Mensch, der mit seinem Geist das Sein schlechthin erfaßt, schlechthin und immer und nicht nur jetzt zu sein; und deshalb gehört zum Begriff vollkommenen Glücks Kontinuität und ewige Dauer» (Sent. Libr. Ethic. I, 10, n. 12.).

Beide Ansätze schließen sich nicht aus, sondern ergänzen sich: Der Mensch als geistbegabtes Lebewesen will sein und erkennen, und er will dies auf Dauer und in der höchsten Form seiner Möglichkeit.

Das erste Argument geht aus vom Begriff des Seins und des Erkennens und erschließt über den Begriff des geistbegabten Lebewesens den Begriff des natürlichen Verlangens eines solchen Lebewesens: nach dem Vorbild des Aristoteles ein apodeiktisches Verfahren. Den zweiten Schritt der Argumentation nennt Thomas die *via inductionis* (S. c. G. III, 37). Er besteht in dem Aufweis, daß das natürliche Verlangen des Menschen in «diesem» Leben seine Erfüllung nicht finden kann.[44] (Und so gesehen gibt es für den Menschen in diesem Leben kein natürliches Ziel.) Thomas orientiert sich an Gliederung und Beurteilungsgesichtspunkten der klassischen Güterlehre. Im Ausschlußverfahren werden leiblicher Genuß, Ehre, Ruhm, Reichtum, Gesundheit, Stärke, Schönheit, ja auch die seelischen Güter des Wissens und Könnens, der Moralität, der Philosophie und des Glaubens einer topischen Kritik unterzogen und jeweils als mögliches Endziel abgewiesen (vgl. S. theol. I-II, qu. 2; S. c. G. III, c. 27–48). Die Güter des leiblichen Genusses, der Gesundheit, Stärke und Schönheit sind auch im animalischen Leben präsent und unterbieten – als Endziel – die menschliche Bestimmung.

Das entscheidende Argument, das Thomas gegen Sittlichkeit, Fachkunde und Klugheit ins Feld führt, ist dies, daß Letztziel nur sein kann, was in keiner Weise mehr funktional bzw. teleologisch auf etwas anderes ausgerichtet ist. Und genau dies trifft auf die genannten Kandidaten nicht zu. Daß fachkundiges Wissen und Können dem Leben dient, ist klar. Die Ziele künstlerischer Aktivität sind die Werke der Kunst; und der Mensch ist nicht um der Kunst, sondern die Kunst ist um des Menschen willen da, zu seinem Gebrauch und Nutzen (S. c. G. III, 36).

Doch auch alle moralischen Handlungen sind auf etwas anderes als sie selbst hingeordnet (*omnes autem operationes morales sunt ordinabiles ad aliquid aliud,* S. c. G. III, 34). Für Handlungen der Tapferkeit gilt, daß sie dem Sieg und dem Frieden dienen; Gerechtigkeit ist dazu da, daß jeder das Seine in Ruhe tun und genießen kann; Besonnenheit bringt Ordnung und Maß in die inneren Leidenschaften und äußeren Dinge, und diese sind ihrerseits auf anderes hingeordnet: auf das Dasein und Wohlsein des Menschen als Lebewesen unter anderen Lebewesen. Die Emotionen (*passiones*) spielen für Thomas primär im Bereich der Sinnlichkeit; und selbst als sittliches und kluges Wesen gleicht der Mensch mehr dem Tier als dem Gott, «denn manche Tiere haben einen gewissen Anteil an Freigebigkeit oder Tapferkeit», auch an Klugheit, während «Gott sittliche Taten allenfalls metaphorisch zugesprochen werden können» (S. c. G. III,

34). Der Gott ist weder bedürftig noch verletzbar und ohne Leidenschaften, also frei von Bedingungslagen, in denen Sittlichkeit spielt und ihre sinnvolle Funktion erfüllt.

Und der Mensch, so Thomas, ist deshalb Mensch, will sagen, aus dem Bereich der Animalität herausgehoben, weil er Vernunft hat. Mit Platon und Aristoteles teilt er die Überzeugung, daß das Gute eines Wesens sich nach dem bestimmt, was diesem Wesen im Sinne artbildender Differenz eigentümlich ist. Aber Thomas gibt diesem Gedanken ein prägnanteres und schärferes Profil.

«Da der Mensch deshalb Mensch ist, weil er Vernunft hat, muß das ihm eigene Gute, die Glückseligkeit, dem gemäß sein, was der Vernunft eigentümlich ist. Das der Vernunft Eigene ist aber eher das, was sie in sich hat, als was sie in einem andern tut. Da also das Gute der sittlichen Tugend etwas ist, was die Vernunft in ihr äußerlichen und fremden Dingen eingerichtet hat, wird es nicht das Beste des Menschen, die Glückseligkeit, sein können; vielmehr wird es das Gute sein, das in der Vernunft selbst gelegen ist» (ebd.).

An diesem systematisch zentralen Text ist der Wechsel der Rede vom «Menschen, der Vernunft hat» (*homo rationem habens*) zur «Vernunft, die etwas in sich hat» (*ratio aliquid in se habens*) bemerkenswert. *Ratio* steht hier in einem weiten Sinn für die menschliche Geistseele. Diese ist für Thomas nicht nur Form des Körpers (*forma corporis*) und als solche immanentes Prinzip bestimmter Eigenschaften und Funktionen körperlicher Entitäten; sie ist für ihn auch geistige Substanz (*substantia intellectualis*), ein Ding mit einem Innen- und Eigenbereich und der Fähigkeit, in Dingen, die ihm äußerlich und andersartig sind, Wirkungen hervorzubringen. Thomas bringt offensichtlich eine zweifache Aktivität dieser geistigen Substanz ins Spiel: eine, in der sie bei sich (und ihresgleichen) ist und das aktualisiert, was sie an Möglichkeit in sich hat, und eine, in der sie sich praktisch in ihr Fremdes entäußert, es zu ordnen und zu gestalten versucht.

Als technisch-praktische und als sittliche Vernunft spielt der menschliche Geist ordnend und gestaltend in der materiellen Sphäre, die ihm fremd ist und dem Rang nach unter ihm steht. Ihr Ziel, ihr Gutes, ist die zu erstellende vernünftige Ordnung in diesem Bereich. Es ist entäußerte Vernunft, eingelassen in, vermischt mit und abhängig von vernunftfremden Faktoren und deshalb dem

Geist weniger eigen als jene Leistung, in der er bei sich bleibt und seine eigenste Möglichkeit aktualisiert: das Erkennen (und Genießen) der Wahrheit.

Nach allem bislang Gesagten bleibt also nur, daß das Endziel des Menschen im bedürfnisenthobenen Betrachten der Wahrheit besteht (S. c. G, III, 37). Auf diese Aktivität, so Thomas' eindeutig kontemplativ-intellektualistische Teleologie des Geflechts menschlicher Aktivitäten, sind alle anderen menschlichen Tätigkeiten hingeordnet:

> «Denn für die Vollkommenheit der *contemplatio* ist Unversehrtheit des Körpers erforderlich, auf welche alle Kunsterzeugnisse hingeordnet sind, die das Leben braucht. Nötig ist auch Ruhe vor den Verwirrungen der Leidenschaften, zu der man durch die moralischen Tugenden und die Klugheit gelangt; sowie Ruhe vor äußeren Erschütterungen, auf die die gesamte herrschaftliche Leitung des bürgerlichen Lebens ausgerichtet ist. So dienen, recht betrachtet, offensichtlich alle dem Menschen angemessenen Handlungen jenen, die die Wahrheit betrachten» (S. c. G. III, 36).

Das natürliche Verlangen nach Erkenntnis der Wahrheit nun kommt nicht zur Ruhe in einem intuitiven Erfassen allgemeinster Prinzipien alles Seienden (im *intellectus principiorum*); ebensowenig in den Wissenschaften, die von den untersten Dingen, den konkreten irdischen Erfahrungsgegenständen handeln, sondern nur in einer Aktivität des Geistes, die «das Erste Wahre», den Ursprung alles Seins und Gutseins erfaßt und in ihm alles Seiende im ganzen versteht, in der Betrachtung Gottes (vgl. S. c. G. III, 37).

Doch auch und gerade in dieser Hinsicht ist das im irdischen Dasein Erreichbare eine Enttäuschung; es erfüllt nicht die Bedingungen einer vollendeten *contemplatio Dei*: weder jene unbestimmt-allgemeine Gotteserkenntnis, zu der die meisten Menschen über der Betrachtung der Naturordnung gleichsam von selbst gelangen (vgl. S. c. G. III, 38); noch jener weitgehend in Negationen formulierte, abstrakte Begriff eines Gottes, zu dem philosophische Beweisführung wenige entsprechend Gebildete bringt (ebd. III, 39); noch jenes durch den Glauben vermittelte und in Gleichnissen formulierte Bild des Gottes, das der Gläubige empfängt und annimmt, ohne es mit seinem Verstand hinreichend erfassen zu können (vgl. S. c. G. III, 40); noch schließlich jene Visionen Begnadeter, in denen sich auf ungewöhnliche Weise die Gegenwart der Kraft Gottes bezeugt (vgl. S. c. G. III, 47). Auch in ihnen wird Gott keineswegs seinem Wesen nach geschaut. Der Mensch verfügt in diesem Leben nicht über eine intellektuelle Anschauung Gottes. Seine Erkenntnis von Wirklichkeit ist insgesamt an die Sinne, die Einbildungskraft, den diskursiven Verstand gebunden; seine Gotteserkenntnis bleibt vermittelt, indirekt und damit völlig inadäquat; «daher kann Gott auf diesem Wege in keiner höheren Weise erkannt werden, als eine Ursache durch ihre Wirkung erkannt wird» (S. c. G. III, 47).

«Und dies ist das Äußerste und Vollkommenste unserer Erkenntnis in diesem Leben, wie Dionysius im Buch ‹Über die mystische Theologie› sagt: ‹Wir sind mit Gott als einem Unbekannten verbunden›; dies geschieht eben gerade dann, wenn wir von ihm erkennen, was er nicht ist, was er ist, uns hingegen völlig unbekannt bleibt. Deshalb wird, um auf das Unwissen in dieser höchsten Erkenntnis hinzuweisen, Ex 20, 21 von Moses gesagt: ‹Er trat an das Dunkel heran, in dem Gott ist›» (S. c. G. III, 49).

Thomas legt großen Wert darauf, diesen negativen Charakter irdischer Gotteserkenntnis nicht nur der Philosophie und Theologie, sondern auch dem Glauben zuzusprechen. Und dafür bietet Paulus die beste autoritative Gewähr: «Dies bestätigt auch der Apostel von der Erkenntnis in diesem Leben, wenn er sagt: ‹Jetzt schauen wir durch einen Spiegel, rätselhaft›, 1 Kor. 13, 12» (S. c. G. III, 47).

«Die Gotteserkenntnis wurde Ziel genannt, insofern sie mit dem letzten Ziel der Dinge, Gott also, verbindet. Durch die Erkenntnis des Glaubens aber wird der geglaubte Gegenstand dem Geist nicht in Vollendung präsent; denn geglaubt wird, was nicht gegenwärtig, nicht, was unmittelbar anwesend ist. Deshalb sagt auch der Apostel in 2 Kor. 5, daß wir, solange wir ‹im Glauben wandern, fern vom Herrn in der Fremde unterwegs sind›» (S. c. G. III, 40).

Die Geistnatur des Menschen, so haben wir gesehen, drückt sich aus in einem natürlichen Verlangen nach vollendeter Erkenntnis der Wirklichkeit und nach dauerhaftem Sein. Zur Unzulänglichkeit unserer irdischen Erkenntnis kommt nun unser alles überschattendes Wissen um die eigene Sterblichkeit. Thomas' gesamtes theologisches und philosophisches Werk ist wesentlich aus dem Bemühen um die Überwindung einer fundamentalen Todesfurcht, ja, Existenzangst erwachsen. Was ihn offensichtlich in keiner Weise mehr überzeugte, waren die Weisheitsideale der hellenistischen Antike, die dem Gedanken der individuellen Unsterblichkeit abschworen und ein philosophisches Glück in diesem Leben in Aussicht stellten, dem der Tod völlig gleichgültig wird. Und auch Aristoteles' Versuch, ohne Unsterblichkeitsperspektive einen Vollendungszustand des Menschen zu denken, verliert gerade im Blick auf den Tod an Plausibilität.

Wohl auf Stoa, Epikur und Skepsis gerichtet, bemerkt Thomas lapidar:

«Der Mensch flieht von Natur aus den Tod und ist über ihn betrübt, nicht nur in dem Augenblick, in dem er ihn sinnlich (kommen) spürt (*sentit*) und flieht, sondern auch, wenn er ihn bei sich überdenkt (*recogitat*). Daß er aber nicht sterbe, kann der Mensch in diesem Leben nicht erreichen. Es ist also nicht möglich, daß der Mensch in diesem Leben glücklich ist.»

Und vermutlich auf Aristoteles bezogen heißt es wenig später:

«Je mehr etwas begehrt und geliebt ist, desto mehr Schmerz und Trauer bereitet sein Verlust. Die Glückseligkeit aber wird am meisten begehrt und geliebt. Ihr Verlust zieht also auch am meisten Trauer nach sich. Sollte aber in diesem Leben ein letztes Glück sein, dann ist gewiß, daß es verloren geht, spätestens im Tod; und es ist nicht sicher, ob es bis zum Tod dauern wird (...) Immer also wird von Natur eine solche Glückseligkeit mit Trauer sich verbinden. Es wird also kein vollkommenes Glück sein» (S. c. G. III, 48).

Das natürliche Verlangen des Menschen, so lautet das Fazit dieser *via inductionis*, scheitert an den Grundgegebenheiten der *conditio humana.* Das Argument nun, das Thomas vorbringt, um die Möglichkeit seiner Erfüllung gleichwohl annehmen zu können, ist denkbar einfach und hat, wie viele seiner moraltheologisch-ethischen Gedanken, das Merkmal, daß Aristoteles mit aristotelischen Gesichtspunkten ergänzt, korrigiert und zur Öffnung auf die Offenbarungswahrheit hin präpariert wird. «Man müsse annehmen», so schreibt Thomas wie erwähnt bereits im Sentenzenkommentar, «daß der Mensch einmal zur wahren Glückseligkeit gelangen könne, und nicht nur zu einer irgendwie gearteten Teilhabe am Glück; andernfalls zielte nämlich ein natürliches Streben ins Leere» (In IV. Sent. d. 49 qu. 1 a. 1 d co.). «Dies aber», so der Kommentar zur *Nikomachischen Ethik*, «ist unmöglich, weil ein natürliches Verlangen nichts anderes ist als eine den Dingen inhärierende Neigung, die vom Ersten Beweger eingerichtet ist und deshalb nicht vergeblich sein kann» (Sent. Libr. Ethic. I, 2, n. 3).

Daß ein natürliches Streben generell ins Leere zielt, ist für Thomas schöpfungstheologisch gesehen absurd. Die Vernunft, Güte und Effizienz des Wirkens Gottes ist für Thomas aus seinen Wirkungen ersichtlich und wird über den Glauben bekräftigt; dieser Gedanke verleiht dem aristotelischen Argument «die Natur macht nichts vergebens» (*natura enim nihil facit frustra*, S. c. G. III, 48) erst eine durchschlagende Begründungskraft. Der kosmotheologische Optimismus ist in Thomas' Augen bereits aus natürlicher Vernunft begründet. Den Gang von der Ordnung der Natur zum Ersten Beweger und seinen Eigenschaften geht die natürliche Vernunft. Es ist die natürliche Vernunft, die uns zeigt, daß der Mensch in seinem Handeln über Nah- und Fernziele hinaus ein Letztziel intendiert, daß diese Intention im Bereich unserer erfahrbaren und verfügbaren Wirklichkeit keine Erfüllung findet, daß indessen Gott als Grund und Garant einer natürlichen Weltordnung den Menschen in seinem natürlichen Verlangen nicht ‹fehlkonstruiert› haben kann. Wenn der Mensch, so Thomas, sein Ziel schon nicht aus eigener Kraft erreichen kann, so ist doch die Hoffnung höchst rational, daß uns die Glückseligkeit aus göttlichem Wirken zuwächst (Sent. Libr. Ethic. I, 14, n. 3).

Als Alternative bliebe nämlich dem Menschen, da sein natürliches Verlangen in seiner Vernunftbegabung gründet, nur eine Verzweiflung der Vernunft an sich selbst. Aus Gründen der Selbsterhaltung hofft menschliche Vernunft auf göttliche Hilfe.

Wie Gott den Menschen ans Ziel bringt, vermag uns natürliche Vernunft allerdings nicht zu sagen (vgl. S. c. G. IV, 1.). Sie bleibt deshalb verängstigt und verunsichert, prädisponiert uns aber gerade dadurch für ein Verständnis der Angemessenheit der Antwort auf unsere Frage, die die Offenbarung uns anbietet. Natürliche Vernunft, ihr Verlangen, ihre Enttäuschung, ihre unsichere Hoffnung, öffnet den Menschen für das übernatürliche Heilsangebot Gottes, ohne daß er es von sich aus ergreifen könnte. Daß er dieses Angebot annehmen kann, verdankt sich wiederum göttlicher Gnade. Erst auf dem Boden, der durch Gnade bereitet ist, erwächst dann die Tugend christlicher Hoffnung im Sinne zuversichtlicher Erwartung und beginnender Vorwegnahme ewiger Seligkeit:

«(...) die Hoffnung kommender Seligkeit kann uns aus zwei Gründen erfüllen: erstens aufgrund einer gewissen Zurüstung und Ausrichtung auf die künftige Seligkeit, das heißt im Modus des Verdienstes; auf andere Weise in Form eines gewissen unvollkommenen Beginns kommender Seligkeit in heiligen Männern schon in diesem Leben. Denn anders hat man Hoffnung auf Früchte des Baumes, wenn er grün wird und blüht, anders, wenn bereits die kleinen Früchte zu wachsen beginnen und in Erscheinung treten» (S. theol. I-II, qu. 69 a. 2 co.).

6.3.3 Heimkehr zum Ursprung. Die *Summa contra gentiles* verwendet für Glückseligkeit unterschiedslos *beatitudo* und *felicitas*, die *Summa theologiae* fast ausschließlich *beatitudo*. *Beatitudo* nun ist als Begriff im Unterschied zu *felicitas* genuin theologischer Herkunft. Der Ort der christlich-theologischen Behandlung der Glücksfrage ist von Petrus Lombardus bis Thomas von Aquin der Traktat über die letzten Dinge (*De ultimis*), der von Auferstehung, Gericht, Verklärung, ewiger Seligkeit und Verdammnis handelt. Dabei bezeichnet *beatitudo* zunächst nur das Objekt und die Quelle seligen Genießens, nämlich Gott selbst. Diese Tradition ist bei Thomas noch durchaus präsent. Zwar folgt Thomas, was das Ziel menschlichen Strebens betrifft, formal den Bahnen und dem Ergebnis der antiken Ziel-Diskussion: Menschliches Streben ist demnach ausgerichtet auf ein Endziel, das alles partikuläre Aussein auf etwas umgreift, das wir um seiner selbst willen, nur um seiner selbst willen, und alles andere um seinetwillen erstreben und worin unser Streben insgesamt zur Erfüllung gelangt. Ein derart umfassender und unbedingter Gegenstand des Willens ist gemeint, wenn Thomas vom höchsten Gut (*summum bonum*), vom zuerst Gewollten eines vernünftigen Wesens (*primum volitum intellectualis naturae*), vom äußersten Ziel (*ultimus finis)* spricht und dies mit Glückseligkeit (*beatitudo*) ineins fallen läßt (S. c. G. III, 25; 26; 28). Die präzise Thomasische Unterscheidung indessen innerhalb des Begriffs des Endziels zwischen der Sache selbst, die das Ziel ist (*ipsa res qua est finis*), und dem Erreichen bzw. Erreichthaben und Genießen des

Ziels (der *consecutio* bzw. *adeptio* bzw. *fruitio finis*, vgl. etwa S. theol. I-II, q. 1 a. 8 co.) findet sich in dieser Form nicht in der philosophischen Glückslehre der Antike.

«Wenn wir vom Endziel des Menschen sprechen, hinsichtlich des Erreichens, Besitzens, des Umgangs welcher Art auch immer mit der Sache, die als Ziel erstrebt wird, so gehört zum Endziel etwas von seiten der Seele des Menschen: Denn der Mensch erreicht sein Ziel durch die Seele. Die Sache selbst also, die als Ziel erstrebt wird, ist das, worin Glück besteht und was glücklich macht; doch das Erlangen dieser Sache wird Glück genannt. Folglich muß man sagen, daß Glück etwas ist, was der Seele zugehört, daß aber das, worin Glück Bestand hat, etwas außerhalb der Seele ist (*sed id, in quo consistit beatitudo, est aliquid extra animam*) (S. theol. I-II, q. 2 a. 7 co.).

Damit ist die Zielbestimmung der griechischen Philosophie in ihrem Kern verändert. Menschliche Glückseligkeit hat ihren Bestand nicht in einer durch Selbstgestaltung errungenen Exzellenz der Seele; vielmehr liegt die Quelle menschlichen Glücks außerhalb der menschlichen Seele; und diese ist in ihrem Glück intentional auf etwas anderes bezogen, dem sie alles verdankt. Menschliches Streben hat damit auch in seiner höchsten Erfüllung eine transzendente bzw. ekstatische Struktur. Zurückgewiesen ist der Gedanke der griechischen Ethiken, menschliches Glück in der Sammlung und Aktualisierung des Göttlichen im Menschen zu sehen, abgetan die hellenistische Paradoxie des Glücks eines sterblichen Gottes.

Die strenge Unterscheidung zwischen der Sache selbst, die das Ziel ist, und dem Erreichen und Genießen des Ziels gründet im theologischen Konzept der Schöpfung, das die Vorstellung göttlicher Seinsmächtigkeit und Seinsfülle mit der Vorstellung eines von Gott verschiedenen Seins verbindet, das aus diesem durch einen Akt der Schöpfung aus dem Nichts hervorgegangen ist, durch einen Akt der dauernden Schöpfung im Sein gehalten wird, und über die Gliederung in verschiedene *genera* und *species* in der Art seines Seins zu unterschiedlicher Seinsteilhabe und Seinsvollkommenheit, d. h. Gottähnlichkeit und Gottnähe, bestimmt ist.

Der Weg des Specimens einer Species von der aktuellen Seinsmöglichkeit zu seiner artspezifischen Vollendung läßt sich so als Weg der Angleichung und Annäherung bzw. der Verbindung mit

Gott deuten und erfüllt die Figur einer Kreisbewegung: des Ausgangs von Gott und der Rückkehr zu seinem Ursprung.[45] Alles geschaffene, kontingente Seiende sucht in seinem Streben die Verbindung zum Ursprung. Diese Verbindung ist von unterschiedlicher Art, aber sie löst sich nie in Identität auf, da der ontologische Hiatus zwischen göttlichem und geschaffenem Sein bestehen bleibt. So gesehen ist das Ziel alles kontingenten Seienden in bestimmtem Sinn außerhalb dieses Seienden.

Das Streben des Menschen nach artspezifischer Vollendung seines Seins drückt sich nun vornehmlich aus in dem Verlangen, das seiner Natur am meisten eigen ist, dem Verlangen nach Wissen. Darin weiß Thomas sich mit Aristoteles einig. Neu bei ihm ist, daß er dieses Spezifikum mit dem Schöpfungsgedanken und dem neuplatonischen Motiv der ontologischen Kreisbewegung im Sinne der Rückkehr zum Ursprung verschmilzt. Dies zeigt sich besonders deutlich in seinem Kommentar zur Anfangspassage der aristotelischen Metaphysik, die bekanntlich von der natürlichen Wißbegierde des Menschen ihren Ausgang nimmt. Dort heißt es bei Thomas: «Es ist für jedes Ding verlangenswürdig, mit seinem Ursprung verbunden zu werden, denn darin besteht die Vollkommenheit eines jeden Dings.» Der Mensch nun kann durch seinen Geist mit dem Ursprung verbunden sein; deshalb ist im Menschen von Natur ein Verlangen nach Wissen (vgl. Sent. Libr. Ethic. I, 14, n. 3).

Zur Ruhe kommt dieses Verlangen allein in einer Erkenntnis, die nicht nur das Daß, sondern auch das Was Gottes zum Inhalt hat, in einer Schau Gottes (vgl. S. c. G. III, 37). Nur in einer unmittelbaren Anschauung Gottes wäre voll aktualisiert, wozu Gott den Menschen bestimmt hat. Das Spezificum dieser Bestimmung ist, nach der Vorstellung der Hl. Schrift, Bild Gottes (*imago Dei*) zu sein.

Daß Thomas seine Anthropologie und Morallehre auf die biblische Lehre vom Menschen gründet, stellt, wie wir bereits gesehen haben, der Prolog zur Prima Secundae der großen Summe unmißverständlich klar: Der Mensch ist zum Bild Gottes gemacht (*homo factus ad imaginem Dei*). Was Imago-Dei-Sein meint, wird in traditionell philosophischer Begrifflichkeit definitionsartig exponiert: Mit «Bild» wird bezeichnet das Geist-Sein, das Frei-Sein, das Verantwortlich-Sein (*per imaginem significatur intellectuale, et arbitrio liberum, et per se potestativum*). Die Geistigkeit und Freiheit des

Menschen sind es, die, wie wir gesehen haben, schon von Aristoteles als etwas Göttliches bzw. als Quelle von Göttlichem ausgegeben wurden. Aber diese philosophischen Bestimmungen sind bei Thomas eingebettet in das christlich-theologische Weltbild:

«Nachdem vom Urbild, nämlich Gott, gesprochen ist und dem, was aus der Macht Gottes nach seinem Willen hervorgegangen ist, bleibt uns als Aufgabe die Betrachtung seines Bildes, nämlich des Menschen: insofern er selbst Ursprung seiner Werke ist, im Besitz gleichsam eines freien Willens und der Herrschaft über sein Tun» (S. theol. II, Prologus).

Das Analogon des Vergleichs zwischen Mensch und Gott, das den Menschen zum Abbild eines Urbilds macht, besteht nach dem eben zitierten Text darin, daß der Mensch ähnlich Gott Herr seines Tuns ist. Dies ist auf den zweiten Teil der *Summa theologiae* hin gesprochen, der, wie im Prologus des ersten Teils angekündigt, «von der Bewegung des Vernunftgeschöpfs zu Gott» handelt (S. theol. I q. 2, prol.), und zwar primär unter dem Aspekt, inwiefern und wieweit diese Bewegung verantwortlich in der Hand des Menschen liegt und durch sein Handeln in der Welt realisiert wird. Unter diesem Titel rezipiert Thomas die aristotelische Ethik; und man darf nicht verkennen, daß hier von Bewegung (*motus*) die Rede ist, d. h. von Akten eines Unvollkommenen, das unterwegs ist zur Aktualisierung seiner Möglichkeit und dazu immer auch der Ein- und Mitwirkung von außen bedarf.

Daß das Bild-Sein indessen nicht nur den Weg, sondern auch und vor allem das Ziel selbst betrifft, ist mit dem mitdefinierenden und an die erste Stelle gesetzten Wort *intellectuale* zum Ausdruck gebracht. *Intellectus* steht im Unterschied zur diskursiv tätigen, dem Menschen im Pilgerzustand entsprechenden *ratio* bei Thomas für das Griechische *nous* und bezieht sich auf das intuitive Erfassen von Erstem und Letztem. Damit ist angedeutet, daß das Bild-Gottes-Sein des Menschen zur Erfüllung gelangt in der endgültigen Anschauung Gottes. Der Mensch ist Bild Gottes im prägnanten Sinn erst dann, wenn Gott im Wissen des Menschen adäquat zur Darstellung kommt.

Für Thomas endet die existentielle Perspektive einer Philosophie, die das Ziel des Menschen im Umriß richtig bestimmt, aber nicht mit der Unsterblichkeit seiner Seele rechnet, unweigerlich in

Schwermut und angsterfüllter Bedrängnis. Im Blick auf die Philosophie eines Aristoteles, Alexander von Aphrodisias und Averroes und deren angeblich resignatives Glücksverständnis formuliert die *Summa contra Gentiles*:

«Hierin wird zur Genüge sichtbar, welche Bedrängnis (*quantam angustiam*) eben daher deren glänzende Geister erduldeten. Von diesen Bedrängnissen werden wir befreit werden, wenn wir annehmen, daß der Mensch (...) zum wahren Glück nach diesem Leben gelangen kann» (S. c. G. III, 48).

Es gehört nun zu den tragenden Überzeugungen des Thomas, daß derjenige zu dieser von Angst befreienden Annahme in zureichender Weise nicht in der Lage ist, der vom Weg, den Jesus Christus gegangen ist, noch nichts weiß. Deshalb handelt der dritte Teil der *Summa theologiae* «von Christus, der, insofern er Mensch ist, der Weg unseres Strebens zu Gott ist» (S. theol. I, q. 2, prologus).

Im Prolog seines Kommentars zum III. Sentenzenbuch des Petrus Lombardus reflektiert Thomas über einen Satz des alttestamentlichen Buches Kohelet: «Zu dem Ort, wo die Flüsse entspringen, kehren sie zurück, um wieder zu entspringen» (Eccl. 1, 7). Thomas' Interpretation nimmt den anthropologischen Kontext seiner Quelle auf, aber nicht, um, wie der Prediger, an die Eitelkeit, Hinfälligkeit und das immer Gleiche des menschlichen Daseins im Kreislauf der Dinge zu erinnern, sondern um auf das Mysterium der Inkarnation und seine Bedeutung für den Menschen und die Schöpfung zu verweisen:

«Jene Flüsse sind die natürlichen Gutheiten, die Gott den Geschöpfen einflößt wie Sein, Leben, Erkennen (...) Doch der Ort, wo jene Flüsse entspringen, ist Gott selbst. (...) Die Flüsse nun finden sich in anderen Geschöpfen getrennt; doch im Menschen sind sie auf bestimmte Weise alle versammelt. Denn der Mensch ist gleichsam Verbindungslinie und Grenze der geistigen und körperlichen Natur, so daß er, gleichsam die Mitte zwischen beiden, an beiderlei Gutheiten partizipiert. (...) Wenn daher die menschliche Natur durch das Geheimnis der Menschwerdung mit Gott verbunden ist, werden alle Flüsse natürlicher Gutheiten zu ihrem Ursprung zurückgelenkt sein und zurückkehren» (In III Sent., prologus).

Diese Prologstelle des Sentenzenkommentars ist, wie auch andere Schriften belegen (vgl. S. c. G. IV, 55), für Thomas von eminentem Gewicht. Ich verweise nur auf drei Aspekte:

(a) Thomas spricht hier nicht als historisch-kritischer Exeget, sondern als spekulativer Theologe, der das Alte vom Neuen Testament her versteht. Der nur brüchig von Gottvertrauen überdeckte Pessimismus der Aussagen des Predigers ist ihm gewiß nicht entgangen. Er geht auf diese *tristitia* nicht mehr ein, weil sie aufgrund der Inkarnation heilsgeschichtlich überholt ist. Und das Bild des Predigers läßt sich gerade im Blick auf die Menschwerdung Gottes reformulieren.

(b) Dieses neu interpretierte Bild eignet sich vorzüglich zur Integration der neuplatonischen Ontologie, ihrer Emanationsmetaphorik und ihres Kreislaufgedankens in das christliche Weltbild. Thomas' Deutung der Wirklichkeit, dies zeigt auch der Gesamtaufbau der *Summa theologiae*, orientiert sich am neuplatonischen Schema von Ausgang (*exodus* bzw. *processus*) und Rückkehr (*reditus*) (vgl. auch in I Sent., prologus). Aber dieses Schema wird um das Mittelglied der Inkarnation und ihrer zentralen Heilsfunktion entscheidend erweitert und modifiziert: Gott nimmt in seinem Sohn selbst die menschliche Natur an und führt über den Menschen die Schöpfung aus der Gott-Ferne und Zerstreuung zu sich zurück.

(c) Der Akt der Inkarnation wirft Licht auf die besondere Stellung des Menschen in der Schöpfung. Und diese, recht verstanden, läßt es naheliegend und angemessen erscheinen, daß Gott gerade Mensch geworden ist und sich nicht mit einer anderen geschaffenen Natur vereint hat. Im Menschen und nur im Menschen gehen Geist und Materie eine Verbindung ein; dadurch wird er zur Mitte und zum Repräsentanten der gesamten Schöpfung. Da in ihm alle Naturen zusammenfließen (vgl. S. c. G. IV, 55), kann der Mensch in der Nachfolge Christi zum Mittel- und Drehpunkt der Heimkehr aller Dinge zu Gott werden. Gerade im Blick auf die neuplatonische Abwertung des leiblichen Daseins spricht Thomas korrigierend von der Würde der menschlichen Natur, die ihr eben aus der Verbindung von Geist und Materie erwächst und die ihr durch das Geschehen der Inkarnation augenfällig zum Bewußtsein gebracht werden mußte (*Fuit etiam necessarium humano generi ut Deus homo fieret, ad demonstrandum naturae humanae dignitatem,* Comp. Theol. lb. 1 cp. 201).

Doch die Inkarnation verdeutlicht dem Menschen nicht nur seine Würde, sie führt ihm auch vorbildlich und beispielhaft vor Augen, daß sein Verlangen, das sich bei keinem endlichen, geschaffenen Gut beruhigt, sondern als geistbestimmtes Streben nach dem ganzen Guten und der ganzen Wahrheit greift (vgl. S. theol. I-II, qu. 2 a. 8 co.), daß dieses Verlangen trotz des ungeheuren Hiatus zwischen menschlicher und göttlicher Natur seine Erfüllung finden kann. Es ist die Inkarnation, die den Menschen aus Kleinmut, Resignation oder Verzweiflung über dem Gedanken der Möglichkeit seines Glücks zu retten vermag.

Für Thomas spielt die Geschichte Jesu offensichtlich eine ähnliche Rolle wie für die Stoa das Leben und Sterben des Sokrates. Ihr diente dieses ja als Beleg für die These, daß der vollendet Tugendhafte auch vollendet glücklich sein kann, wie immer die Umstände sein mögen.

«Als erstes ist dies zu bedenken, daß die Fleischwerdung Gottes die wirksamste Hilfe war für den Menschen, der zur Glückseligkeit tendiert. Wir haben (...) gezeigt, daß das vollkommene Glück des Menschen in der unmittelbaren Anschauung Gottes besteht. Es könnte aber jemandem scheinen, der Mensch könne niemals dazu gelangen, daß sein Geist unmittelbar mit dem göttlichen Wesen selbst vereint ist, als Geist mit dem geistig Erfaßbaren, wegen des ungeheueren Abstandes der Naturen. Und so könnte der Mensch über der (vergeblichen) Suche nach Glück erkalten, von Hoffnungslosigkeit niedergedrückt. Dadurch aber, daß Gott die menschliche Natur mit sich *in persona* vereinen wollte, wird dem Menschen augenfälligst gezeigt, daß er durch seinen Geist mit Gott vereint werden kann, indem er ihn unmittelbar schaut. Es war also äußerst angemessen, daß Gott die menschliche Natur annimmt, um die Hoffnung des Menschen auf Glück zu heben; so fingen die Menschen denn auch, nach der Fleischwerdung Christi, mehr an, sich erwartend nach dem himmlischen Glück zu sehnen, gemäß dem, was er selbst sagte (Joh. X, 10): ‹Ich bin gekommen, daß sie das Leben haben, und daß sie es in Fülle haben›» (S. c. G. IV, 54).

7. Zur Wirkung: der Thomismus

Thomas von Aquin hinterließ ein gewaltiges Werk, das in seiner geistigen Spannweite und seinem intellektuellen Niveau nur dem eines Platon, eines Aristoteles oder eines Immanuel Kant zu vergleichen ist. Es war im lateinischen Westen geschätzt und umstritten. Unter den 1277 vom Bischof Tempier von Paris verurteilten 219 Thesen befanden sich auch Gedanken des Thomas. Gleichwohl setzte sich nach Jahren der Auseinandersetzung seine Lehre innerhalb seines Ordens durch. 1323 wird Thomas von Johannes XXII., einem Franziskanerpapst, heiliggesprochen. Doch dies verhalf ihm noch nicht zu genereller unumstrittener kirchlicher Anerkennung. Zum Kirchenlehrer (*Doctor ecclesiae*) erhob ihn erst der Dominikanerpapst Pius V. (1567) und die katholische Gegenreformation. Über die spanisch-jesuitische Spätscholastik und ihre Rezeption in allen europäischen Universitäten der frühen Neuzeit wirkt das Werk des Aquinaten (auf weitgehend subkutane Weise) auch in den Protestantismus und die von ihm geprägte Schulphilosophie und Aufklärung hinein. Der katholische Antimodernismus des 19. und 20. Jahrhunderts benutzte sein Werk als philosophisch und theologisch verbindlichen Anker. Dies wirkt sich zum Teil bis heute sowohl innerhalb wie außerhalb religiös gebundener Kreise für eine gelassene und fruchtbare Rezeption und Diskussion seiner Gedanken (zumal in Deutschland) eher hinderlich aus.

7.1 Die unmittelbare Schülergeneration des Thomas war mit der Sichtung, Erschließung (und Ergänzung) seines Werkes befaßt. Zwischen 1278 und 1313 verpflichtete sich der Dominikanerorden in mehreren Generalversammlungen in wachsender Einmütigkeit und Entschlossenheit auf die Beachtung und Pflege seiner Lehre. Durch die Erstellung von Kurzfassungen (*abbreviationes*), alphabetischen Indizes (*tabulae*) und internen Textvergleichen (*concordantiae*) wurde sie für den Schulgebrauch nutzbar gemacht.

Die sich verfestigende Identifikation des Dominikanerordens mit den Gedanken des Thomas begleitet eine scharfsinnige Thomas-

Kritik vor allem von seiten der Franziskaner (und Augustiner), die bis ins 15. Jahrhundert anhält. Zu den herausragenden Gegnern im ausgehenden 13. und im 14. Jahrhundert zählen Wilhelm de la Mare (+ nach 1282), Heinrich von Gent (+1308), Johannes Duns Scotus (+1308), Wilhelm von Ockham (+1374) und Gregor von Rimini (+1358). In Auseinandersetzung mit ihnen entsteht auf seiten der Anhänger des Thomas eine intellektuell hochstehende Verteidigungsliteratur, als deren bedeutendstes Werk im frühen 15. Jahrhundert die *Defensiones Theologiae Divi Thomae Aquinatis* des Johannes Capreolus (+1444) zu gelten haben.

7.2 Im Verlauf des 15. Jahrhunderts wächst der Einfluß des Thomismus und erreicht im 16. Jahrhundert im Zusammenhang von Reformation und Gegenreformation seinen Höhepunkt. Dabei bleibt dieser Einfluß nicht auf den römisch-katholischen Bereich begrenzt. Auf anglikanischer Seite ist etwa Richard Hooker (*1553/4, +1600), auf calvinistischer Hugo Grotius (*1583, +1645) von ihm geprägt.

Gegen Ende des 15./Anfang des 16. Jahrhunderts werden an den Universitäten zu Köln, Paris, Salamanca und Löwen die Sentenzen des Petrus Lombardus durch die *Summa theologiae* des Thomas als verbindliches theologisches Lehrbuch ersetzt. Die fortschreitende «Kanonisierung» von Thomas-Texten, insbesondere seiner *Summa theologiae*, läßt bedeutende Kommentarwerke entstehen. Als wichtigster, für die weitere Geschichte des Thomismus wirkmächtigster Kommentator ist Thomas de Vio Cajetan (*1469, +1534) anzusehen. Sein Kommentar zur gesamten *Summa theologiae* (von 1507 bis 1522 verfaßt) erhält (aufgrund der Stellung des Autors und des Niveaus des Textes) autoritativen Rang und begründet in gewisser Weise die Einheit der thomistischen Lehrtradition bis ins 20. Jahrhundert, bis zur Entstehung einer historisch-kritischen Thomasforschung, die in manchem eine deutliche Relativierung der Cajetanschen Thomasinterpretation zur Folge hat.

An Cajetan orientiert sich Francisco de Vitoria (*1483/93, +1546), der «Vater der spanischen Scholastik», Begründer der Schule von Salamanca, die den Thomismus zum «klassischen» philosophisch-theologischen Lehrsystem der beginnenden Neuzeit ausformuliert und eine entscheidende intellektuelle Rolle in der römisch-katholischen Antwort auf die Anregungen und Herausforderungen durch Humanismus und Reformation spielt. Ihre profiliertesten Vertreter sind Domingo de Soto (*1495, +1560), Melchior Cano (*1509, +1560), Bartolomé de Medina (*1527/8, +1580) und Domingo Bánez (*1528, +1604).

Unter dem Einfluß der Schule von Salamanca, wenngleich weniger exklusiv auf Thomas verpflichtet und durchaus auch für skotistische (und ockhamistische) Gedanken offen, stehen die nachtridentinischen Jesuiten-Theologen. Ihre bedeutendsten Vertreter sind Luis de Molina (*1535, +1600) und Francisco de Suárez (*1548, +1619). Ihre enorme philosophische, theologische und juristische Bildung, ihre geistige Weite und gedankliche Präzision, auch ihre Bereitschaft zur innerkatholischen Kontroverse beeindrucken und beeinflussen über den katholischen Bereich hinaus auch führende Köpfe auf seiten des Protestantismus, unter anderen G. W. von Leibniz (*1646, +1716); sie wirken so (weitgehend unterschwellig, wenngleich nachhaltig) in die protestantisch geprägte deutsche Schulphilosophie hinein. Im 17. Jahrhundert ist als bedeutender Thomist der Spätscholastik nur noch Johannes a S. Thoma (*1589, +1644) zu nennen; im 18. Jahrhundert verblassen der Glanz und die Attraktivität des «klassischen» spanisch-italienischen Thomismus gegenüber dem neuen Gedankengut der europäischen Aufklärung, das in England, in Frankreich und in Deutschland seine wesentlichen Quellen hat.

7.3 Eine erneute dezidierte Ausrichtung der philosophischen und theologischen Studien am Thomismus erfolgt in der sog. Neuscholastik des späten 19. und frühen 20. Jahrhunderts. Mit ihr versuchte die lehramtlich gestützte katholische Theologie, auf die Herausforderungen durch die Aufklärung, durch die Philosophie Kants und des deutschen Idealismus, durch den Materialismus und Szientismus ihrer Zeit in einer Neubesinnung auf die eigene große Schultradition zu antworten. Sie griff dabei vor allem auf das Kommentarwerk Cajetans zurück, begann allerdings auch mit einer Öffnung des wissenschaftlichen Blicks für die Thomas-Texte selbst. Papst Leo XIII. (1878–1903) erklärte mit seiner Enzyklika *Aeterni Patris* 1879 Thomas von Aquin zum maßgebenden philosophisch-theologischen Interpreten des christlichen Weltbildes und veranlaßte bald darauf die Erarbeitung einer neuen kritischen Gesamtausgabe seiner Werke (*Editio Leonina,* seit 1882, noch nicht abgeschlossen).

Die Einheit der Neuscholastik im Rahmen des Katholizismus währte allerdings nicht allzu lange; das 20. Jahrhundert sieht Thomisten unterschiedlichster Ausprägung. Drei wichtige, von einer starren Neuscholastik abweichende Richtungen der Beschäftigung mit dem Aquinaten lassen sich identifizieren: einmal eine historisch-kritische Richtung, die in philosophie- und theologiegeschichtlicher Arbeit Thomas selbst und den mittelalterlichen Thomismus zur Sprache zu bringen (M. Grabmann, *1875, +1949, u. a.) und in strenger hermeneutischer Interpretation seine Gedanken zu vergegenwärtigen trachtet (W. Kluxen, A. Zimmermann u. a.); zum zweiten eine Richtung, die dem Thomismus eine transzendentalphilosophische (J. Maréchal, *1878, +1944, u. a.) oder eine transzendental- und existenzphilosophische Fundierung (J. Maritain, *1882, +1973, K. Rahner, *1904, + 1984, u. a.) und ideengeschichtliche Rechtfertigung (E. Gilson, *1848, +1978) geben möchte; und schließlich eine Richtung, die mit den Mitteln der modernen Analytischen Philosophie einen aktualisierenden Zugang zur Gedankenwelt des Aquinaten sucht (P. Geach, G. E. M. Anscombe, A. Kenny u. a.).

Im gegenwärtigen philosophischen Diskurs ist das Werk des Thomas wohl am stärksten im anglo-amerikanischen Sprachraum präsent. Dies zeigt sich nicht nur in seinem Einfluß auf namhafte Gegenwartsphilosophen dieser Länder (H. Putnam, M. Dummett u. a.); dies zeigt sich auch daran, daß hier die wichtigsten, der breiten Tradition des Thomismus verpflichteten philosophischen Zeitschriften angesiedelt sind, nämlich das *American Catholic Philosophical Quarterly* (ehedem *New Scholasticism*), der *Modern Schoolman*, die *Review of Metaphysics* und der *Thomist.*

Die Abhandlungen und Diskussionen in diesen Zeitschriften sind historisch und systematisch ausgerichtet und erinnern nicht selten an die hochmittelalterliche Streitkultur.

Anmerkungen

1 Petrus Damiani, der hier unter den Genannten für eine Extremposition steht, formulierte z. B. im 11. Jahrhundert als heilsgeschichtliche Überzeugung, die reine Philosophie sei eine Sache des Teufels, die Gesetze der Logik besäßen vor Gott keine Gültigkeit; vgl. Petrus Damiani, De sancta simplicitate scientiae inflanti anteponenda, J. P. Migne, Patrologia Latina (1878 ff.), Bd. 145, S. 695 ff.; vgl. R. Heinzmann 1994, 20.

2 Im Unterschied zu Thomas und Kant haben etwa Descartes, Leibniz und Hegel das Anselmsche Argument für schlüssig gehalten.

3 Vgl. hierzu T. C. Potts, *Conscience*, in: N. Kretzmann, A. Kenny, J. Pinborg (eds.) 1982, 687–704, im folgenden v. a. die Seiten 687–690.

4 Vgl. T. C. Potts, a. a. O. 688 f.

5 Plerique, iuxta Platonem, rationale animae, et irascentiuum, et concupiscentiuum, quod ille et *logikon* et *thymikon* et *epithymetikon* uocat, ad hominem et leonem ac uitulum referunt: rationem et cogitationem et mentem et consilium eandem uirtutem atque sapientiam in cerebri arce ponentes, feritatem uero et iracundiam atque uiolentiam in leone, quae consistit in felle, porro libidinem, luxuriam et omnium uoluptatum cupidinem in iecore, id in uitolo, qui est /terrae operibus haereat; quartumque ponunt quae super haec et extra haec tria est, quam Graeci uocant *syneidesis (synteresis* Codex Hrabanus Maurus u. a. MF) – quae scintilla conscientiae in Cain quoque pectore, postquam eiectus est de paradiso, non extinguitur, et uicti voluptatibus uel furore, ipsaque interdum rationis decepti similitudine, nos peccare sentimus –, quam proprie aquilae deputant, non se miscentem tribus, sed tria errantia corrigentem, quam in scripturis interdum uocari legimus spiritum (...) Et tamen hanc quoque ipsam conscientiam (...) cernimus praecipitari apud quosdam et suum locum amittere, qui ne pudorem quidem et uerecundiam habent in delictis (...). Sancti Hieronymi Presbyteri Commentariorum in Hiezechielem Libri XIV, cura et studio F. Glorie (1964), Corpus Christianorum Series Latina LXXV, 11-12 (= *In Hiezechielem* I, 1, 6-8).

6 Zur Lehre von den zwei Willen bei Augustinus vgl. Confessiones VIII, 5, 10–12; IX, 21–X, 22; X, 24.

7 Vgl. dazu M. Forschner, Stoische Oikeiosislehre und mittelalterliche Theorie des Gewissens, in: J. Szaif u. M. Lutz-Bachmann (Hrsg.) 2004, 126–150.

8 Auch in der *Summa theologiae* findet sich hierzu Eindeutiges: Ad secun-

dum dicendum, quod synderesis dicitur lex intellectus nostri, inquantum est habitus continens praecepta legis naturalis, quae sunt prima principia operum humanorum, S. theol. I-II, qu. 94 a. 1 ad 2.

9 Vgl. Aristoteles NE VII, 5; J. Timmermann, Impulsivität und Schwäche. Die Argumentation des Abschnitts Eth. Nic. 1146 b 31–1147 b 19 im Licht der beiden Formen des Phänomens «Akrasia», in: Zeitschrift für philosophische Forschung Bd. 54/1 (2000), S. 47 ff.

10 Vgl. dazu ausführlicher M. Forschner, Naturrechtliche und christliche Grundlegung der Theorie des gerechten Krieges in der Antike (bei Cicero und Augustinus), in: Gymnasium, Bd. 111 Heft 6 (2004), 557–572.

11 Peter Abailard, Gespräch eines Philosophen, eines Juden und eines Christen, lat. u. dt., hg. u. übertragen von H.–W. Krautz, Frankfurt/Leipzig [2]1996, 89 f.

12 Lexikon für Theologie und Kirche 2. Aufl. (1932) Bd. IV, 520 f. (A. Landgraf).

13 R. P. Francisci Suárez Opera omnia, ed. C. Berton, Paris 1858, Bd. 12: Tractatus de fide theologica in 24 disputationes, S. 1–597.

14 Suárez, De fide, disp. III sect. III, 6: Declaratur hoc ex divo Thoma, 1 p., quaest. 106, art. primo ubi dicit spiritualem illuminationem interdum fieri ex parte objecti, interdum vero ex parte potentiae (...).

15 Suárez, De fide, disp. IV sect. I, 4: (Augustinus dixit:) *Sicut Deus immediate creavit unum hominem, at ab illo ac per illum producti sunt ceteri successione continua, ita in fide per se instruxisse Deum quosdam homines, a quibus alii docerentur.* Et ita communis ratio prudentiae est, ut homines per homines doceantur, a. a. O. 113.

16 Suárez, De fide, disp. IV sect. I, 5: Dico secundo: quamvis necessarium non sit ut sufficiens propositio fidei a Deo immediate fiat, necessarium saltem est ut divina virtus in ea proxime et specialiter intercedat, a. a. O. 113.

17 Suárez, De fide, disp. IV sect. I, 6: Alio modo contingit fidem jam sufficienter praedicatam et introductam, singulis praedicari et quasi applicari, et tunc non sunt necessaria exteriora signa divinae virtutis; necessarium autem est ut divina virtus interius adjuvet et cooperetur, ut unusquisque sufficienter percipiat propositionem fidei et de illa convenienter judicet; nam totum hoc est valde supernaturale, quod sine peculiari auxilio gratiae praestari non potest. Et hoc insinuatum est Acta. 16, cum de quadam foemina dicitur: *Cui Deus aperuit cor, ut intenderet his quae dicebantur a Paulo,* quasi hoc fuerit necessarium ut crederet, a a. O. 114.

18 Suárez, De fide, disp. IV, sect. II, 3 u. 4: (...) voluntas credendi, quae ad fidem supernaturalem sufficit, est etiam supernaturalis, et ex speciali Dei auxilio; ergo per se est voluntas studiosa et honesta; ergo supponit prudens judicium circa objectum suum (...) credulitas autem fidei talis esse debet, ut sit immunis ab omni falsitate (...) Dico secundo: ut propositio

objecti fidei sit sufficiens, necessarium est ut id quod proponitur fiat evidenter credibile, tamquam dictum a Deo, ac subinde ut certum et infallibile (...) a. a. O.

19 Vgl. disp. V, IX–XI.

20 Colette Sirat etwa schreibt in einer neuen großen Geschichte der Philosophie des Mittelalters, Moses Maimonides sei ein Philosoph in all seinen Werken, den juridischen ebenso wie den philosophischen, den Texten, die er für ein breites Publikum ebenso wie jenen, die er für Studierende der Philosophie geschrieben hat, in: ed. J. Marenbon (ed.) 1998, 77. Rémi Brague hingegen äußert in einem neuen Sammelwerk über Philosophen des Mittelalters die Ansicht, Maimonides könne schwerlich als Philosoph gelten; er habe, mit Ausnahme eines schmalen Traktats über Logik, kein philosophisches Buch geschrieben, in: R. Brague, Maimonides. Bibel als Philosophie, in: T. Kobusch (Hrsg.) 2000, 97.

21 Vgl. K. Schubert, Die Bedeutung des Maimonides für die Hochscholastik, Kairos, X. Jahrgang (1968), 2–18, 2.

22 Vgl. W. Kluxen, Maimonides und die philosophische Orientierung seiner lateinischen Leser. Eine interpretatorische Reflexion, in: J. Brachtendorf (Hrsg.) 2002, 107–119, 108 f.

23 Den Forschungen von Jacob Guttmann und Wolfgang Kluxen verdanken wir die Erhebung der faßbaren Tatsachen, die die Literargeschichte zum lateinischen Moses Maimonides betreffen. Die lateinische Übersetzung des vollständigen «Führers der Unschlüssigen», den der Autor auf arabisch verfaßt und dessen Übersetzung ins Hebräische (durch Ibn Tibbon) er noch zu seinen Lebzeiten betreut hat, liegt kurz nach 1230 vor. Sie entstand (allerdings aus der hebräischen Version des Al Charisi) vermutlich in Italien oder in Frankreich, veranlaßt wahrscheinlich von christlichen und wohl in Zusammenarbeit mit jüdischen Gelehrten und Theologen. Vgl. J. Guttmann, 1891; ders., Der Einfluß der maimonidischen Philosophie auf das christliche Abendland, in: W. Bracher, M. Brann, M. Simonsen (Hrsg.) Leipzig, 2 Bde. 1908/1914, Bd. I (1908), 135–230. Vgl. ferner W. Kluxen, Literargeschichtliches zum lateinischen Moses Maimonides, in: Recherches de théologie ancienne et médiévale 21 (1954), 23–50; ders., Maimonides und die Hochscholastik, in: Philosophisches Jahrbuch 63 (1955), 151–165; ders., Maimonides and Latin scholasticism, in: S. Pines, Y. Yovel (eds.) 1986, 224–232.

24 Vgl. dazu jetzt auch G. K. Hasselhoff, «Rabbi Moyses» – zur Wirkungsgeschichte von Moses Maimonides im christlichen Mittelalter, in: Judaica, 60. Jg. Heft 1 (2004), 1–20, 3 ff.

25 Mose ben Maimon, Führer der Unschlüssigen (=FU), Einleitung, 4. Ich zitiere nach der deutschen Übersetzung: Mose ben Maimon, Führer der Unschlüssigen. Übersetzung und Kommentar von Adolf Weiß. Mit einer Einleitung von Johann Maier, Hamburg 2. Aufl. 1995. Das vorlie-

gende Kapitel steht unter dem Vorbehalt meiner Unkenntnis des Arabischen und des Vertrauens auf die Stimmigkeit der benutzten Übersetzung.

26 Vgl. J. Maier, Mose ben Maimon, Führer der Unschlüssigen, Hamburg 2. Aufl. 1995, Einleitung, XXXIV*

27 Der Text in deutscher Übersetzung bei Johann Maier in seiner oben zitierten Einleitung, a. a. O. XLIV* ff.

28 Vgl. dazu die wichtige Studie von P. Synave, La révelation des vérités divines naturelles d'après Saint Thomas d'Aquin, in: Mélanges Mandonnet, vol. I, Paris 1930, 327–370; repr. in: J. Dienstag (ed.) 1975.

29 de verit, qu. 14 a. 10 co : Quaedam vero sunt ad quae etiam in hac vita perfecte cognoscenda possumus pervenire, sicut illa quae de Deo demonstrative probari possunt, quae tamen a principio necesse est credere, propter quinque rationes quas Rabbi Moyses ponit: quarum prima est profunditas et subtilitas istorum cognoscibilium quae sunt remotissima a sensibus, unde homo non est idoneus in principio perfecte ea cognoscere; secunda causa est debilitas humani intellectus in suo principio; tertia vero est multitudo eorum, quae praeexiguntur ad istorum demonstrationem, quae homo nonnisi in longissimo tempore addiscere potest; quarta est indispositio ad sciendum, quae inest quibusdam propter pravitatem complexionis; quinta est necessitas occupationum ad providendum necessaria vitae. Ex quibus omnibus apparet quod, si oporteret per demonstrationem solummodo accipere ea, quae necessarium est cognoscere de Deo, paucissimi ad hoc pervenire possent et hi etiam nonnisi post longum tempus; unde patet quod salubriter est via fidei hominibus provisa per quam patet omnibus facilis aditus ad salutem secundum quodcumque tempus.

30 Maimonides unterscheidet zwischen «kommender Welt» als transzendentem Heilsziel der vom Leib befreiten Geistseele und «messianischer Zeit» als eschatologischem irdischem Heilsziel. Die Auferstehung von den Toten bezieht sich auf letztere. In der messianischen Zeit leben die gläubigen Juden nicht mehr unter Diasporaverhältnissen, ist Israel nicht mehr der Fremdherrschaft unterworfen und bietet so den Gläubigen die Möglichkeit einer besseren Erfüllung der Torah, einer besseren Gotteserkenntnis und damit eines vollkommeneren «Anteils an der kommenden Welt». Letzterer besteht in der definitiven (und graduierten) Verbindung des aktualisierten (erworbenen) menschlichen Intellekts mit dem aktiven Intellekt. Vgl. J. Maier, Einleitung, a. a. O. LVI* f.; J. Finkel, Maimonides' Treatise on Resurrection, in: S. W. Baron (ed.)1941, repr. 1966, 93–121.

31 Mischnakommentar zu Sanhedrin X (cheleq), zitiert nach K. Schubert, Die Bedeutung des Maimonides für die Hochscholastik, Kairos, X. Jahrgang 1968, 2–18, 4.

32 (...) homo factus ad imaginem Dei dicitur, secundum quod per imaginem significatur *intellectuale et arbitrio liberum et per se potestativum*; ... restat ut consideremus de eius imagine, idest de homine, secundum quod et ipse est suorum operum principium, quasi liberum arbitrium habens et suorum operum potestatem.

33 S. theol. II-II, qu. 1 a. 5 co.: Non autem est possibile quod idem ab eodem sit visum et creditum, sicut supra dictum est. Unde etiam impossibile est quod ab eodem idem sit scitum et creditum (...) Et ideo fides et scientia non sunt de eodem. Vgl. K. Schubert, a. a. O. 5.

34 S. theol. II-II, qu. 180 a. 4 co.: Nunc autem contemplatio divinae veritatis competit nobis imperfecte, videlicet «per speculum et in aenigmati»: unde per eam fit nobis quaedam inchoatio beatitudinis, quae hic incipit, ut in futuro terminetur. Unde et Philosophus, in 10 Ethicorum, in contemplatione optimi intelligibilis ponit ultimam felicitatem hominis.

35 Vgl. D. H. Frank, Maimonides and medieval Jewish Aristotelianism, in: D. H. Frank, O. Leaman (eds.) 2003, 136–156, 151.

36 Thomas unterscheidet, anders als Maimonides, zwischen natürlichem Licht (*lumen naturale*), Gnadenlicht (*lumen gratiae*) und Glorienlicht (*lumen gloriae*). Vgl. S. theol. I, qu. 106 a. 1 ad 2; S. theol. I, qu. 12 a. 13 co.; S. theol. I–II, qu. 109 a. 1 co.

37 Der Text bei Thomas S. theol. II–II, qu. 174 a. 4 co. lautet: Moyses ergo fuit aliis excellentior, primo quidem, quantum ad visionem intellectualem: eo quod vidit ipsam Dei essentiam, sicut Paulus in raptu; sicut Augustinus dicit, 12 super Genesim ad Litteram. Unde dicitur Num. 12, quod «palam, non per aenigmate Deum videt». Der Text schließt dem Wortlaut nach nicht aus und legt systematisch nahe, daß auch die Vision des Moses, wie die des Paulus, den Begriff des *raptus* erfüllt. A. Wohlman 1988, 298 übersetzt: «Il a contemplé l'essence même de Dieu, comme Saint Paul, sans le ravissement.» Das «sans» ist wohl durch ein «dans» zu ersetzen.

38 Vgl. A. Wohlman 1988, 198.

39 Nullus philosophorum ante adventum Christi cum toto conatu suo potuit tantum scire de deo, et de necessariis ad vitam aeternam, quantum post adventum Christi scit vetula per fidem. Thomas von Aquin, Expositio super Symbolum apostolicum, ed. Mandonnet, Paris 1927, 349.

40 Zur Verwendung der aristotelischen Philosophie vgl. beispielhaft: S. theol. I – II, qu. 94 a. 2 co; zum Verständnis christlicher Weisheit und Führungsaufgabe (bei Thomas) vgl. S. theol. I–II, qu. 100 a. 1 co; II–II, qu. 2 a. 6 co und ad 1; II–II, qu 16 a. 2 ad 2; A. Wohlman 1988, 193.

41 Wenn G. K. Hasselhoff in seiner Studie «Anmerkungen zur Rezeption des Maimonides in den Schriften des Thomas von Aquino», in: W. Kinzing, C. Kück (Hrsg.) 2002, 55–73, resümierend glaubt feststellen zu können: «Das bleibende Bild von Maimonides (sc. in den Texten bei

Thomas von Aquin, M. F.) ist das eines Juden, das besser zurückgewiesen wird» (72 f.), so scheint mir dies gerade nicht auf die (wichtigen) Texte zuzutreffen, in denen es um die Verhältnisbestimmung von Glauben und Wissen geht. Thomas distanziert sich von Maimonides nicht etwa, weil dieser von der jüdischen Offenbarungsreligion her denkt, sondern weil er den Inhalt der Offenbarungsreligion und die Einstellung des religiösen Glaubens zu weitgehend in (neuplatonisch überformte und dem Averroismus nahe) aristotelische Philosophie auflöst.

42 Vgl. zum Folgenden A. J. Celano, The Concept of Worldly Beatitude in the Writings of Thomas Aquinas, in: Journal of the History of Philosophy 25 (1987), 215–226.

43 Thomas von Aquin, Expositio super Symbolum apostolicum, ed. Mandonnet, Paris 1927, 349.

44 Vgl. N. Hinske, Handeln und Enttäuschung. Überlegungen zu CG III, 25 ff., in: P. Engelhardt (Hrsg.) 1963, 213–227.

45 Vgl. hierzu v. a. J. A. Aertsen, Natur, Mensch und der Kreislauf der Dinge bei Thomas von Aquin, in: Miscellanea Mediaevalia Bd. 21/1, hrsg. von A. Zimmermann u. A. Speer, Berlin 1991, 143–160.

Nachweise

Die folgenden Kapitel stellen veränderte Fassungen von Arbeiten dar, die an anderer Stelle bereits veröffentlicht wurden:

Kap. 4.2.2 erschien in einer Erstfassung unter dem Titel: *Amor est causa timoris. Thomas von Aquin über das Gefühl der Angst,* in: A. Zumkeller O. S. A. und A. Krümmel (Hrsg.), Traditio Augustana. Studien über Augustinus und seine Rezeption. Festgabe für Willigis Eckermann O. S. A. zum 60. Geburtstag, Würzburg 1984, S. 175–191.

Kap. 5.3 erschien in einer Erstfassung unter dem Titel: *Das Auge des Adlers. Zur Diskussion des Gewissens im Mittelalter,* in: J. Kulenkampff und Th. Spitzley (Hrsg.), Von der Antike bis zur Gegenwart. Erlanger Streifzüge durch die Geschichte der Philosophie, Erlangen und Jena 2001, S. 25–43.

Kap. 6.2 ist die gekürzte Fassung eines Beitrags in: G. Tamer (Hrsg.), Die Trias des Maimonides. Jüdische, arabische und antike Wissenskultur, Berlin u. a. (im Druck).

Kap. 6.3 erschien in einer Erstfassung unter dem Titel: *Heimkehr zum Ursprung. Thomas von Aquins Theorie des Glücks,* in: M. Forschner, Über das Glück des Menschen. Aristoteles, Epikur, Stoa, Thomas von Aquin, Kant, Darmstadt 1993, S. 80–106.

Zeittafel

1224–1226	Zwischen 1224 und 1226, wahrscheinlich 1225, wird Thomas als vierter und letzter Sohn des Grafen Landulf von Aquino und seiner Frau Theodora auf der Burg Roccasecca (zwischen Rom und Neapel gelegen) geboren. Außer den drei älteren Brüdern hatte Thomas noch fünf Schwestern.
1230	Um 1230, im Alter von etwa 5 Jahren, wird Thomas «Oblate» in der Abtei Monte Cassino und beginnt dort mit seiner Schulausbildung.
1235	1235 wird Thomas von den Eltern wegen der Kämpfe zwischen Kaiser und Papst im Gebiet von Monte Cassino und um Monte Cassino wieder nach Hause geholt.
1239	Um 1239 beginnt Thomas das Studium der *Artes liberales* (der Formalwissenschaften Grammatik, Rhetorik, Logik bzw. Dialektik und der Realwissenschaften Arithmetik, Geometrie, Astronomie, Musik) an der kaiserlichen Universität von Neapel. Dort wird er in die Philosophie des Aristoteles eingeführt und kommt mit Vertretern der Gemeinschaft der Predigerbrüder (des Dominikanerordens) in Kontakt.
1244	1244 tritt er in den 1215 gegründeten Dominikanerorden ein und provoziert dadurch einen Konflikt mit seiner Familie. Thomas wird ein Jahr lang von ihr mit Gewalt gehindert, im Rahmen seines Ordens Theologie zu studieren.
1245	Im Jahr 1245 läßt man ihn nach Paris ziehen.
1245–1248	Von 1245 bis 1248 studiert Thomas in seinem Orden in Paris und dann
1248–1252	von 1248 bis 1252 in Köln Theologie und wird in dieser Zeit «Meisterschüler» des Albertus Magnus und *baccalaureus biblicus.*
1252	1252 schickt man Thomas zur Vorbereitung auf eine Professur nach Paris zurück. Dort nimmt er als *baccalaureus sententiarius* in Form von Einführungskursen über die Sentenzen des Petrus Lombardus seine Lehrtätigkeit auf.
1253–1257	Zwischen 1253 und 1257 verfaßt er seinen Kommentar zu diesen Sentenzen.
1256	Am 3. März 1256 wird Thomas vom Papst zum Magister (Professor) der Theologie ernannt.

Kontroversen zwischen dem Weltklerus und den neuen Orden verzögern bis zum Herbst dieses Jahres seinen Antritt des Amtes.

1256–1259 Von 1256 bis 1259 lehrt Thomas an der Universität von Paris. In dieser Zeit verfaßt er die *Quaestiones de veritate* und den Kommentar zu *Boethii de Trinitate* und wahrscheinlich auch den Kommentar zu Boethius' Schrift *De hebdomadibus.*

1259–1268 Von 1259 bis 1268 ist er in Italien an verschiedenen Hochschulen seines Ordens tätig, in Anagni, in Orvieto und in Rom. In dieser Zeit verfaßt er die *Summa contra Gentiles*, Schriftkommentare, beginnt mit der *Summa Theologiae* und, in diesem Zusammenhang, mit der Kommentierung der Werke des Aristoteles.

1261–1265 1261–1265, bei seinem Aufenthalt an der Ordenshochschule in Orvieto, gewinnt Thomas Reginald von Piperno als Sekretär und Wilhelm von Moerbeke als philologischen Berater. 1265 lehnt Thomas die angebotene Ernennung zum Erzbischof von Neapel ab.

1266 Ab 1266 ist Thomas mit der theologischen Ausbildung der Studierenden seines Ordens in Rom beauftragt.
In dieser Zeit reift wohl sein Entschluß, vom Plan einer Neubearbeitung des Sentenzenkommentars Abstand und eine ganz eigene «Summa theologiae» in Angriff zu nehmen. In (Orvieto und) Rom sind die *Quaestiones disputatae de potentia, de anima, de spiritualibus creaturis* und der Kommentar zu Aristoteles' *De anima* entstanden.

1263–1268 Zwischen 1263 und 1268 stellt er im Auftrag des Papstes aus griechischen und lateinischen Vätertexten einen fortlaufenden Kommentar zu den vier Evangelien zusammen (*catena aurea*).

1268 1268 wird Thomas nach Paris zurückgerufen, um die Position seines Ordens an der Universität zu stärken und Konflikte um den richtigen und für die Kirche akzeptablen Umgang mit der Philosophie und Wissenschaft des Aristoteles zu lösen.

1268–1272 Von 1268 bis 1272 arbeitet Thomas intensiv an der *Summa theologiae* und der Kommentierung zentraler Werke des Aristoteles, setzt sich mit der Seelen- bzw. Intellekttheorie der Averroisten auseinander und versucht, zwischen den verschiedenen kirchlichen und akademischen Fronten zu vermitteln. In der universitären Lehre war er vor allem mit der Interpretation des Matthäus- und des Johannesevangeliums und wohl auch der Paulusbriefe beschäftigt. In den *Quaestio-*

nes disputatae dieser Zeit steht das Thema der Tugend im Vordergrund.

1272–1273 Im Frühjahr 1272 ruft ihn der Orden nach Italien zurück, um in Neapel eine mit der Universität verbundene Ordenshochschule aufzubauen. Im September 1272 nimmt er dort, in Diensten des Ordens und des Königs von Sizilien, seine Arbeit auf. Er liest über die Psalmen, arbeitet am 3. Teil der *Summa theologiae*, an weiteren Aristoteles-Kommentaren, und predigt in der Fastenzeit des Jahres 1273 täglich in der Volkssprache in der Klosterkirche S. Domenico Maggiore.

1273 In eben diesem Frühjahr 1273 beruft ihn der Papst zum Berater für das bevorstehende (Unions-)Konzil von Lyon.

Am 6. Dezember 1273 bricht Thomas, aufgrund eines visionären Erlebnisses und aus gesundheitlichen Gründen, seine Arbeit an der *Summa theologiae* ab. Eine Reihe weiterer Arbeiten (Aristoteleskommentare, *De substantiis separatis,* das *Compendium theologiae*) bleiben unvollendet.

1274 Im Frühjahr 1274 tritt er die Reise zwar noch nach Lyon an, kommt aber (aufgrund seiner Krankheit und eines Unfalls) nicht mehr weit.

Am 7. März 1274 stirbt Thomas im Zisterzienserkloster Fossanova in der Nähe von Neapel.

1277 Am 7. März 1277, genau drei Jahre nach seinem Tod, läßt der Bischof Tempier von Paris 219 Thesen verurteilen, die auch Lehren des Thomas zum Inhalt haben.

Am 18. März 1277 erfolgt eine ähnliche Verurteilung in Oxford.

1278 1278 empfiehlt der Dominikanerorden seinen Mitgliedern das Studium der Werke des Thomas.

1323 Am 18. Juli 1323 wird Thomas von Papst Johannes XXII. heiliggesprochen.

1369 Seit 1369 liegen seine Gebeine in der Jakobinerkirche von Toulouse.

1567 1567 erfolgt durch Papst Pius V. seine Erhebung zum Kirchenlehrer (*doctor communis*).

Literaturverzeichnis

Textausgaben

Sancti Thomae Aquinatis Opera Omnia *(jussu impensaque Leonis XIII edita)*, Rom 1882 ff. (= Editio Leonina).

Sancti Thomae Aquinatis, Doctoris Angelici, Opera Omnia, Turin/Rom 1948 ff. (= Editio Marietti).

Sancti Thomae Aquinatis Opera Omnia, Stuttgart-Bad Cannstadt 1980 (= Editio R. Busa).

Die deutsche Thomasausgabe: Vollst. dt.-lat. Ausgabe der Summa Theologiae, Bonn, Salzburg, Leipzig 1933 ff.; (Heidelberg,) Graz, Wien, Köln 1950 ff..

St. Thomas Aquinas, Summa Theologiae. Latin Text and English Translation, London-New York 1948 ff..

Saint Thomas d'Aquin, Somme théologique, Paris, Tournai, Rom 1925 ff.

Werke in deutscher Übersetzung

Thomas von Aquin, Über das Sein und das Wesen, dt.-lat., Übers. u. erläut. v. R. Allers, Darmstadt 1965.

–, *De ente et essentia.* Das Seiende und das Wesen, Übers. u. hrsg. v. F. L. Beeretz, Stuttgart 1979.

–, Über Seiendes und Wesenheit (*De ente et essentia*), lat.-dt., Hrsg., übers., eingel. u. komm. v. H. Seidl, Hamburg 1988.

–, *De principiis naturae* – Die Prinzipien der Wirklichkeit, Text mit Übers. u. Komm. v. R. Heinzmann, Stuttgart u. a. 1999.

–, Von der Wahrheit. *De veritate* (Quaestio I), Hrsg., ausgew. u. übers. v. A. Zimmermann, Hamburg 1986.

Des Hl. Thomas von Aquino Untersuchungen über die Wahrheit (*Quaestiones disputatae de veritate*), in dt. Übertragung v. E. Stein, 2 Bde., Louvain, Freiburg 1952 u. 1955, erw. [3]1964.

Thomas von Aquin, Prologe zu den Aristoteles-Kommentaren, Hrsg., übers. u. eingel. v. F. Cheneval u. R. Imbach, Frankfurt a. M. 1993.

–, Über die Herrschaft der Fürsten, übers. v. F. Schreyvogel, Nachw. v. U. Matz, Stuttgart 1975, rev. [2]1981.

–, Summe wider die Heiden, 4 Bde., lat.-dt., Hrsg. u. übers. v. K. Albert u. P. Engelhardt (I-II), K. Allgaier (III), H. Wörner (IV), Darmstadt 1974–1996.

–, *Compendium theologiae* – Grundriß der Glaubenslehre, Hrsg. v. R. Tannhof, übers. v. H. – L. Fäh, Heidelberg 1963.
–, De rationibus fidei. Komm. lat.-dt. Textausgabe von L. Hagemann und R. Glei, Altenberge 1987.
–, Der Prolog des Johannes-Evangeliums – Super Evangelium S. Joannis lectura (caput I, lectio I-XI), Übers., Einf. u. Erläut. v. W.-U. Klünker, Stuttgart 1986.
–, Über die Einheit des Geistes gegen die Averroisten – De unitate intellectus contra Averroistas. Über die Bewegung des Herzens – De motu cordis, Übers., Einf. u. Erläut. v. W. – U. Klünker, Stuttgart 1987.
–, Über die Trinität – In librum Boethii de trinitate expositio, Übers. u. Erl. v. H. Lenz, mit einer Einf. v. W.-U. Klünker, Stuttgart 1988.
–, Vom Wesen der Engel – De substantiis separatis seu de angelorum natura, Übers., Einf. u. Erläut. von W.-U. Klünker, Stuttgart 1989.
–, Die Gottesbeweise in der *Summe gegen die Heiden* und in der *Summe der Theologie.* Text mit Übers., Einl. u. Kommentar v. H. Seidl, Hamburg 1982, rev. [2]1986.
–, Fünf Fragen über die intellektuelle Erkenntnis. Quaestio 84–88 des I. Teils der *Summa de theologia.* Übers. u. erl. v. E. Rolfes, mit Einl. u. Literaturv. vers. v. K. Bormann, Hamburg [2]1986.
–, Über den Lehrer – *De magistro* (Quaest. disp. de verit., qu. XI; S. theol. I qu. 117 a. 1), lat.-dt., Hrsg., übers. u. komm. v. D. Jüssen, G. Krieger, J. H. J. Schneider, eingel. v. H. Pauli, Hamburg 1988.
–, Über die Sittlichkeit der Handlung. Sum. Theol. I-II q. 18–21, dt.-lat., übers. und komm. von R. Schönberger, eingel. v. R. Spaemann, Weinheim, New York 1990.

Hilfsmittel

Bulletin thomiste I (Paris 1924)–XII (Paris 1965), weitergeführt als: Rassegna di letteratura tomistica I (Neapel 1969) ff. (= Bulletin thomiste XIII ff.).
Index thomisticus (*Sancti Thomae Aquinatis operum omnium indices et concordantiae*), ed. R. Busa, Stuttgart 1974 ff.
A Lexicon of St. Thomas Aquinas (*based on the Summa Theologica and selected passages of his other works*), ed. R. J. Defferrari, M. I. Barry, J. McQuiness, Baltimore 1948.
R. J. Deferrari, I. Barry, A complete Index of the Summa theologica of St. Thomas Aquinas, Washington DC 1956.
Petrus a Bergamo, In Opera Sancti Thomae Aquinatis Index seu Tabula Aurea Eximii Doctoris, Rom 1960.
M. Stockhammer, Thomas Aquinas Dictionary, New York 1965.
L. Schütz, Thomas-Lexikon, Paderborn 1895, repr. Stuttgart 1958.

Philosophiegeschichte

Bracher, W., Brann, M., Simonsen, M. (Hrsg.), Moses ben Maimon. Sein Leben, seine Werke und sein Einfluß, Leipzig, 2 Bde. 1908/1914, (Reprint beider Bde. in einem Band, Hildesheim, New York 1971).
Brachtendorf, J. (Hrsg.), Prudentia und Contemplatio. Ethik und Metaphysik im Mittelalter, Paderborn u. a. 2002.
Chenu, M., Geschichte der Philosophie im Mittelalter, München 1976.
Copleston, F. C., Geschichte der Philosophie im Mittelalter, München 1976.
Frank, D. H. and Leaman, O. (eds.), The Cambridge Companion to Medieval Jewish Philosophy, Cambridge 2003.
Grabmann, M., Die Geschichte der scholastischen Methode, 2 Bde., Freiburg 1909/1911 (Nachdruck Darmstadt 1956).
Guttmann, J., Das Verhältnis des Thomas von Aquino zum Judenthum und zur jüdischen Literatur, Göttingen 1891.
Heinzmann, R., Philosophie des Mittelalters, Stuttgart u. a. [2]1998.
Kobusch, Th. (Hrsg.), Philosophen des Mittelalters, Darmstadt 2000.
Kretzmann, N., Kenny, A., Pinborg, J. (eds.), The Cambridge History of Later Medieval Philosophy, Cambridge u. a. 1982.
Libera, A. de, La philosophie médiévale, Paris 1989.
Luscombe, D., Medieval Thought, Oxford 1997.
Marenbon, J., Later Medieval Philosophy (1150-1350). An Introduction, London 1987.
- (ed.), Routledge History of Philosophy, vol. III: Medieval Philosophy, London, New York 1998.
Schulthess, P. und Imbach, R., Die Philosophie im lateinischen Mittelalter. Ein Handbuch mit einem bio-bibliographischen Repetitorium, Zürich, Düsseldorf 1996.
Steenbergen, F. van, Die Philosophie im 13. Jahrhundert, München u. a. 1977.

Einführungen in Leben und Werk

Chenu, M.-D., Thomas von Aquin in Selbstzeugnissen und Bilddokumenten, Hamburg 1960, [2]1981.
–, Das Werk des Hl. Thomas von Aquin, Graz, Wien, Köln [2]1982.
Chesterton, G. K., Thomas von Aquin, Heidelberg [2]1957.
Copleston, F. C., Aquinas, Baltimore 1955.
Das Leben des hl. Thomas von Aquino, erzählt von Wilhelm von Tocco, und andere Zeugnisse zu seinem Leben, übers. u. eingel. von W-P. Eckert, Düsseldorf 1965.
Geach, P., Aquinas, in: Anscombe, G. E. M. and Geach, P., Three Philosophers: Aristotele, Aquinas, Frege, Oxford 1961.

Gilson, E., Le thomisme. Introduction à la philosophie de Saint Thomas d'Aquin, Paris [6]1972.
Grabmann, M., Thomas von Aquin. Persönlichkeit und Gedankenwelt, München [8]1949.
Heinzmann, R., Thomas von Aquin. Eine Einführung in sein Denken. Stuttgart 1994.
Kenny, A., Aquinas, Oxford 1980, dt. Freiburg 1999.
Kluxen, W., Thomas von Aquin: Das Seiende und seine Prinzipien, in: Speck, J. (Hrsg.), Grundprobleme der großen Philosophen, Philosophie des Altertums und des Mittelalters, Göttingen [2]1978, 177–220.
Pieper, J., Thomas von Aquin. Leben und Werk, München [4]1990.
Schönberger, R., Thomas von Aquin zur Einführung, Hamburg 1998.
Torrell, J.-P., Magister Thomas. Leben und Werk des Thomas von Aquin, Freiburg 1995.
–, Initiation à Saint Thomas d'Aquin, Fribourg [2]2002.
Weisheipl, J.-A., Thomas von Aquin. Sein Leben und seine Theologie, Graz, Wien, Köln 1980.

Aufsatzsammlungen

Bernath, K. (Hrsg.), Thomas von Aquin. Bd. I: Chronologie und Werkanalyse, Darmstadt 1978; Bd. II: Philosophische Fragen, Darmstadt 1981.
Dienstag, J. (ed.), Studies in Maimonides and St. Thomas, Ktav 1975.
Eckert, W.-P., Thomas von Aquino. Interpretation und Rezeption, Mainz 1974.
Elders, L.-J., Hedwig, K. (eds.), The Ethics of St. Thomas Aquinas, Rom 1984.
– (eds.), Lex et Libertas. Freedom and Law according to St. Thomas Aquinas, Rom 1987.
Kenny, A. (ed.), Aquinas: A Collection of Critical Essays, London 1970.
Kluxen, W. (Hrsg.), Thomas von Aquin im philosophischen Gespräch, Freiburg, München 1975.
Kretzmann, N., Stump, E. (eds.), The Cambridge Companion to Aquinas, Cambridge 1993.
MacDonald, S., Stump, E. (eds.), Aquinas's Moral Theory. Essays in Honour of Norman Kretzmann, Ithaca NY 1998.
Maurer, A. (ed.), St. Thomas Aquinas 1274-1974. Commemorative Studies, 2 Bde., Toronto 1974.
Oeing-Hanhoff, L. (Hrsg.), Thomas von Aquin 1274-1974, München 1974.
Parel, A. (ed.), Calgary Aquinas Studies, Toronto 1978.
Smith, T. L. (ed.), Aquinas's Sources. The Notre Dame Symposium, South Bend, Chicago 2003.
Speer, A. (Hrsg.), Thomas von Aquin: Die Summa theologiae. Werkinterpretationen, Berlin/New York 2005.

Van Geest, P., u. a. (eds.), Aquinas as Authority, Leuven 2002.
Verbeke, G. and Verhelst, D. (eds.), Aquinas and Problems of his Time, Leuven 1976.
Wissink, J. B. (ed.), The eternity of the world in the thought of Thomas Aquinas and his contemporaries, Leiden 1990.
Zimmermann, A. (Hrsg.), Thomas von Aquin. Werk und Wirkung im Licht neuerer Forschungen, Berlin 1988.

Neuere Monographien

Ackeren, G. F. van, Sacra Doctrina. The Subject of the First Question of the STh of St. Thomas Aquinas, Rom 1952.
Aertsen, J. A., Nature and Creature. Thomas Aquinas's Way of Thought, Leiden u. a. 1988.
–, Medieval Philosophy and the Transcendentals. The Case of Thomas Aquinas, Leiden u. a. 1996.
Ardagh, D. W., Aquinas on Happiness, Seattle 1975.
Armstrong, R. A., Primary and Secondary Precepts in Thomistic Natural Law Teaching, The Hague 1966.
Aubert, R., Le problème de l'acte de foi, Louvain 1945.
–, Le droit romain dans l'œuvre de saint Thomas, Paris 1955.
Baglow, C., Modus et forma. A new approach to the Exegesis of Saint Thomas Aquinas, Rom 2002.
Bathen, N., Thomistische Ontologie und Sprachanalyse, Freiburg, München 1988.
Beestermöller, G., Thomas von Aquin und der gerechte Krieg. Friedensethik im theologischen Kontext der *Summa Theologiae*, Köln 1990.
Belmans, Th. G., Der objektive Sinn menschlichen Handelns. Die Ehemoral des hl. Thomas von Aquin, Vallendar-Schönstatt 1984.
Benezet, B., Moralautonomie und Normenfindung bei Thomas von Aquin unter Einbeziehung der neutestamentlichen Kommentare, Paderborn 1979.
–, Die Begründung des Sittlichen. Zur Frage des Eudämonismus bei Thomas von Aquin, Paderborn 1984.
Berchtold, C., Manifestatio veritatis. Zum Offenbarungsbegriff bei Thomas von Aquin, Münster 2000.
Berger, D., Thomas von Aquins *Summa theologiae*, Darmstadt 2004.
Bernath, K., *Anima forma corporis*. Eine Untersuchung über die ontologischen Grundlagen der Anthropologie des Thomas von Aquin, Bonn 1969.
Bonhoeffer, Th., Die Gotteslehre des Thomas von Aquin als Sprachproblem, Tübingen 1961.
Bormann, F.-J., Natur als Horizont sittlicher Praxis. Zur handlungstheoretischen Interpretation der Lehre vom natürlichen Sittengesetz bei Thomas von Aquin, Stuttgart u. a. 1999.

Brennan, R. E., Thomistic Psychology: A Philosophic Analysis of the Nature of Man, New York 1941.
Brock, S. L., Action and Conduct. Thomas Aquinas and the Theory of Action, Edinburgh 1991.
Brungs, A., Metaphysik der Sinnlichkeit. Das System der passiones animae bei Thomas von Aquin, Halle 2002.
Corbett, J. M., Sacra doctrina and the discernment of human action, Freiburg i. Ue. 1999.
Corbin, M., Le chemin de la théologie chez Thomas d'Aquin, Paris 1974.
Dales, R. C., The Problem of the Rational Soul in the Thirteenth Century, Leiden u. a. 1995.
Darge, R., Habitus per actus cognoscuntur. Die Erkenntnis des Habitus und die Funktion des moralischen Habitus im Aufbau der Handlung nach Thomas von Aquin, Bonn 1996.
Davies, B., The Thought of Thomas Aquinas, Oxford 1992.
Doing, J. C., Aquinas on Metaphysics, The Hague 1972.
Elders, L. J., Die Metaphysik des Thomas von Aquin in historischer Perspektive, 2 Bde., Salzburg, München 1985 u. 1987.
–, The Philosophical Theology of St. Thomas Aquinas, Leiden u. a. 1990.
–, The Ethics of St. Thomas Aquinas, Frankfurt a. M. u. a. 2005.
Faller, W., Die rechtsphilosophische Begründung der gesellschaftlichen und staatlichen Autorität bei Thomas von Aquin, Freiburg im Üechtland 1953.
Finnis, J., Aquinas. Moral, Political and Legal Theory, Oxford 1998.
Flannery, K. L., Acts Amid Precepts. The Aristotelian logical structure of Thomas Aquinas's moral theory, Washington DC 2001.
Gilby, Th., Principality and Polity: Aquinas and the Rise of State Theory in the West, London 1958.
–, The Political Thought of Thomas Aquinas, Chicago 1973.
Gilson, E., Saint Thomas moraliste, Paris [2]1974.
Gläser, P., Zurechnung bei Thomas von Aquin. Eine historisch-systematische Untersuchung mit Bezug auf das aktuelle deutsche Strafrecht, Freiburg, München 2005.
Grabmann, M., Die theologische Erkenntnis- und Einleitungslehre und die philosophische Wissenschaftstheorie des hl. Thomas von Aquin aufgrund seiner Schrift *In Boethium de Trinitate*, Freiburg i. Ue. 1948.
Gumann, M., Vom Ursprung der Erkenntnis des Menschen bei Thomas von Aquin, Regensburg 1999.
Hall, D. C., The Trinity. An Analysis of St. Thomas Aquinas' Expositio of the *De Trinitate* of Boethius, Leiden u. a. 1992.
Hall, P. M., Narrative and the Natural Law: An Interpretation of Thomistic Ethics, Notre Dame, London 1994.
Henle, R. J., Saint Thomas and Platonism: A Study of the «Plato» and «Platonici» Texts in the Writings of St. Thomas, The Hague 1956.

Hödl, L., Thomas von Aquin. Werk und Wirkung im Licht neuerer Forschungen, Berlin, New York 1988.
Hoenen, P., La théorie du jugement d'après s. Thomas d'Aquin, Roma [2]1953.
Hoping, H., Weisheit als Wissen des Ursprungs. Philosophie und Theologie in der *Summa contra gentiles* des Thomas von Aquin, Freiburg u. a. 1997.
Illien, A., Wesen und Funktion der Liebe im Denken des Thomas von Aquin, Freiburg 1974.
Jenkins, J. I., Knowledge and Faith in Thomas Aquinas, Cambridge 1997.
Jordan, M. D., Ordering Wisdom. The Hierarchy of Philosophical Discourses in Aquinas, Notre Dame 1986.
Keenan, J. F., Goodness and Rightness in Thomas Aquinas's «Summa Theologiae», Washington DC 1992.
Kenny, A., Action, Emotion and Will, London, New York 1963.
–, Will, Freedom and Power, Oxford 1975.
–, The Five Ways: St. Thomas Aquinas' Proofs of God's Existence, Notre Dame 1980.
–, Aquinas on Mind, London, New York 1993.
Kleber, H., Glück als Lebensziel. Untersuchungen zur Philosophie des Glücks bei Thomas von Aquin, Münster 1988.
Klubertanz, G. P., The Discursive Power: Sources and Doctrine of the *Vis Cogitativa* According to St. Thomas, St. Louis 1952.
Kluxen, W., Philosophische Ethik bei Thomas von Aquin, Hamburg [3]1997.
–, *Lex naturalis* bei Thomas von Aquin, Nordrhein-Westfälische Akademie der Wissenschaften. Vorträge G 378, Wiesbaden 2001.
Kretzmann, N., The Metaphysics of Theism. Aquinas' Natural Theology in *Summa contra Gentiles* I, Oxford 1997; II, Oxford 1999.
Kühn, U., Via caritatis. Theologie des Gesetzes bei Thomas von Aquin, Göttingen 1965.
Kühn, W., Das Prinzipienproblem in der Philosophie des Thomas von Aquin, Amsterdam 1982.
Lange, W., Glückseligkeitsstreben und uneigennützige Lebensgestaltung bei Thomas von Aquin. Untersuchung zum Problem der inneren Einheit seines ethischen Systems, Freiburg 1969.
Lisska, A. J., Aquinas' Theory of Natural Law, Oxford 1996.
Lonergan, B., Verbum: Word and Idea in Aquinas, Notre Dame 1967, [2]1970.
McInerny, R. M., The Logic of Analogy. An Interpretation of St. Thomas, The Hague 1961.
–, Ethica Thomistica: The Moral Philosophy of Thomas Aquinas, Washington, DC 1982.
–, Being and Predication. Thomistic Interpretations, Washington 1986.
–, Boethius and Aquinas, Washington DC 1990.
–, Aquinas on Human Action: A Theory of Practice, Washington DC 1992.
–, Aquinas and Analogy, Washington DC 1996.

Metz, W., Die Architektonik der *Summa theologiae* des Thomas von Aquin. Zur Gesamtansicht des thomasischen Gedankens, Hamburg 1998.
Meyer, H., Thomas von Aquin. Sein System und seine geistesgeschichtliche Stellung, Bonn 1938, Paderborn ²1962.
Michelitsch, A., Kommentatoren zur Summa Theologiae des Thomas von Aquin (1923), Nachdruck Hildesheim, New York 1981.
Moreau, J., De la connaissance selon S. Thomas d'Aquin, Paris 1976.
Mtega, N. W., Analogy and the Theological Language in the *Summa contra Gentiles.* A Textual Survey of the Concept of Analogy and its Theological Application by St. Thomas Aquinas, Bern 1984.
Mundhenk, J., Die Seele im System des Thomas von Aquin. Ein Beitrag zur Klärung und Beurteilung der Grundbegriffe der thomistischen Psychologie, Hamburg 1980.
Nelson, D. M., The Priority of Prudence: Virtue and Natural Law in Thomas Aquinas and the Implications for Modern Ethics, University Park: The Pennsylvania State University Press 1992.
Neumann, S., Gegenstand und Methode der theoretischen Wissenschaften nach Thomas von Aquin, Münster 1965.
Nisters, Th., Akzidentien der Praxis. Thomas von Aquins Lehre von den Umständen menschlichen Handelns, Freiburg, München 1992.
Oeing-Hanhoff, L., Ens et unum convertuntur. Stellung und Gehalt des Grundsatzes in der Philosophie des hl. Thomas von Aquin, Münster 1953.
O'Meara, Th. F., Thomas Aquinas Theologian, Notre Dame/Indiana 1997.
O'Rourke, F., Pseudo-Dionysius and the Metaphysics of Aquinas, Leiden 1992.
Owens, J., St. Thomas on the Existence of God: Collected Papers of J. Owens, ed. J. Catan, New York 1980.
Papadis, D., Die Rezeption der Nikomachischen Ethik des Aristoteles bei Thomas von Aquin, Frankfurt a. M. 1980.
Park, S. C., Die Rezeption der mittelalterlichen Sprachphilosophie in der Theologie des Thomas von Aquin. Mit besonderer Berücksichtigung der Analogie, Leiden u. a. 1999.
Pasnau, R., Theories of Cognition in the Later Middle Ages, Cambridge 1997.
–, Thomas Aquinas on Human Nature, Cambridge 2002.
Pegis, A. C., St. Thomas and the Problem of the Soul in the Thirteenth Century, Pontifical Institute of Medieval Studies (¹1934), repr. Toronto 1978.
Pesch, O. H., Thomas von Aquin. Grenze und Größe mittelalterlicher Theologie, Mainz ²1989.
Pfürtner, St., Triebleben und sittliche Vollendung. Eine moralpsychologische Untersuchung nach Thomas von Aquin, Freiburg i. Ue. 1958.
Preller, V., Divine Science and the Science of God: A Reformulation of Thomas Aquinas, Princeton 1967.

Putallaz, F-X., Le sens de la réflexion chez Thomas d'Aquin, Paris 1991.
Rahner, K., Geist in Welt. Zur Metaphysik der endlichen Erkenntnis bei Thomas von Aquin, Münster ²1957.
Rhonheimer, M., Natur als Grundlage der Moral. Die personale Struktur des Naturgesetzes bei Thomas von Aquin. Eine Auseinandersetzung mit autonomer und teleologischer Ethik, Innsbruck, Wien 1987.
–, Praktische Vernunft und Vernünftigkeit der Praxis. Handlungstheorie bei Thomas von Aquin in ihrer Entstehung aus dem Problemkontext der aristotelischen Ethik, Berlin 1994.
Riesenhuber, K., Die Transzendenz der Freiheit zum Guten. Der Wille in der Anthropologie und Metaphysik des Thomas v. Aquin, München 1971.
Ryan, E. J., The Role of the *Sensus Communis* in the Psychology of Saint Thomas Aquinas, St. Louis 1951.
Schenk, R., Die Gnade vollendeter Endlichkeit. Zur transzendentaltheologischen Auslegung der thomanischen Anthropologie, Freiburg u. a. 1989.
Schmidt, R. W., The Domain of Logic According to St. Thomas Aquinas, The Hague 1966.
Schockenhoff, E., Bonum hominis. Die anthropologischen und theologischen Grundlagen der Tugendethik des Thomas von Aquin, Mainz 1987.
Schönberger, R., Nomina divina. Zur theologischen Semantik bei Thomas von Aquin, Frankfurt a. M., Bern 1981.
–, Thomas von Aquins *Summa contra gentiles*, Darmstadt 2001.
Schröer, Ch., Praktische Vernunft bei Thomas von Aquin, Stuttgart 1995.
Schulz, G., *Veritas est adaequatio intellectus et rei.* Untersuchungen zur Wahrheitslehre des Thomas von Aquin und zur Kritik Kants an einem überlieferten Wahrheitsbegriff, Leiden u. a. 1993.
Seckler, M., Das Heil in der Geschichte. Geschichtstheologisches Denken bei Thomas von Aquin, München 1964.
Sertillanges, A. G., Der hl. Thomas von Aquin, Köln-Olten ²1954.
Siebert, H. J., Freude und Trauer bei Thomas von Aquin. Ihr Wesen und ihre Einordnung in eine philosophische Ethik, Bonn 1973.
Shin, C-S., «Imago Dei» und «Natura Hominis». Der Doppelansatz der thomistischen Handlungslehre, Würzburg 1993.
Sigmund, P. E., St. Thomas Aquinas on Politics and Ethics, New York 1988.
Spruit, L., Species intelligibilis: From Perception to Knowledge. Bd. I: Classical Roots and Medieval Discussion, Leiden u. a. 1994.
Stump, E., Aquinas, Oxford 2003.
Tellkamp, J. A., Sinne, Gegenstände und Sensibilia. Zur Wahrnehmungslehre des Thomas von Aquin, Leiden u. a. 1999.
Teuwsen, R., Familienähnlichkeit und Analogie. Zur Semantik genereller Termini bei Wittgenstein und Thomas von Aquin, Freiburg-München 1988.
Te Velde, R. A., Participation and Substantiality in Thomas Aquinas, Leiden u. a. 1995.

Torrell, J.-P., La «Somme de théologie» de saint Thomas d'Aquin, Paris 1998.
Tuninetti, L. F., «Per se notum». Die logische Beschaffenheit des Selbstverständlichen im Denken des Thomas von Aquin, Leiden u. a. 1996.
Van Riet, G., L'épistémologie thomiste, Louvain 1946.
Velecky, L., Aquinas' Five Arguments in the «Summa Theologiae» 1a 2, 3, Kampen 1994.
Veysset, P., Situation de la politique dans la pensée de St. Thomas d'Aquin, Paris 1981.
Wagner, M., Die philosophischen Implikate der *Quarta via*. Eine Untersuchung zum vierten Gottesbeweis bei Thomas von Aquin, Leiden u. a. 1989.
Weidemann, H., Metaphysik und Sprache. Eine sprachphilosophische Untersuchung zu Thomas von Aquin und Aristoteles, Freiburg, München 1975.
Westberg, D., Right Practical Reason: Aristotle, Action, and Prudence in Aquinas, Oxford 1994.
Westerman, P. C., The disintegration of natural law theory. Aquinas to Finnis, Leiden u. a. 1998.
Wittmann, M., Die Ethik des Hl. Thomas von Aquin, in ihrem systematischen Aufbau dargestellt und in ihren geschichtlichen, besonders in den antiken Quellen erforscht, München 1935 (unveränd. Nachdr. 1962).
Wohlman, A., Thomas d'Aquin et Maïmonide. Un dialogue exemplaire, Paris 1988.
Zimmermann, A.. Ontologie oder Metaphysik? Die Diskussion über den Gegenstand der Metaphysik im 13. und 14. Jahrhundert, Leuven [2]1998.
–, Thomas lesen, Stuttgart 2000.

Sonstige zitierte Literatur

Baron, S. W. (ed.), Essays on Maimonides, New York 1941, repr. 1966.
Engelhardt, P. (Hrsg.), Sein und Ethos, Mainz 1963.
Forschner, M., Die stoische Ethik, Darmstadt [2]1995.
Höffe, O., Aristoteles, München 1996.
Kinzing, W., Kück, C. (Hrsg.), Judentum und Christentum zwischen Konfrontation und Faszination, Stuttgart 2002.
Kuss, O., Der Römerbrief, Zweite Lieferung, Regensburg [2]1963.
Nortmann, U., Allgemeinheit und Individualität. Die Verschiedenheit der Formen in «Metaphysik» Z, Paderborn u. a. 1997.
Pines, S. and Yovel, Y. (eds.), Maimonides and Philosophy, Dordrecht 1986.
Ricken, F., Der Lustbegriff in der Nikomachischen Ethik des Aristoteles, Göttingen 1976.
Szaif, J., Lutz-Bachmann, M. (Hrsg.), Was ist das für den Menschen Gute – What is Good for a Human Being?, Berlin, New York 2004.

Personenregister

Sachregister

Beck'sche Reihe «Denker»

Theodor W. Adorno, von Rolf Wiggernhaus (bsr 510)
Anselm von Canterbury, von Rolf Schönberger (bsr 568)
Antike Skeptiker, von Friedo Ricken (bsr 526)
Hannah Arendt, von Hauke Brunkhorst (bsr 548)
Aristoteles, von Otfried Höffe (bsr 535)
Augustinus, von Christoph Horn (bsr 531)
Avicenna, von Gotthard Strohmaier (bsr 546)
Francis Bacon, von Wolfgang Krohn (bsr 509)
George Berkeley, von Arend Kulenkampff (bsr 511)
Giordano Bruno, von Paul Richard Blum (bsr 551)
Rudolf Carnap, von Thomas Mormann (bsr 554)
Ernst Cassirer, von Andreas Graeser (bsr 527)
Nicolaus Cusanus, von Kurt Flasch (bsr 562)
Jacques Derrida, von Uwe Dreisholtkamp (bsr 550)
René Descartes, von Dominik Perler (bsr 542)
Epikur, von Malte Hossenfelder (bsr 520)
Johann Gottlieb Fichte, von Peter Rohs (bsr 521)
Michel Foucault, von Urs Marti (bsr 513)
Gottlob Frege, von Verena Mayer (bsr 534)
Hans-Georg Gadamer, von Kai Hammermeister (bsr 552)
G. W. F. Hegel, von Hans Friedrich Fulda (bsr 565)
Max Horkheimer, von Zvi Rosen (bsr 528)
Wilhelm von Humboldt, von Tilman Borsche (bsr 519)
David Hume, von Jens Kulenkampff (bsr 517)
Indische Denker, von Kuno Lorenz (bsr 545)
Karl Jaspers, von Kurt Salamun (bsr 508)
Immanuel Kant, von Otfried Höffe (bsr 506)
Johannes Kepler, von Volker Bialas (bsr 566)
Søren Kierkegaard, von Annemarie Pieper (bsr 556)
Konfuzius, von Heiner Roetz (bsr 529)
Nikolaus Kopernikus, von Martin Carrier (bsr 558)
Gottfried Wilhelm Leibniz, von Michael-Thomas Liske (bsr 555)
John Locke, von Rainer Specht (bsr 518)
Niklas Luhmann, von Detlef Horster (bsr 538)

Herausgegeben von Otfried Höffe

Niccolò Machiavelli, von Wolfgang Kersting (bsr 515)
John Stuart Mill, von Peter Rinderle (bsr 557)
Isaac Newton, von Ivo Schneider (bsr 514)
Friedrich Nietzsche, von Volker Gerhardt (bsr 522)
Wilhelm von Ockham, von Jan P. Beckmann (bsr 533)
Willard Van Orman Quine, von Henri Lauener (bsr 503)
Blaise Pascal, von Wilhelm Schmidt-Biggemann (bsr 553)
Charles Sanders Peirce, von Klaus Oehler (523)
Jean Piaget, von Thomas Kesselring (bsr 512)
Plotin, von Jens Halfwassen (bsr 570)
Karl R. Popper, von Lothar Schäfer (bsr 516)
Karl Rahner, von Albert Raffelt/Hansjürgen Verweyen (bsr 541)
John Rawls, von Thomas W. Pogge (bsr 525)
Jean-Jacques Rousseau, von Dieter Sturma (bsr 549)
Jean-Paul Sartre, von Peter Kampits (bsr 567)
Max Scheler, von Wolfhart Henckmann (bsr 543)
F. W. J. Schelling, von Hans Michael Baumgartner/
Harald Korten (bsr 536)
Friedrich Schleiermacher, von Hermann Fischer (bsr 563)
Arthur Schopenhauer, von Klaus Jürgen Grün (bsr 559)
Duns Scotus, von Ludger Honnefelder (bsr 569)
Adam Smith, von Karl Graf Ballestrem (bsr 561)
Sokrates, von Günter Figal (bsr 530)
Baruch de Spinoza, von Wolfgang Bartuschat (bsr 537)
Paul Tillich, von Werner Schüßler (bsr 540)
Giambattista Vico, von Peter König (bsr 571)
Vorsokratiker, von Christof Rapp (539)
Max Weber, von Gregor Schöllgen (bsr 544)
Alfred North Whitehead, von Michael Hampe (bsr 547)
Ludwig Wittgenstein, von Wilhelm Vossenkuhl (bsr 532)

Verlag C. H. Beck